KB189542

차동엽 신부의 미래 사목을 위한 강의

은총의 시간

Nihil Obstat:
Rev. Raphael Jung
Censor Librorum
Imprimatur:
Most Rev. John Baptist JUNG Shin-chul, S.T.D., D.D.
Episcopus Dioecesanus Incheonensis
2021. 09. 23.

차동엽 신부의 미래 사목을 위한 강의

은총의 시간

교회인가 2021년 9월 23일
초판 1쇄 발행 2021년 11월 12일
초판 2쇄 발행 2021년 11월 15일

엮음 김상인

펴낸이 (사)미래사목연구소
펴낸곳 위즈앤비즈
디자인 박은영
주소 경기도 김포시 고촌읍 신곡로 134
전화 031-986-7141 **팩스** 031-986-1042
출판등록 2007년 7월 2일 제409-3130000251002007000142호

ISBN 978-89-92825-07-8 03230
값 16,000원

차동엽 신부의 미래 사목을 위한 강의

은총의 시간

김상인 엮음

위즈앤비즈
Wisdom & Vision

사람을 살리는 사목

사목이란 무엇인가?

2013년 신학교에서 처음으로 사목신학 강의를 맡고 故 차동엽(노르베르토) 신부에게 특강을 요청했다. 대학원 학생들과 설레는 마음으로 특강을 듣고 있었을 때, 차 신부가 처음으로 한 말은 "사목이란 무엇인가?"라는 질문이었다. 차 신부는 이 광범위하고 심오한 질문에 무엇이라고 답했을까. 그는 이렇게 답했다.

"사목이란 사람을 살리는 것입니다."

그의 대답은 짧지만 명쾌했고, 심지어 가슴 속을 파고드는 묵직함을 느끼게 해 주었다. 그의 공부법은 아무리 어렵고 복잡한 내용일지라도 '한 문장'으로 답할 수 있도록 준비하고 표현하는 것이었다. 차 신부의 이 대답에서 사목의 본질이 무엇인지를 느낄 수 있었는데, 그것은 바로 그가 묵상하고 체험한 '예수님의 진심 어린 마음과 구원을 위한 행동'이었다. 그래서 그가 정립한 이러한 사목에 대한 생각이 그의 사제 생활 전반에 걸친 저서와 논문 그리고 수많은 강연에 녹아들어 있었다고 생각한다.

특히, 그가 세 번의 본당 사목을 하면서 가장 큰 보람을 느꼈던 때는 '본당 신자들이 주님을 통해 변화되고 기뻐하며, 다시금 구원의 길로 나아갈 때'라고 했다. 결국 그는 자신의 사목 경험을 통해, 사목이 주님께서 주시는 '은총의 시간'임을 강하게 체험했던 것이다.

그래서 그는 언제나 주님의 복음을 전할 때, 그것을 무엇보다 큰 가치로 여기고 기뻐했으며, 자신 있어 했고 행복해했다.

차 신부의 이런 사목에 대한 생각과 확신은 그의 많은 저술과 강연에도 고스란히 나타나지만, 특히 초기 학술 활동(2000-2005)에서 왕성하게 나타난다. 곧 우리가 만나게 되는 본 저서 『은총의 시간』은 이러한 차 신부의 초기 학술 활동을 기반으로 엮어졌고, 그 후에 집필된 저서와 논문을 통해 미래 사목에 대한 전망을 살펴보게 한다.

구체적으로 이 책은 세 부분으로 나뉘어져 있다.

첫 번째 부분은 '전통적 사목 이해와 사목 미래학'에 관한 것이다. 이 부분에서는 사목에 대한 개념과 제2차 바티칸 공의회를 통해 그 개념의 발전 형태를 살펴보고 사목신학 방법론을 제시한다.

두 번째 부분은 '사목 패러다임의 변화'에 집중한다. 과거 교회가 걸어온 사목 패러다임의 특징을 사회, 문화, 신학, 교회 조직, 사목 활동을 통해 종합적으로 살펴본다. 이는 세계 교회사뿐만 아니라 한국 천주교회사를 통해서도 살펴볼 것이다. 그런 다음, 미래 교회의 사목 패러다임도 간략하게 제시한다.

세 번째 부분은 '한국 가톨릭교회의 전망'에 관한 것이다. 여기에서는 21세기에 진정한 한국 가톨릭이 되기 위한 사목적 성찰을 다양한 분야를 통해 시도한다. 특히, 본당 사목의 해법을 위해 접근하고 연구된 'EP-1234' 프로그램을 소개한다. 끝으로 4차 산업혁명과 미래 사목에 대한 전망을 제시한다.

우리는 차동엽 신부가 남긴 사람을 살리는, 인간을 구원하는 사목에 대한 그의 생각을 이 책에서 발견할 것이고, 그로써 조금 더 예수님 마음에 가깝게 다가가는 사목을 하게 될 것이다. 하지만 이 책은 단순히 사목자만을 위한 것은 아니라고 생각한다. 오히려 사목의 협조자인 모든 신앙인들, 특히 수도자와 사제직을 준비하는 신학생들에게도 유익하고 꼭 필요하리라 믿는다. 그리고 이 책을 통해 현대의 사목이 주님께서 주시는 '은총의 시간'임을 체험하길 진심으로 기도하고 기대한다.

천등고개에서
김상인

제2장 사목 패러다임의 변화

제3장 한국 가톨릭교회의 전망

제1장

전통적인 사목 이해와
사목 미래학

01

전통적인 사목 이해와
사목 미래학

  교회에서 '사목'이라는 용어를 사용할 때, 단지 하나의 단어로 그 의미를 이해하기는 쉽지 않다. 그래서 전통적인 사목을 이해하려면 각 시대의 교회관과 사목 활동 사이의 관계에 집중할 필요가 있다. 또한 이에 따라 사목을 이해하는 것과 행하는 모습이 조금씩 차이를 보이고 있어, 다각도로 사목을 이해해야만 그것의 진정한 의미를 찾을 수 있다. 따라서 우리는 '사목'이라는 단어의 정확한 접근을 위해서 전통적인 사목의 의미를 알아보고, 현대 사목에 대한 이해를 가장 분명하게 제시하는 제2차 바티칸 공의회에서의 사목 개념을 찾아보며, 더 나아가 사목신학의 방법론을 '사목 비전 창출의 3단계'를 통해서 살펴볼 것이다.

1. 전통적인 사목 이해

전통적인 사목을 이해하기 위해서 그 개념의 어원적인 의미를 찾아보고, 복음에서 구체적으로 드러나는 예수님의 말씀과 행적을 통해, 예수님의 사목의 모습들을 살펴보자.

1.1. 사목의 개념[1]

사목 개념 이해를 위해 먼저 어원적으로 접근하여 개념의 일반적인 뜻을 살펴보고 더 나아가 협의적이고 광의적인 의미 안에서 사목의 개념을 폭넓게 이해할 수 있다.

1.1.1. 사전적 의미

사목司牧은 라틴어 cura pastoralis(영: pastoral care)를 번역한 용어이다. 여기서 cura는 '돌봄' 또는 '보살핌'을 의미하고, pastoralis는 목자를 뜻하는 pastor에서 파생된 관형어이다. 문자 그대로 옮기면 '목자로서 (양 떼를) 돌보는 것'을 의미한다. 사목과 관련하여 다음과 같은 개념 정립을 해 둘 필요가 있다.

① Pastoral: 본당을 중심으로 지역 내 신자들을 보살피고, 비신자들에게 복음을 전하여 교회로 이끌며 그 지역을 복음화하기 위해 행하는 모든 형태의 활동
② Ministry: 성직자들, 사목자가 행하는 모든 행위나 직무
③ 사목은 그 의미는 다르지만 목회pastorate, 교역religious work 또는 사역

ministry과 같이 혼용되기도 한다.

1.1.2. 협의적 의미

'사목'이란 용어는 교회 안에서 '사목자들'을 떠올리게 한다. 따라서 '성
직적인' 색조를 띤다. 교회법은 이 '사목'이 일차적으로 성직자의 소관이라
고 명시하고 있다. 곧 사목직은 유효하게 서품된 사제만이 수행할 수 있
다[2]고 조문화되어 있다. 제2차 바티칸 공의회는 교황이 전 세계 교회의 사
목자[3]이며, 교구장 주교가 개별 교회(곧 교구)의 사목자[4]라고 언명하고 있
다. 이에 반하여 본당신부는 교구장의 권위 아래 사목한다.[5]

1.1.3. 광의적 의미

그렇다면, 사목은 성직자의 독점적 사명이라고 할 수 있는가? 그렇지
않다.

제2차 바티칸 공의회 문헌에 의하면 사목은 크게 볼 때 교회의 사명에
속한다. 사목은 "인간 구원의 봉사"[6]를 위임받은 '교회'의 사명이다. 이 사
명을 완수하기 위해 교회는 예언자직, 사제직, 왕직의 삼중 역할을 수행
한다. 그런데 모든 신자가 세례와 견진을 통해서 예수 그리스도의 예언
직, 사제직 및 왕직에 참여하게 되었고[7], 이를 근거로 모든 신자가 교회의
성장과 성화에 이바지하도록 위촉받았으며 그럴 능력을 부여받았다.[8] 따
라서 모든 그리스도인은 넓은 의미로 사목자[9]라고 할 수 있다.

모든 신자들이 능동적인 소명 수행의 주체, 곧 사목직 수행의 주체로
인정받게 된 셈이다.[10] 최영철 신부는 이를 이렇게 설명한다.

성직자나 평신도 또는 수도자가 주도하는 설교, 교리 교육, 예

배, 성사, 기도, 증언, 교육, 상담, 영적 지도, 가난한 이들과 억압받는 이들을 위한 인권 수호 및 애덕 활동, 그리고 교회가 사람들의 구원을 위하여 행하는 다른 활동들, 예컨대 해방 활동, 사회 및 인간 발전의 활동 등도 사목이라고 할 수 있다.[11]

요컨대, 사목은 교회가 수행하는 다양한 활동을 총칭한다. 좁게는 사목자들의 성무 활동에 국한되기도 하고 넓게는 모든 신자들의 활동을 포괄하기도 한다. 하지만 우리는 이를 엄밀하게 무 자르듯이 구별할 수 없다. 사목은 유기체적인 교회 공동체의 유기적 활동이기 때문이다.

사실 '사목'이란 용어는 역사 안에서, 특히 특정한 교회관과 특정한 사목 실천 사이의 관계를 고려하여 살펴보는 것이 좋다. 사목은 그런 역사와의 관계를 통해 여러 가지 측면이 점차 결합되고 축적된 것이다.

1.2. 예수님의 사목[12]

'사목'이란 용어 자체가 성경의 상징적 개념인 '목자'pastor라는 명사에서 유래한다. 목자는 양 떼의 우두머리이자 동료로서 자기 양 떼를 돌본다. 양 떼와 함께하는 목자상은 성경에서 나타나는 가장 아름다운 은유 중 하나이며 하느님과 하느님의 백성populus Dei, 그리고 그리스도와 교회의 관계를 잘 보여 준다.

복음사가 요한은 '착한 목자상'을 통해서 예수님의 구원 중재가 지니는 근본적인 특색을 매우 명확히 밝힌다.

나는 착한 목자다. 착한 목자는 양들을 위하여 자기 목숨을 내놓는다.(요한 10,11)

'착한 목자'이신 예수님 안에서 하느님의 구원 활동이 드러나고 실현된다. 그리고 이러한 '착한 목자' 예수님의 사목은 예언자적, 사제적, 봉사자적으로 구현된다.

1.2.1. 예언자적 사목

예수님은 예언자로서, 나아가 사람이 되신 하느님의 말씀 자체로서 자신을 드러내고 행동하신다(루카 4,18-19 참조). 예언자적 사목의 내용은 다음과 같다.

가. 복음 선포

예수님의 우선적인 관심은 복음 선포였다. 이는 그의 취임 일성에서 극명하게 드러난다.

> 주님의 영이 내 위에 내리셨다. 주님께서 나를 보내시어 가난한 이들에게 기쁜 소식을 전하고 잡혀간 이들에게 해방을 선포하며 눈먼 이들을 다시 보게 하고 억압받는 이들을 해방시켜 내보내며 주님의 은혜로운 해를 선포하게 하셨다.(루카 4,18-19)

또, 예수님은 자신의 메시지를 단도직입적으로 선언하셨다.

> 때가 차서 하느님의 나라가 가까이 왔다. 회개하고 복음을 믿어라.(마르 1,15)

그러면 무엇이 복음인가? '하느님 나라' 곧 하느님의 통치이다. 용서와 사랑이 지배하는 하느님 왕국이다.

1) 하느님의 나라는 이렇다

예수님은 하느님 나라를 비유로 말씀하신다.

첫째, 밭에 묻힌 보물의 비유로 설명하신다.

> 하늘 나라는 밭에 숨겨진 보물과 같다. 그 보물을 발견한 사람
> 은 그것을 다시 숨겨 두고서는 기뻐하며 돌아가서 가진 것을
> 다 팔아 그 밭을 산다.(마태 13,44)

둘째, 겨자씨와 누룩의 비유로 설명하신다.

> 하늘 나라는 겨자씨와 같다. […] 겨자씨는 어떤 씨앗보다도 작
> 지만, 자라면 어떤 풀보다도 커져 나무가 되고 하늘의 새들이
> 와서 그 가지에 깃들인다.(마태 13,31-32)

가장 작은 일, 아주 미소한 일을 통해서 하느님 나라가 확장되고 완성
된다는 말씀이다.

2) 아버지께서 기다리신다

예수님은 '되찾은 아들의 비유'(루카 15,11-32 참조)를 통해서 목을 내놓고
기다리는 하느님 아버지의 애절한 심정을 전하신다. 하느님은 여러 자녀
가 있어도 자식이 하나밖에 없는 것처럼 사람을 사랑하시는 자비로우신
아버지시다.

'저렇게 아버지께서는 애타게 기다리신다. 그러니 아버지께 돌아가자.
다시 그분의 품으로 귀의하자. 돌아가면 호통을 치실 것 같지만 사실은

송아지를 잡아 주신다. 그러니 마음을 고쳐먹고 돌아가자.'

이 점을 예수님은 강조하셨던 것이다.

3) 동심을 회복하라

하느님 나라에 들어가려면 순수한 마음이 필요하다. 예수님께서는 다음
과 같이 가르치셨다.

> 어린이와 같이 하느님의 나라를 받아들이지 않는 자는 결코
> 그곳에 들어가지 못한다.(마르 10,15)

예수님의 말씀을 이리 재보고 저리 재보고 세상의 저울로 저울질해서는
하느님 나라에 들어갈 수 없다. 계산하고 약은 체해서도 들어갈 수 없다.
이런 사람은 결국 제 꾀에 넘어간다. 자가당착에 빠진다. 말씀을 액면 그
대로 받아들이고 믿는 사람이 하느님 나라에 들어가 영원한 생명을 누릴
수 있다.

나. 율법의 근본정신

바리사이들과 마찬가지로, 예수님께도 모세의 권위는 의심할 여지가 없
는 사실이었다. 예수님은 율법을 폐지하거나 무효 선언하려 하지 않았고
오히려 완성하고자 하셨다. 이 점을 예수님께서는 분명히 말씀하신다.

> 내가 율법이나 예언서들을 폐지하러 온 줄로 생각하지 마라.
> 폐지하러 온 것이 아니라 오히려 완성하러 왔다. [...] 하늘과 땅
> 이 없어지기 전에는, 모든 것이 이루어 질 때까지 율법에서 한
> 자 한 획도 없어지지 않을 것이다.(마태 5,17–18)

그런데 어느 날 율법 학자가 예수님께 율법의 근본정신에 대하여 묻는다. 예수님께서는 '사랑'이라고 말씀하셨다.

> "스승님, 율법에서 가장 큰 계명은 무엇입니까?" 예수님께서
> 그에게 말씀하셨다. "네 마음을 다하고 네 목숨을 다하고 네
> 정신을 다하여 주 너의 하느님을 사랑해야 한다." 이것이 가장
> 크고 첫째가는 계명이다. 둘째도 이와 같다. "네 이웃을 너 자
> 신처럼 사랑해야 한다."는 것이다. 온 율법과 예언서의 정신이
> 이 두 계명에 달려 있다. (마태 22,36-40)

'율법'뿐 아니라 모든 '예언서'의 골자를 하느님 사랑과 이웃 사랑이라고 요약하신 이가 바로 예수님이시다. 그리고 나중에 예수님은 이를 '사랑'이라는 한마디로 압축하신다.

여기서 우리는 예수님께서 이루신 율법 교육의 혁신革新을 보게 된다. 본래 유다인은 613개 조항의 율법을 가지고 있었다. 이들은 이를테면 십계명의 세부 조항들이었다. 이 율법 조항들은 세부 조항들이었기 때문에 일반 백성들이 일일이 알기가 어려웠다. 그래서 그들에게는 십계명을 지키는 일만 강조해도 충분했다. 나중에는 이것도 복잡하니까 예수님께서 사랑의 이중계명二重誡命, 나아가 오직 하나 '사랑'으로 압축해 주신다. 복잡하게 많이 알 필요 없이, 중요한 골자를 확실히 잡고 그것에만 충실해도 충분하다는 것이다. 결국 그 하나로 다 통하기 때문이다. 이를 일컬어 우리는 요체 교육要諦敎育이라 한다. 그래서 우리가 기억할 것은 '613→10→2→1'으로 통합되는 과정과 결과다.

이후 그리스도교의 근본정신은 '사랑'으로 통하게 되었다. 그리고 불교의 '자비'慈悲, 유교의 '인'仁에 비교되는 이 사랑은 그리스도인들에 있어서 영원한 화두이고 숙제가 되었다.[13]

다. 삶의 지혜

1) 가난한 이가 복되다

예수님께서는 사람들이 행복을 갈구하고 있다는 것을 아셨다. 저마다 행복의 '파랑새'를 찾아 헤매고 있음을 보셨다. 행복의 파랑새를 피상적, 말초적, 세상적인 것에서 찾는 것이 불행의 원인이라고 보셨다. 또 스스로 불행하다고 생각하고 있는 이들이 사실 뒤집어 놓고 보면 참으로 행복한 사람들이라는 역설적 진리를 꿰뚫어 보셨다. 그래서 여덟 가지 행복을 선언하셨다(마태 5,3-10 참조). 그냥 건성으로 읽으면 이 행복 선언은 마치 말장난인 듯 보일지 모른다. 그러나 두고두고 그 속뜻을 새겨보면 천하의 명언名言이라는 것을 깨닫게 된다.

간디M.K. Gandhi는 이 예수님의 행복 선언을 접하고 예수님의 가르침을 힌두교도들이 배워야 한다는 것을 주장했다고 한다. 알아들을 귀와 보는 눈이 있는 사람은 예수님의 가르침이 말장난이 아니라는 것을 깨달을 수 있다. 참행복은 자신이 처해 있는 삶의 조건에 있지 않고 마음가짐과 삶의 태도에 달려 있기 때문이다.

2) 좁은 문으로 들어가라

예수님께서는 "좁은 문으로 들어가라."(마태 7,13)라고 가르치셨다. 멸망에 이르는 문은 크고 또 그 길이 넓어서 그리로 가는 사람들은 많지만 생명에 이르는 문은 무척 좁고 험해서 그리로 찾아드는 사람은 적다고 아쉬워하신다.

이 말씀은 천국에 이르는 길을 제시하는 영성적인 권고인 동시에 세상을 성공적으로 사는 비결이기도 하다. 쉬운 길을 가는 사람들, 끊고 맺음이 확실하지 못한 자들과 타협주의자들은 당장은 안위를 누릴 수 있을지 몰라도 오래가지 못한다. '인생 역전'이라는 TV 프로그램을 보면 궁극적으로 성공하는 사람들은 모두 외길을 가는 사람들, 어려운 길을 가는 사람들이다.

3) 생즉사 사즉생

이순신 장군이 왜적과 싸우는 병사들을 독려하면서 "살려고 하는 자는 죽고, 죽기를 각오하면 산다."生即死 死即生라고 호령하였다. 실제로 그 말은 현실이 되었다. 그런 비장함으로 전쟁에 임했기 때문에 임진왜란을 극복해 낼 수 있었다.

이것을 예수님께서는 이렇게 말씀하셨다.

> 제 목숨을 얻으려는 사람은 목숨을 잃고, 나 때문에 제 목숨을 잃는 사람은 목숨을 얻을 것이다.(마태 10,39)

살려고 아등바등하고 세상의 복락을 위해 이기적으로 처신하는 사람은 결국 신뢰와 신용을 잃는다. 궁지에 처할 때 아무도 도와주지 않는다. 그러나 희생할 줄 아는 사람은 환란이 닥칠 때 주위의 손길이 도와준다. 영성적으로 말하면 하느님이 일으켜 주신다. 박해를 피해 배교한 사람들은 당장은 목숨을 부지할 수 있었다. 그러나 역사 속에서 영원히 죽었다. 죽음을 두려워하지 않고 순교한 사람들은 당시에는 억울한 죽음으로 비쳤으나 역사 속에서 또 천국에서 찬연하게 살아 있다.

4) 황금률

예수님께서는 말씀하신다.

> 남이 너희에게 해 주기를 바라는 그대로 너희도 남에게 해 주어라. 이것이 율법과 예언서의 정신이다.(마태 7,12)

이 말씀은 예수님께서 주신 메시지 중에 그 교훈의 가치가 황금처럼 귀해서 '황금률'黃金律이라고 불리는 구절이다.

공자孔子도 비슷한 말을 하였다. "스스로 하기를 원치 않는 것을 남에게 시키지 마라."己所不慾 勿施於人 링컨A. Lincoln은 노예 해방을 위한 남북 전쟁을 이끌면서 "나는 노예가 되기 싫다. 그러므로 나는 노예를 부리기도 싫다."라는 말을 했다고 한다. 전부 예수님의 말씀과 통하는 말이다.

내가 남에게 요구하는 것을 내가 먼저 해 주면 모든 문제가 해결된다. 결국 내가 기대하던 것들이 상대방으로부터 되돌아온다. 나도 선을 행하고 상대방도 나의 기대를 충족시켜 주니 이것이야말로 윈윈Win-Win의 생활 철학이다.

내친김에 예수님께서는 그렇게 해 줄 때에는 마음을 곱절로 써서 행하라고 말씀하신다.

> 누가 너에게 천 걸음을 가자고 강요하거든, 그와 함께 이천 걸음을 가 주어라.(마태 5.41)

5) 높은 자가 되려거든 섬겨라

높은 자가 되고 싶기는 예수님 제자들도 마찬가지였다. 예수님은 제자들 사이에서의 이러한 경쟁을 간파하시고 말씀하셨다.

> 그러나 너희는 그래서는 안 된다. 너희 가운데에서 높은 사람이 되려는 이는 너희를 섬기는 사람이 되어야 한다. 또한 너희 가운데에서 첫째가 되려는 이는 모든 이의 종이 되어야 한다.(마르 10.43-44)

이 말씀에는 두 가지 핵심 포인트가 있다.

첫째, 높은 자가 되는 지름길은 '섬김'diakonia이라는 것이다. 희생심과 봉사 정신이 있으면 반드시 주변의 인정을 받고 그에 합당한 자리를 얻게 된다는 것이다.

둘째, 높은 직책과 권력은 군림하라고 있는 것이 아니라 봉사하라고 있는 것이라는 점이다. 그래서 예수님은 당신 자신이 "섬김을 받으러 온 것이 아니라 섬기러"(마태 20.28) 왔다고 말씀하셨다. 정치에서나 사회생활에서 주어지는 모든 직책은 '봉사'하라고 있는 것이다. 그러나 누구든지 '자리'에 앉고 보면 봉사보다는 '권력'을 휘두르려는 유혹에 빠지게 된다. 이럴 때 예수님 처방대로만 살면 문제가 없을 뿐 아니라 사람들에게 더 큰 인정을 받게 된다. 이를 놓치지 않아야 하겠다.

1.2.2. 사제적 사목

구원의 중재자신 예수님께서는 신약의 유일한 사제이시며 부활하신 주님으로 자신을 드러내고 행동하신다. "길이요 진리요 생명"(요한 14.6)이신 예수님께서는 당신을 성부께 십자가의 희생 제물로 바침으로써 사제적 과업을 완성하셨다. 또한, 우리를 위한 하느님의 깊은 사랑을 드러내신다. 그분의 부활로 죽음과 죄와 악은 완전히 극복되었으며 새로운 생명에 참여하는 길이 열린 것이다(로마 8.34; 히브 7.25 참조).

예수님은 죄인들을 해방하시고 병자들을 치유하시며 악령을 쫓으시는 행위를 통해 사제직을 수행하신다.

가. 죄의 용서를 위한 희생 제사

예수님 주위에는 세리와 죄인들이 많았다. 율법 학자들의 눈에 세리와 죄인은 부정한 사람들이었고, 하느님 백성 자격을 박탈당한 사람으로 그들과의 친교는 금지된 일이었다. 그러기에 그들은 예수님께서 세리 자캐오의 집에 들어갈 때에 "저이가 죄인의 집에 들어가 묵는군."(루카 19,7) 하고 수군거렸다. 율법 학자와 바리사이의 불만은 예수님께서 그들과 어울리는 일이었다.

> 사람의 아들이 와서 먹고 마시자, "보라, 저자는 먹보요 술꾼이며 세리와 죄인들의 친구다."(루카 7,34)

예수님께서 이 말을 들으시고 이렇게 대답하셨다.

> 튼튼한 이들에게는 의사가 필요하지 않으나 병든 이들에게는 필요하다. [...] 사실 나는 의인이 아니라 죄인을 부르러 왔다.(마태 9,12-13)

실제로 예수님께서는 당신의 삶과 십자가 희생 제사로 죄의 용서를 완성하셨다.

나. 치유

복음서는 예수님의 공생활을 소개하면서 한결같이 질병을 고치시는 예수님의 모습을 소개한다. 복음서에 기록된 예수님의 여러 기적 중 대부분이 병든 자를 고치시는 사건이다. 예수님의 치유 기적은 예수님 자신을 드러내는 기적이라기보다 진정으로 인간을 사랑하여 구원하시는 구원의 대드라마이다.

예수님은 우리 죄를 대신 짊어지시고 십자가 위에서 죽으심으로 우리의 죄를 용서하셨을 뿐만 아니라 우리의 질병까지도 치유하시는 분이시다. 그러한 예수님의 모습을 복음에서 다음과 같이 살펴볼 수 있다.

① 나병 환자를 고치신 예수님(마태 8,1-4)
② 중풍 환자를 고치신 예수님(루카 5,17-26)
③ 많은 병자를 고치신 예수님(마르 1,32-34)
④ 손이 오그라든 사람을 고치시는 예수님(마르 3,1-6)
⑤ 귀먹고 말 더듬는 이를 고치시는 예수님(마르 7,31-37)
⑥ 야이로의 딸을 살리시고 하혈하는 부인을 고치신 예수님(마르 5,21-43)

예수님의 치유는 병을 고치는 능력이나 병 고침 자체의 기적적 행위보다는 병으로 고통당하는 환자 개인과 그의 전인적인 구원에 더 큰 관심이 있다.

첫째로 예수님은 환자 개인에게 더 큰 관심을 가지고 있었다. 예수님은 환자들을 사랑하고 환자들을 아끼며, 환자 자체를 위하기 때문에 병 고침의 대가로 어떠한 것도 기대하지 않는다. 전적으로 환자를 사랑하여 그들의 심정을 공감하고 그들의 아픔을 예수님 자신이 감당한다. 그들의 건강의 대가로 자신은 그 병을 짊어지고 십자가에서 죽으시는 예수님의 치유가 바로 오늘 우리가 담당해야 할 '치유 사목의 모델'이 되어야 하는 것이다.

둘째로 예수님 치유의 특별한 점은 '환자의 전인 구원'에 관심을 집중하고 있다는 것이다. 환자의 고통을 함께 나누는 공감, 환자의 몸을 고쳐 건강하게 살게 하는 것, 환자의 정신적인 평화, 환자의 사회관계 회복, 환자의 영적인 삶의 회복 등 예수님은 환자가 자신에게 고통을 주는 모든 장애에서 해방되는 전인적인 건강과 영적인 성장에 관심을 가지고 있다.

다. 구마

복음서에 기록된 예수님의 기적 중에는 악령 들린 사람들을 자유롭게 하시는 기적들이 많이 있다.

먼저, 카파르나움의 회당에서 안식일에 가르치시다가 악령 들린 사람을 고치셨으며(마르 1,21-28; 루카 4,31-37 참조), 마귀 들려 눈이 멀고 벙어리가 된 사람 하나를 고쳐 주셔서 마귀의 두목 베엘제불의 힘을 빌려 마귀를 쫓는다는 헐뜯음까지 들으신다(마태 12,22-32; 마르 3,20-30; 루카 11,14-23 참조)

또한 게라사 지방에 이르러서는 무덤에 사는 군대라는 마귀 들린 사람을 돼지 속으로 쫓아 내시어 악령이 들어간 돼지 떼 이천 마리가 물속에 빠져 죽게 하셨으며, 이로 인해 마귀 들렸던 사람은 예수님께서 베풀어 주셨던 자비를 데카폴리스 지방에 두루 알렸다(마태 8,28-34; 마르 5,1-20; 루카 8,26-39 참조).

이러한 예수님의 구마 기적은 이방인들에게도 행해졌다. 예수님께서는 티로 지방에서 흉악한 마귀 들린 시리아 페니키아 여자의 믿음을 보시고 그녀의 딸을 고쳐 주시며(마태 15,21-28; 마르 7,24-30 참조), 악령 들려 말 못하고 발작하는 아이를 고쳐 주시면서 기도하지 않고서는 마귀를 쫓아낼 수 없음을 제자들에게 알려 주신다(마태 17,14-21; 마르 9,14-29; 루카 9,37-43ㄱ 참조). 또한 십팔 년 동안이나 사탄 때문에 불구가 된 여인을 고쳐 주시며(루카 13,10-17 참조), 벙어리에게서 마귀를 쫓아내시어 말을 하게 하신다(마태 9,33 참조).

이런 복음서의 말씀에서도 알 수 있듯이, 예수님께서는 많은 구마 행위를 통해 마귀와 악령 들린 사람들을 치유하시고 기적을 베푸셨다.

1.2.3. 봉사적 사목

예수님께서는 섬김을 받기 위해서가 아니라 섬기러 오신 메시아 왕으로 자신을 드러내시고 행동하신다(마태 20,28; 필리 2,7-8 참조).

가난한 이의 모습으로 오신 예수님은 소외된 이들을 우선적으로 섬기셨고 먹이셨으며 돌보셨다.

가. 섬김(구제)

'섬김'은 자신이 맡은 임무가 어떤 것이든 교회 활동과 다른 형제들과의 관계에서 충실히 그리스도의 제자처럼 되는 것이다.

섬김의 모범을 보여 주신 주님께서는 자신을 낮추시어 가난한 이로 세상에 오시어 가난하게 사셨고, 가난한 이들에 대한 사랑을 몸소 실천하셨으며, 가난한 이들을 자신과 동일시하셨고(마태 25,40.45; 필리 2,7 참조), 가난한 이로 돌아가셨으며 부활하심으로써 가난한 이들을 들어 높이셨다.

이는 그리스도께서 몸소 실천하신 봉사의 진정한 의미이다.

나. 먹임과 돌봄

예수님은 굶주리고 목마른 자들을 돌보시는 분이시다.

> 나는 생명의 빵이다.(요한 6,48)
> 목마른 사람은 다 나에게 와서 마셔라.(요한 7,37)
> 하늘의 새들을 눈여겨보아라. 그것들은 씨를 뿌리지도 않고 거두지도 않을 뿐만 아니라 곳간에 모아들이지도 않는다. 그러나 하늘의 너희 아버지께서는 그것들을 먹여 주신다. 너희는 그것

들보다 더 귀하지 않으냐?(마태 6,26)

주님은 약한 곳에 오시고, 부족한 것을 채우신다. 예수님께서 '착한 사마리아인의 비유'(루카 10,29-37 참조)로 설명하셨듯이 우선적으로 도움을 필요로 하는 이들에게 이웃이 되어 주는 것이다. 시편에서는 "시냇가에 심겨 제때에 열매를 내며 잎이 시들지 않는 나무와 같아 하는 일마다 잘되리라."(시편 1,3) 하고 노래한다. 예수님이 세상에 오신 목적은 이렇게 주리고 목마른 자들에게 빵과 물을 전하려는 것이다.

이 메시지는 오늘의 우리들을 위한 것이기도 하다. 참된 신앙인은 자신의 모든 것을 가난하고 작은 이들과 나눌 수 있어야 한다. 예수님께서 그러셨던 것처럼, 주리고 목마른 사람들의 삶 속에서 함께 기도하고, 나누며 살 수 있어야 한다.
즉 그들의 빈곤과 아픔, 고통과 소외, 편견과 억압에 동참하며 하느님께 대한 신뢰와 의탁으로 그들과 더불어 생활해야 한다. 또한 그들과 사랑을 주고받고 생각과 느낌을 함께하며 자신들의 지식과 재능, 기술과 재물을 나눌 수 있다. 인간이 가진 모든 것은 하느님에게서 받은 것이기 때문에 하느님께 속한 것이며, 인간은 하느님에게서 다만 이들을 관리하도록 위탁받았을 뿐이다.

2. 제2차 바티칸 공의회에서의 사목 이해

1950년부터 1960년대에 이루어진 교회의 실천적 발전 노선에서 제2차 바티칸 공의회(1962–1965년)는 스스로를 '사목 공의회'라고 칭하게 된다(물론 전문가들은 이러한 공의회를 '개혁 공의회', '개방의 공의회', '전환의 공의회'라 평하였다). 이 공의회는 교회와 세상 안에서 교회의 선교 사명에 대한 비전과 계시를 파악하는 방식 및 신앙과 복음 선포의 역동성, 전례 개혁 그리고 타 종교와의 대화 등의 새로운 요소들을 제공하였다.

이러한 공의회는 교회를 '하느님 백성'$^{Populus\ Dei}$과 동일시하였으며 세례를 받은 모든 사람은 어떤 모양으로든 그리스도의 한 사제직에 참여한다고 선언(보편 사제직)하였고, 서품된 사목직(직무 사제직)에 대한 지위나 신분보다는 오히려 '봉사'^{diakonia}를 강조함으로써 봉사와 영적 권위를 분리했던 과거의 입장을 수정했다. 특히, 이러한 내용들은 무엇보다 「사목 헌장」에서 분명하게 확인이 가능하며, 이를 통하여 공의회에서 혁신적으로 세상과 교회에 전달하고자 하는 '사목'의 정신과 모습을 살펴볼 수 있다.

2.1. 「사목 헌장」$^{Gaudium\ et\ Spes}$에서의 사목

사목이 '교회 중심' 내지 '본당 중심'에서 '생활 현장 중심'으로 전환할 필요를 인식하고 그 토대를 마련해 준 것은 제2차 바티칸 공의회의 「사목 헌장」이었다. 그것은 「사목 헌장」이 교회의 본질^{nature}에 대한 신학적 이해로부터 교회의 사명^{missio}에 대한 신학적 성찰을 포함하고 있기 때문에 가능하였다. 그러한 성찰 속에서 「사목 헌장」은 교회가 세상 속에 있는 존재라는 인식과 더불어 그러한 세상 속에서 하느님 나라의 실현을 위해 노력하는 것이 교회의 사명이라는 것을 명시한다. 따라서 「사목 헌장」은 세상 속에 있는 교회의 모습과 신앙인의 사회적인 삶에 가장 많은 영향을 미치고 있음을 발견할 수 있다.

특히, 이러한 「사목 헌장」에 의하면 생활 현장 중심의 사목은 하나의 전략戰略이 아니고 원리原理임을 알 수 있다. 원리가 육肉을 취하면 전략이 된다. 상황에 따라 취하는 '육'이 달라지기 때문에 한 원리에서 수많은 전략이 나올 수 있다. 원리 하나를 깨우치는 것은 수많은 전략을 익히는 효과를 지닌다. 그러므로 우리는 여기서 「사목 헌장」이 제시하는 '원리'를 자세히 짚고 넘어가고자 한다.

2.1.1. 「사목 헌장」의 반포 의의[14]

역설적인 이야기가 되겠으나 「사목 헌장」은 "사목이란 무엇인가?" 하는 물음에 신통한 답변을 하지 않는다. 「사목 헌장」의 관심은 이러한 주제 범위를 훌쩍 뛰어넘고 있기 때문이다. 즉 「사목 헌장」은 교회의 울타리를 벗어나서 교회가 터 잡고 있는 '세상'에 대해서, 정확히 말해서 그 세상과 교회의 관계에 대해서 폭넓게 그리고 체계적으로 논급하고 있다. 그리고 「사목 헌장」은 신자에 대한 사목자의 역할에 대해서가 아니라, 신자와 비신자를 포괄한 '세상'에 대한 교회의 사명, 즉 '사회'에 대한 사목자와 신자 모두의 소명에 관해 표명하고 있다. 이러한 부분에서 「사목 헌장」은 '교회와 세상과의 대화의 첫걸음'이라는 신학적인 의의를 지니며, 교회 차원뿐만이 아닌 일상의 일반적인 차원에서 문제들을 검토한다. 또한 이 헌장을 통해서 교회가 지상 현실이 자립한 것임을 인정하고 인류가 그 자연적 목적에 도달하려고 하는 노력에 협력할 태세를 취했음을 알 수 있다.

「사목 헌장」은 제2차 바티칸 공의회 문헌 중에서 「교회 헌장」Lumen Gentium 과 더불어 공의회 정신의 양대 축兩大軸을 이룬다. 즉 「교회 헌장」이 교회 내부(ecclesia ad intra, 교회가 자신을 살피고 자신의 정체성을 되찾고 밝힘)의 사안을 주로 취급하고 있는 반면, 「사목 헌장」의 주제는 교회의 외연(外延: ecclesia ad extra, 교회는 세상을 향하여 존재하는 공동체)에 중심을 두고 있는 것이다. 이처럼 공의회가 교회의 외연인 세상과 사회의 문제를 자신의 문제로 취급한 예는 역사상 없었다. 금세기 최고의 신학자 칼 라너K. Rahner, +1984의 말을 빌리면, 바로 이 점 때문에 제2차 바티칸 공의회는 그야말로 공의회의 '신기원'新紀元을 이루었다.

「사목 헌장」은 공의회 시작 당시 그리스도인의 '도덕 질서'와 '사회 질서'의 수준에서 의제로 제시되었으나 주제의 포함 여부와 논의의 폭에 대한 주교들의 이견으로 인해 엎치락뒤치락하며 '죽음'과 '부활'의 과정을 거듭 겪고서 마침내 헌장Constitutio으로 확정되기에 이르렀다. 이는 공의회 과정에서 가장 드라마틱한 사건이었다. 즉 교령이나 선언의 등급에서도 턱걸이를 거듭하던 의제가 더 큰 비중과 권위를 가지고 당당히 부활하여 교회의 공식 교의인 '헌장'으로 선포된 것이다.

2.1.2. 「사목 헌장」이 이루어 낸 관점의 혁명적 전환

언급된 바와 같이, 제2차 바티칸 공의회가 표방한 것이 교회의 '현대화'였다면 「사목 헌장」은 그 '현대화'의 청사진이라고 할 수 있다. 요컨대, 「사목 헌장」은 교회 울타리 안에만 머물던 이전까지의 공의회의 관점을 과감히 허물고 울타리 없는 교회, 열린 교회 곧 세상과 더불어 사는 교회를 부각한다(40항). 세상을 바라보는 교회의 전통적인 시각은 교회는 '주고' 사회는 '받고'의 관계, 곧 상위 질서(=시혜자)와 하위 질서(=수혜자) 사이의 종속 관계로 보았다. 그러나 세상과 교회와의 관계 속에서 「사목 헌장」은 "모든 시대에 걸쳐 교회는 시대의 징표를 탐구하고 이를 복음의 빛으로 해석하여야 할 의무를 지고 있다."(4항)라고 밝히면서 둘의 관계가 긴밀하게 결합intima coniunctio되어 있음을 확인하였으며, 이 헌장을 통해 교회와 사회는 서로가 주고 서로가 받는 '상호 의존적인 동등 관계'로 자리매김되었다(41-45항). 이것은 공의회 역사상 실로 혁명적이며 신기원적인 초유의 업적이라 할 수 있다.

거시적으로 볼 때 「사목 헌장」은 여러 면에서 혁신적인 관점의 전환을 이루었다.

첫째, '사목' 자체에 대한 새로운 시각을 제시하였다. '사목 헌장'Constitutio Pastoralis이라는 용어가 시사하듯이 '사목' 현안Pastoralis을 '교의' 현안Constitutio과 동등한 반열에 올려놓음으로써, 실천에 대한 이론 우위의 스콜라적 scholastic 관점을 극복하였다. 이제 사목은 교의dogma의 적용이 아니라, 그 자체로 교의를 담지하고 있는 하나의 실천praxis인 것이다. 이 말은 우선적으로 사목이 구체적인 현실에 관한 관심과 인식에서 출발하여 일상생활 속에서의 실천을 목적으로 한다는 것을 뜻한다. 또한, 종래에는 강론과 교리 교육 등 교회 내적인 사안을 취급하던 '사목' 개념이 이 헌장을 통해 (교회의 보편적 구원 사명과 관계를 맺는 교회의 '외부의' 생활인) 사회·윤리적인 폭으로 확장되어 정치·사회, 경제·문화적인 강조점을 지니게 된 것이다(46-93항).

둘째, 「사목 헌장」은 교회의 가르침에 새로운 차원을 열어 주었는데, 이를 통하여 교회와 세상의 관계가 새롭게 정립되었다. 「사목 헌장」은 과거 철옹성 같았던 교회의 담을 허물고, 울타리 없는 교회, 열린 교회 곧 세상과 더불어 사는 교회를 표방한다(40항). 교회의 공식 가르침인 교의는 종래에는 교회 권위에 의한, 법적 유효성을 지니는 이론적인 진술로만 이해되었으나 「사목 헌장」은 이를 실존의existential 차원으로 끌어들였다. 교의는 이제 정의와 기쁨이 넘치는 세상을 건설하도록 불린 인간의 소명에 대한 가르침, 곧 인간의 사회적 소명에 대한 가르침이 되었다(특히 42-43항). 그리하여 종래의 성속 이원론聖俗二元論 대신에 '안으로 향한 교회'ecclesia ad intra와 '밖으로 향한 교회'ecclesia ad extra의 개념을 도입하고, 교의와 사목의 관계를 상위 개념과 하위 개념으로 구분(종속적 관계)하던 종래의 스콜라적 관점에서 탈피하며, '대화적'dialogical 복음화를 지향하는 상호 관통한 관계로 재정립되었다.

셋째, 교회의 지평을 확장시켰다. 교회는 이제 인류를 양 떼로 여긴다. 「사목 헌장」은 교회를 온 인류의 관점에서 조명하여 "기쁨과 희망, 슬픔과 번뇌, 현대인들 특히 가난하고 고통 받는 모든 사람의 그것은 바로 그리스도 제자들의 기쁨과 희망이며 슬픔과 고뇌이다."(1항)라고 선언한다. 나아가 '교회를 반대, 박해하는 사람들 속에서도 교회는 많은 이익을 얻을 수 있다.'(44항 참조)는 넓은 도량을 드러내고 있고, "참으로 친절과 사랑으로 [...] 대화를 할 수 있다."(28항)라고 언급하면서 그들에 대한 사랑과 호의가 '진리와 선'에 대해서 무관심해져서는 안 된다는 점을 지적했고, 그들을 향해 하느님의 사랑 안에서 '구원의 진리'를 선포할 수 있어야함을 강조하였다. 따라서 교회는 '조화'와 '친교' 그리고 세상 사람들과의 '연대'의 문제들을 사목의 영역으로 포함시킨다(4항).

넷째, 현세 활동 안에서 평신도들의 소명vocatio을 강조하였다. 평신도들을 교황, 주교, 사제 등의 성직 계열과 함께 본질적으로 동등한 '하느님 백성'으로 자리매김해 준 「교회 헌장」(4항 및 9항)과 동일한 맥락에서 「사목 헌장」은 평신도들이 세상에 그리스도의 정신을 침투시켜야 할 뿐만 아니라 모든 일에 있어 그리스도의 증인으로 불림 받았음Christi sint testes을 천명한다(43항).

이처럼 「사목 헌장」은 제2차 바티칸 공의회의 근본 취지인 교회의 '현대화'를 위한 관점의 전환을 다각도로 이루어 냈다. 이런 이유로 「사목 헌장」은 공의회 문헌의 꽃이라 불리기도 한다. 그러나 헌장이 공포된 후 약 50년의 역사를 돌이켜 보면 「사목 헌장」은 스포트라이트를 받았던 만큼의 대접을 받지는 못하였다. 이 헌장의 비중에 비할 때 이후의 교회 문헌이나 결정에 크게 반영되지 않고 있을 뿐만 아니라 그 취지의 실현이 체계적이고 점진적으로 이루어지지 못했던 것이 사실이다. 왜냐하면 「사목 헌장」은 1960년대 전후의 시대상에서 그려진 미래 교회 청사진이었기 때문이다. 한마디로, 제2차 바티칸 공의회는 모더니즘 시대의 교회 존재 방식에 대한 모색이었다고 할 수 있다.

2.1.3. 공동선의 촉진: 생태계 공생을 위한 대안

'기쁨과 희망'Gaudium et Spes이라는 단어로 시작되는 「사목 헌장」의 첫 문장은 단도직입적으로 인류의 희로애락이 바로 교회의 희로애락이라고 장엄하게 선언한다. 이로써 인류와 교회의 연대성, 곧 공동 운명체성이 천명된 것이다. 실로 교회는 "인류와 인류 역사에 깊이 결합되어"(1항) 있다. 그렇기 때문에 교회는 인류의 여러 가지 문제에 대해서 "인류와 더불어 대화를"(3항) 나누고자 한다. 그리고 이러한 인간의 사회적, 공동체적 특성은 「사목 헌장」 24항에서 좀 더 뚜렷하게 언급되는데, 그것의 특징적인 부분은 하느님 계획안에 있는 인간 소명의 공동체적 특성들을 설명하는 데 있다. 즉, 인간의 존재 근원과 소명이라는 점이 하느님에게서 시작된 것이고, 그것이 예수님에 의해서 결정적으로 우리에게 드러난 것이라는 점이다. 이것(신적 유사성)에서 모든 인류가 한 가족이요, 형제로 거듭나게 되고, 긴밀한 연관을 맺으며 '평등과 상호 존중'을 기초로 하여 하느님에게서 공통된 소명, 즉 '공동체성'을 부여받게 된 것이다.

특히, 「사목 헌장」 32항에서는 바로 이러한 소명을 통하여 모든 이가 하느님과의 만남을 이룰 수 있는 것으로 인식한다. 이것은 예수 그리스도의 활동으로 역사 안에서 결정적으로 계시되었으며 그 특성이 완성되었고, 타인을 위해서 자신을 내어 줌으로써 완성될 수 있음을 강조한다. 이와 관련하여 교회는 세계의 제반 문제를 "복음의 빛으로 해명"해 주고 "성령의 인도로 그 창립자로부터 받은 구원의 힘을 인류에게 풍부히 제공"(3항) 할 뿐만 아니라 교회가 "세계로부터 개인이나 인간 사회의 역량과 활동으로부터 여러 모로 많은 도움을 받을 수 있다고 굳게 확신한다."(40항)라고 밝힌다. 헌장은 교회와 세계의 쌍방향 관계를 분명히 하고 있는 것이다.

이러한 배경에서 「사목 헌장」을 관통하는 주제로서 '공동선의 촉진'이 대두되었다. 이 용어의 의미는 헌장의 전체 윤곽에서 비로소 제대로 이해된다. 헌장은 제1부에서 인간, 공동체, 우주라는 단계적인 전망에서 인류의 본질적 특성과 역사적 현실을 기술하고 제2부에서 몇 가지 긴급 과제(혼인과 가정, 문화, 경제, 사회, 정치, 국제 문제 등)를 비교적 상세히 취급한다. 헌장에 의하면, 인간은 "영혼과 육신, 마음과 양심, 지성과 의지의 결합체"(3항; 1부 1장) 곧 통일된 인격으로서, '공동체'(1부 2장)를 지향하며, '우주'(1부 3장) 안에서 활동한다. 그런 와중에 여러 차원의 가치, 규범, 목적 지향 등이 교차하고 충돌하면서 제반 문제를 야기하게 된다(1부 33항 및 2부). 이처럼 다원적이고 복잡한 입장들을 망라하여 충족시키는 통합적인 대안으로서 「사목 헌장」은 바로 '공동선의 촉진'을 제안하게 된 것이다.

「사목 헌장」에서의 '공동선'bonum commune이란 인간 존중(27항)을 토대로 하여, 인간 전체와 관련된 것이기에 지식과 과학, 도덕, 법적 질서 그리고 경제를 총망라하여 발전되는 것으로 그 권리와 의무에서 모든 인류의 행복을 고려하는 것이다. 결국 이것은 "집단이든 구성원 개인이든 자기완성을 더욱 충만하고 더욱 용이하게 추구하도록 하는 사회생활 조건의 총화"(26항)를 말하는 것이다. 즉, 공동선은 개별 존재의 차원을 완성하는 '인격화'Personalizatio와 인간의 공동체성을 결실 맺게 하는 '사회화'Socializatio의 양

극단(6항 참조)을 두루 포섭하여 충족시키는 상태를 의미한다. 헌장에서는 이처럼 개인과 사회(집단)의 양극단이 명시적으로 언급되었거니와, 실제적으로 이 양극성은 교회와 국가 사이, 유신론자와 무신론자 사이, 남성과 여성 사이, 선진국과 후진국 사이 등의 다양한 경쟁적 내지 대립적 주체들을 함의하는 표현이다. 따라서 공동선은 개별 인격의 존엄성 및 집단들의 필요와 요구 등 다양한 경합(대립) 주체들을 동시에 배려하면서 인류 가족 전체의 선익을 가져오는 모든 조건들의 총화總和를 일컫는다. 그리고 헌장에서는 "어떠한 집단이든 다른 집단의 요구와 정당한 열망, 더욱이 온 인류 가족의 공동선을 고려하여야 한다."(26항)라고 강조하고 있다.

하지만 여기서 간과하지 말아야 할 것은 '공동선'이 '공동 이익' 또는 '공공 이익'과 차별성을 지니는 개념이라는 점이다. '개별 이익'의 반대 개념인 '공동 이익'과 '특수 이익'의 반대 개념인 '공공 이익'이 기계적이고 양적인 이해관계利害關係를 염두에 두는 데 반해, '공동선'은 유기체적이고 질적인 공생관계共生關係를 전제한다는 점이 상이하다. 이렇게 볼 때, 공동선은 인간 사회만을 위한 대안이 아니라 생태계 전체의 공생共生과 공존共存을 위한 대안이기도 하다.

그런데, 공동선의 증진은 대단히 현실적이고 구체적인 명령이다. 이런 이유로 「사목 헌장」은 철학, 인류학, 사회학 등을 토대로 공동선 증진의 장場인 현대 사회의 여러 측면과 차원을 폭넓게 조명하여 공의회 문헌 가운데 가장 방대한 문헌이 되었다. 공의회는 "인류 가족 전체와 인류 가족이 살고 있는 주위의 온갖 현실들을 직시"(2항)하면서 인문·사회학의 광범위한 연구 성과에 의존하여 "우리가 살고 있는 세계와 그 세계의 기대와 욕망뿐 아니라 또한 때때로 극적이기도 한 그 성격을 인식하고 이해"(4항)하려 하였다. 헌장의 제2부는 이러한 모색의 결실로서 다각도의 현실적 문제들이 요청하는 '공동선' 증진 방안을 구체적으로 제시한다.

「사목 헌장」 정신의 실현을 위한 교회의 공식적인 후속 조치가 전반적으로 미약했던 데 비해, '공동선 촉진'을 위한 교회의 구체적인 권고는 지속적으로 그리고 반복적으로 이루어졌다. '공동선을 위한 연대'(『사회적 관심』), '더 나은 사회를 위한 노력'(『민족들의 발전』), '가난한 이들을 위한 우선적 선택'(『사회적 관심』, 『백주년』), '여성의 권리 증진'(『여성의 존엄』), '생태·환경을 위한 선택'(『사회적 관심』, 『창조 보전: 인간 활동과 환경』), '정의와 복지를 위한 교회의 역할'(『백주년』) 등이 대표적인 것들이다.

이상에서 보았듯이 공동선은 인간, 자연, 우주가 공존할 수 있도록 하는 가톨릭교회의 선구적 처방이었다. 이러한 공동선 개념은 21세기에 들어선 오늘날 폭넓은 사회적인 반향을 불러일으켜 공생체, 생태권, 박애 등의 신개념이 등장하는 배경이 되었다고 볼 수 있다. 이해를 돕기 위하여 짧게 소개해 본다.[15]

① '공생체'共生體란 공동체와 생명주의를 결합한 용어로 생명 중심적 연대와 결속(생명권)의 공동체 이념이다. 생명(인권)과 생태 도덕(윤리)을 중시하는 이 이념을 통하여 사람들은 포용력을 지닌 서로 다른 인종, 문화, 종교 집단의 차이를 관용하고 차별 불허를 지향함으로써 공존을 모색할 수 있기를 기대한다.

② '생태권'生態權은 '생태'와 '인권'의 합성어로서 인간을 포함한 모든 생물과 그를 둘러싼 환경의 유기적 관계를 지키는 것이 인간의 생존을 위해 가장 우선되어야 한다는 뜻을 지닌다. 궁극적으로 생태권은 인간을 지구적 차원에서, 지구를 우주적 차원에서 보는 '온 생명'의 우주론을 함축한다.

③ '박애'博愛는 19세기의 유토피아 '자유'와 20세기의 유토피아 '평등'을 하나로 통합할 수 있는 21세기 유토피아다. 21세기에 가장 절실히 요청되는 이념인 박애는 모든 사람이 다른 사람을 형제자매로 생각하고 사랑과 나눔을 베푸는 정신으로서 이는 새로운 사회 질서와 체

제의 근간으로 자리 잡으리라 기대된다.

2.1.4. 평신도 사도직의 방향성: 세상을 위한 봉사

헌장은 교회의 사명이 '봉사'에 있음을 분명히 밝힌다. 교회의 소망과 사명은 "진리를 증거하고, 판단하기보다는 구원하며, 봉사를 받기보다는 봉사하러 세상에 오신 그리스도의 일"(3항)을 계속하는 것이다. 구체적으로 교회는 "인간에 대한 존경"으로 "그 누구에게나 이웃이 되어 주고 누구를 만나든지 적극적으로 봉사해야 할 의무가 있다"(27항). 그뿐만 아니라 교회는 세상의 다원적인 측면과 집단들이 인류 전체의 복지와 정의를 건설하는 데에 적극 동참해야 한다(31항 참조).

「사목 헌장」은 종교 생활이 교회의 내부에 국한된 사안이 아니라는 점을 강조한다. 종교 생활이란 "경신 행위와 약간의 윤리 의무" 수행으로만 이루어지는 것이 아니기 때문에 "직업적 내지 사회적 활동"을 이에 대립시켜서는 안 된다. 평신도들은 "인간적, 가정적, 직업적, 학문적 내지 기술적 노력을 종교적 가치와 결부시켜 하나의 생생한 종합을 이룸"으로써 "인간 사회 한가운데서" 그리스도의 증인이 되도록 불렸다(43항 참조).

이로써 「사목 헌장」은 경신례 중심의 내부지향적 종교 생활이나 자기 확장적 복음 증거의 수준에 머물던 종래의 평신도 사도직의 방향을 세상 안에서의 공동선 증진의 비전을 향하여 혁신적으로 전환시켰다. 결국, 헌장은 믿음과 실행을 분리하여 생각하는 이중 영성을 지양하고 통합 영성 또는 전인 영성을 강조하고 있는 셈이다. 이러한 관점은 너무도 유명해진 "교회는 남을 위해 존재할 때만 교회"라는 본회퍼[D. Bonhöffer]의 견해와 「교회 헌장」의 '보편 사제직'(10항)의 구체적인 표현과 마찬가지다.

결론적으로, '공동선 촉진'이라는 교회의 사명과 '세상을 위한 봉사'라는 평신도 사도직의 방향성은 「사목 헌장」의 기조를 이루는 정신으로서 역사의 흐름 속에서 구체적으로 수행해야 할 과제가 된다고 할 수 있다. 오늘날 교회가 정치·사회 현안에 대해 뜨거운 소명감으로 정의 구현을 위한 예언직 수행, 생태 환경 운동, 소외된 이들을 위한 투신 등에 앞장서고 있는 것, 그리고 그러한 요청에 직면해 있는 것은 이미 「사목 헌장」의 기조 정신과 맥을 같이하고 있는 셈이다.

2.1.5. 구체적인 실행을 위한 두 가지 방법적 요청

헌장이 반포되고서 50년이라는 유구한 세월이 흘렀다. 그간 범세계적으로 지각 변동에 가까운 변화가 있었다. 당시를 지배하던 사회 여건과 현상이 '상전벽해'桑田碧海의 양상으로 변화되었거나, 전혀 새로운 문제와 조류가 생겨났거나 했다. 그래서 사회학자들은 근래 몇십 년간의 변화가 과거 몇백 년간의 변화에 버금간다고 말하기도 한다. 당시 위기의 조짐이 심각하여 공의회가 진지하게 긴급 의제로 취급하였던 '가족과 결혼'의 문제는 오늘날 파괴와 파행의 극으로 치닫고 있다. 당시에는 상상도 못 하던 첨단 지식정보 문화가 대중문화로 확산되어 다원 문화, 잡종 문화, 변종 문화, 레고 문명civil lego 등의 기승을 부추기고 있다.

그렇다면, 이처럼 격세지감隔世之感을 느낄 수밖에 없는 오늘의 상황에 제2차 바티칸 공의회의 정신을 살린다는 것은 무엇을 의미하는가? 이에 관하여 「사목 헌장」 말미에는 이렇게 적혀 있다.

> 하느님의 말씀과 복음 정신에 의지하여 우리가 제시한 많은
> 것들은, 특히 그리스도인들이 목자들의 지도를 받아 각각의 민
> 족과 그 사고방식에 적응시켜 행동에 옮긴다면, 모든 사람에게
> 확실한 도움을 줄 수 있다고 믿는다.(91항)

즉, 헌장은 '복음 정신'Evangelii spiritum이라는 시대를 초월한 원리를 구체적인 역사의 현장 속에서 올바로 구현할 수 있는 길을 제시하고 있기 때문에, 교회 지도층이 헌장의 골간骨幹을 파악하여 신자들과 함께 지역 교회의 시대적 '상황'과 '사고방식'에 적응시키려 한다면 「사목 헌장」은 여전히 열매 맺는 무화과나무(루카 13,6-9 참조)가 될 수 있다.

그렇다면 우리는 사목 현장에서 이러한 사명을 수행하기 위해서 어떤 접근법을 취해야 할까? 이와 관련하여 우리는 다음과 같은 두 가지 방법적 요청을 확인한다.

첫째, 하느님의 백성은 "현대의 다른 사람들과 함께 참여하는 사건과 요구와 염원" 안에서 하느님의 현존과 그 계획의 참된 징표signum가 과연 무엇인지를 알아내야 한다(11항). 좀 더 구체적으로 사목 '상황'을 파악하기 위하여 인문·사회과학의 학문적인 접근법과 연구 성과에 귀 기울일 줄 알아야 한다. 공의회 문헌에 자주 등장하여 이미 우리에게 낯설지 않은 용어가 되어 버린 '인권', '인권을 위한 봉사', 교회와 사회 사이의 '호혜관계'互惠關係 등의 개념도 사실은 사회학에서 빌려 온 것이다. 문헌에 자주 등장하는 (하느님의) '백성', (하느님의) '나라', 거룩한 이들의 '공동체', 세 가지 '직분', '카리스마', '의식', '규범' 등도 사실 정치 분야에 사용되던 사회학적인 용어이다. 19세기의 지배적인 교회 개념이었던 '완전한 사회'societas perfecta는 플라톤Platon의 『국가론』Politeia에서 유래한 용어이다. 말하자면 이런 개념들을 통하여 영적인 삶이 사회의 권력 게임 한복판에서 이루어지는 대단히 현실적인 사건이라는 점이 강력하게 시사되고 있는 것이다. 결론적으로, 성경과 전통에 기초한 「사목 헌장」의 주요 개념들은 그에 상응하는 사회학적인 개념들을 통해서 육화Incarnatio될 필요가 있고, 역으로 사회 현상에 대한 인문·사회학의 통찰들은 신학적인 개념으로 영성화spiritualization될 필요가 있다 하겠다.

둘째, 개인적인 실행과 조직적인 연대 활동이 동시에 필요하다. 헌장의 정신을 실천하는 최종적인 주체는 물론 개인이다. 중요한 것은 각자가 자신이 처한 생활 현장에서 자신의 몫을 다하면서 '공동선의 증진'에 일조하는 것이다. 그런데 이러한 의지와 시도가 결집되면 더욱 큰 힘을 발휘할 수 있다. 근년에 그 무시할 수 없는 영향력을 사회 각 방면에서 발휘한 시민연대 운동과 2002년 월드컵에서 코리아 돌풍을 이끈 수백만 인파의 응원 열기는 조직화된 집단의 위력을 입증하고도 남는다. 따라서 위원회, 단체, 협의회, 모임 등으로 조직화(제도화)된 연대 활동이 공의회 및 헌장 정신 구현에서 결코 소홀히 여길 수 없는 견인차라고 할 수 있다.

헌장은 결론적으로 세상의 한복판에서 살아야 하는 한 사람 한 사람의 위대한 사명을 준엄하게 선포한다.

> 복음을 충실히 따르며 복음의 힘으로 살아가는 그리스도인들은 정의를 사랑하고 실천하는 모든 사람과 더불어 이 지상에서 완수하여야 할 위대한 과업을 받아들였으며, 마지막 날에 모든 사람을 심판하실 분께 이 과업에 대한 셈을 바쳐야 한다.(93항)

3. 사목 비전 창출의 3단계[16]

앞에서 보았듯이 제2차 바티칸 공의회는 사목에 대한 새로운 이해를 이끌어 냈다. 공의회가 밝히고 있는 사목은 인간과 인간의 삶, 그리고 인간 삶의 터전인 세계를 위한 교회의 일체적인 노력을 지칭한다. 이런 의미에서 사목은 하느님과 인간의 만남에 대한 이야기를 인간 세계 안에서 가능하도록 해 주는 행위이며, 하느님께서 자신을 연 세계를 향하여 교회가 자신을 여는 행위이다(「사목 현장」 1항 참조). 이러한 사목의 정의는 현대 교회로 하여금 오늘의 다양한 현대적 상황들에 관심을 갖지 않을 수 없게 만들었다.

이러한 배경에서 사목신학pastoral theology의 관심은 실천practice일 수밖에 없다. 사목신학의 궁극적인 관심은 결국 실천적 대안vision에 있는 것이다. 실천적 대안을 모색하는 과정은 일반 이론 학문theoretical science과 다르다. 왜냐하면 실천적 대안 모색의 과정에는 실천이 중심에 있고 이론이 보조적인 역할을 하도록 자리매김하고 있기 때문이다.

여기서 사목신학적 접근법에 대하여 인지해야 할 필요성이 대두되는 것이다. 우리는 미래를 위한 사목 비전을 어떻게 창출할 것인가? 필자는 이를 위하여 해석학적 통찰에 기초한 쮜레너P.M. Zulehner 교수의 '사목신학적 접근법'[17]을 권한다. 다음의 그림은 이를 도식적으로 보여 준다.

3.1. 제1단계: 현재 실천의 객관적 파악

종래의 교회 실천이나 사목신학은 '이론'theory에서 출발하여 '실천적 적용'application에서 끝나는 방식을 취하였다. 곧 성서신학이나 교의신학의 결과를 사목에 효율적으로 적용하는 것을 탐구하는 것이 사목신학의 과제였

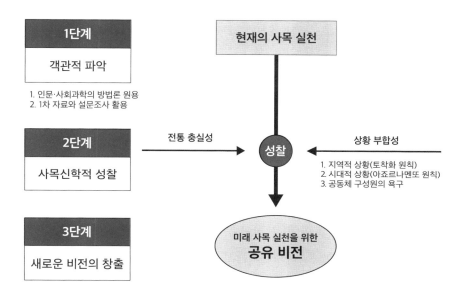

〈사목 비전 창출의 3단계〉

1단계

객관적 파악

1. 인문·사회과학의 방법론 원용
2. 1차 자료와 설문조사 활용

2단계

사목신학적 성찰

3단계

새로운 비전의 창출

현재의 사목 실천

전통 충실성

성찰

상황 부합성

1. 지역적 상황(토착화 원칙)
2. 시대적 상황(아죠르나멘또 원칙)
3. 공동체 구성원의 욕구

미래 사목 실천을 위한
공유 비전

다. 이러한 모습은 본연의 사목신학의 모습을 갖추기 보다는 '사목학'司牧學의 모습으로 더 머물러 있게 되었다.

하지만 20세기를 전후하여 많은 사회학자들과 해석학의 권위자들은 이렇게 되면 '이론의 횡포'와 '속임수'를 극복할 길이 없다고 지적하고 있다. 또한 이런 현상은 이론에 대한 실천의 종속을 낳을 뿐 아니라, 이론의 자기 발전에도 저해된다고 비판한다. 즉 끊임없는 이론의 성찰을 통하여 더 나은 실천을 얻어 보자는 기획은 근본적으로 문제와 한계를 내포한다는 것이다.

그러면 어떻게 해야 하는가? 학자들은 좀 더 나은 이론과 좀 더 나은 실천을 결과로 얻기 위해서는 '이론'에서 출발할 것이 아니라 '실천'에서 출발해야 한다고 대안을 제시한다. 현대의 해석학에 의하면 어떤 '이해'Vorverständnis에서 출발한다.[18] 여기서의 '이해'는 지성 능력의 행위, 곧 인식론적 과정으로 보려 하지 않고 존재론적 깨달음으로 보려고 하는 현대적 입장에서 이해해야 한다. 이 입장은 읽어야 할 텍스트[Text]를 지식의 나열이 아닌 삶의 언어적인 표현으로 보고, '읽는 이' 안에서 단순 지식에 대한 흥미가 아닌 인간 실존에 대한 자기 이해의 추구를 보려고 한다. 이렇게 볼 때, 해석학적 순환(또는 해석학적 나선운동)을 위한 '선이해'[先理解]는 다름이 아닌 '읽는 이'의 현재적 존재 이해, 교회 실천의 현실이 아닐 수 없다. 따라서 교회 실천의 현실은 하나의 '선이해'로서 읽어야 할 텍스트(여기서는 성서 전통의 공동체 실천을 의미한다)와의 해석학적인 대화를 통하여 '이해'에 도달하는 출발점이 되어야 하는 것이다. 그 이해 과정에서 교회 실천은 수정되고 심화되고 확장될 수 있다.

그러므로 미래 실천을 위한 비전을 얻기 위한 출발점은 양적, 질적 조사에 따른 철저한 '현재 실천의 객관적 파악'[客觀的把握]이 된다. 이 말은 사목 활동의 대상자들이 살고 있는 사회적, 문화적, 종교적 현실을 가능한 한 더 잘 인식하고 식별하기 위한다는 것이요, 그것을 위해 가능한 한 객관적이고 분석적인 시각을 갖는다는 것을 의미한다. 중요한 것은 어떻게 현재의 실천을 객관적으로 파악하느냐 하는 것이다. 따라서 이를 위해서는 사회학과 인문과학의 방법론을 원용할 필요가 있다. 가급적이면 주관적인 평가나 분석을 배제하고 철저히 1차 자료와 설문조사(인터뷰 등)에 의존한 사실 묘사를 해야 한다(관찰, 대담, 설문지, 여론조사, 증언들, 사회적 실천들 등).

3.2. 제2단계: 사목신학적 성찰

제1단계의 결과를 토대로 교회의 운동 안에 함축적으로 내재해 있는 신학적 요소[Implizite Theologie]들을 확인해 본다. 실천 속에는 그것이 어떤 것이든 구현하고자 하는 이론이나 이념이 내재해 있듯이, 교회의 실천(움직임) 안에도 특정한 신학이 내포되어 있는데, 그 신학을 찾아내는 것이 일차적 성찰의 과제다. 그리고 이러한 일차적 성찰의 결과와 전통 충실성을 위한 성찰과 상황 부합성을 위한 성찰 사이에 '변증법적 대화'가 이루어지도록 '상응 관련'을 시킨다. 그래야 올바른 전통 충실성과 상황 부합성을 검토할 수 있다. 그리고 이러한 과정 속에서 사목신학적 성찰이 이루어진다. 또한, 이러한 성찰을 통해서

① 하느님의 계획, 좋은 조짐, 발전시켜야 할 긍정적인 요소들과 연속성 속에 있는 측면들
② 하느님의 계획과 대조를 이루고, 한계를 지니며 극복이 필요한 불충실한 측면들
③ 대답해야 할 시급한 문제와 요구에 대한 것들을 분석하고 파악할 수 있다.

3.2.1. 전통 충실성 검토

전통 충실성을 검토하기 위해서는 먼저 현재의 실천에 대해 성경과 교회사 안에서 확인되는 전통 요소를 종합하는 것이 필요하다. 그런데 이들 전통 요소를 마구잡이로 현대에 적용하려는 데 문제가 있다. 이들은 적용하고 실천해야 하는 '기획 이론'이 되어서는 안 되고, 현대의 실천(선이해)을 성찰하고 개선하고 심화하는 데 '대화 상대' 역할을 하는 '텍스트'가 되어야 한다.

3.2.2. 상황 부합성 검토

교회 실천은 결코 주변의 가치 체계(상황)와 무관하지 않다. 상황을 사목신학에서 중요하게 여기는 이유는 교회가 상황에 단지 적응하기 위해서가

아니다. 상황에서 전개되는 하느님의 자기 계시, '시대의 징표'signum temporis (표현의 유래는 마태 16,2-3; 루카 12,54-56 참조)를 읽어 내기 위해서이다. 또한, 이러한 작업은 시대적 흐름에서 '시대의 징표'를 통해서 '세상'에 대한 자신의 사명을 깨닫기 위해서 필수적이다. 특히 「사목 헌장」 4항에서 이 개념을 언급하고 있는데, 이것은 복음의 빛 안에서 신앙의 식별과 성령의 예언자적인 인도에 따라 징표를 관찰하고 해석하는 것을 의미하며, 아울러 11항에서도 이러한 식별과 징표의 발견, 해석이 성령의 움직임에 따라 행하는 교회의 임무라는 사실을 밝힌다.

이러한 시대의 징표를 탐구하려면 시대의 소리에 귀 기울여야 한다. 이는 단순히 시대의 변화 속에서 교회가 살아남기 위해 적응하거나 '임기응변적'으로 대응하는 것을 의미하는 것이 아니다. 즉, 유행에 편승하는 것을 말하는 것이 아닌 그보다 시대의 흐름 가운데 교회가 본래 사명을 다하기 위하여 '원리적'으로 대처하는 것을 일컫는다. 곧 '영의 식별' 능력 discretio spirituum(1코린 12,10 참조)으로 대세의 흐름을 읽어 내어 제2차 바티칸 공의회의 권고를 따라 '옳고 거룩한' 흐름에 대해서는 기류에 동승하고, '오류와 죄악'의 물살에 대해서는 저지 또는 방향 전환을 도모할 줄 알아야 한다.

상황 부합성 검토 작업은 2단계 과정을 밟는다. 이러한 상황 부합성을 위한 접근은 종교·문화적인 측면, 사회·경제·정치적인 측면, 교회 내적인 측면 등에서 접근하는 종합적인 접근synthesis approach이 될 것이다. 특히, 이러한 분석의 학문성을 보장받기 위해서는 인문과학과 사회과학의 연대작업이 요청된다.

첫 번째 단계는 상황을 인문과학 또는 사회과학에 의거하여 객관적으로 진술하는 것이다. 이를 우리는 상황에 대한 1차 성찰erste Reflexion이라 한다.

두 번째 단계는 1차 성찰에서 '시대의 징표', 곧 하느님의 뜻을 읽어 내는 성찰이다. 이를 우리는 2차 성찰zweite Reflexion이라 한다. 2차 성찰의 결과는 이제 '현재 사목 실천'을 신학적으로 성찰하는 기준 또는 거울이 된다. 말하자면 그 상황에서 어떤 요소들을 수용·발전시켜야 하고, 어떤 요청을 충족해야 하며, 어떤 요소들을 지양해야 하는지 판별해야 한다는 것이다. 이는 성령의 도움을 통한 '영의 식별' 범주에 속하는 일이라 볼 수 있다. 이는 마지막 단계에서 있을 작업의 기초가 된다.

결국, 이러한 과정을 통해서 상황 부합성이 평가되는 것이다. 그리고 상황 부합성의 평가는 지역적 상황과 시대적 상황, 그리고 공동체 구성원의 다양한 욕구에 대한 파악에 기초해서 이루어진다.

가. 지역적 상황에 준거한 성찰: 토착화^{inculturatio} 원칙

지역적 상황을 정확히 읽기 위해서는, 사회·경제적 측면, 문화·종교적 측면, 그리고 교회 내적인 측면을 두루 살펴보는 것이 필요하다. 이를 통해서 우리는 지역적 상황의 종합적인 조망을 얻을 수 있을 것이다.

1) 사회·정치적 측면

사목의 사회적 상황(『사목 헌장』, 6항 참조)을 검토하기 위해서는 첫째로 사회의 형태 및 구조의 변화, 둘째로 사회 안에서 종교의 위상, 셋째로 시민이 종교에 대해서 갖는 관계 및 태도를 고찰해야 한다.

2) 문화·종교적 측면

문화적인 변화를 읽고 거기서 '시대의 징표'를 읽어야 함과 동시에, 선교 지역이나 사목 지역 내에 이미 존재하는 타 종교(『사목 헌장』, 7항 참조)에 대한 깊이 있고 열린 접근이 요청된다. 한국은 무속, 불교, 유교 등이 그리스도교보다 오랜 역사를 가지고 있다. 이 경우에 과연 이 땅에서 그리스도교가 어떻게 자기 구현을 해야 할지를 성찰해야 한다.

3) 교회 내적인 측면

교회의 내적 현실을 좀 더 명확하게 진단하고 혁신의 기회로 삼는다. 여기에도 인문·사회과학적인 다양한 접근법이 있다는 것만 언급한다.

이상에서 살펴본 상황적인 요소들을 종합한 후 거기에서 '시대의 징표'를 읽어 내야 한다. 그 결과는 상황 부합성 검토의 준거準據로서 기능하게 된다.

나. 시대적 상황에 준거한 성찰: 아죠르나멘또aggiornamento 원칙

시대적 상황을 파악하기 위해서는 사회학자들과 미래학자들의 분석과 전망에 의존할 수밖에 없다. 이는 대단히 어려운 작업이 될 수 있다. 전체적인 윤곽은 앞에서 취급된 '미래 예측상'을 벗어나지 않을 것이나, 분석하고자 하는 특별 영역에 대해서는 더욱 상세한 자료를 수집할 필요가 있다.

다. 구성원들의 욕구에 준거한 성찰

상황 부합성 검토 단계에서 지역적 상황과 시대적 상황에 대한 부합성만큼 중요하게 검토되어야 할 것은 공동체 구성원들의 다양한 욕구들이다.

교회가 되었건 사회가 되었건 조직의 운영에는 정도의 차이를 지닌 채 구성원들의 욕구가 반영되어 왔다. 특히 민주주의 사회에서는 구성원의 참여, 곧 기대와 욕구의 반영이 당연한 것으로 여겨지고 있다.

따라서 교회의 사목 실천에 있어서도 교회 구성원들의 기대와 욕구가 무엇인지를 조사하여 반영하는 것이 요청된다. 이처럼 공동체 구성원들의 다양한 욕구에 대한 검토와 분석이 진행되고 활용되어야만 우리는 비로소 지역적 상황과 시대적 상황 검토를 통해 확인된 방향과 지침들을 어떤 수

준과 방법으로 구체화할 것인지를 가늠할 수 있다.

개별 본당이나 소공동체 구성원들의 욕구는 앞서 제시한 본당 총회나 그룹 대화를 통해 확인할 수 있지만, 한국 교회 전체의 사목 방향 설정에 필요한 신자 일반이 가진 다양한 욕구의 현실과 변화 추이는 정기적이고 체계적인 설문조사를 통해 파악할 수 있다. 하지만 안타깝게도 한국 교회에는 이 같은 조사의 부족으로 말미암아 검토를 위한 기초 자료가 부족한 실정이다. 따라서 한국 교회 전체 차원에서 다양한 계층과 영역별로 지속적으로 설문조사를 실시함으로써 기초 자료를 축적해 나가야 할 것이다.

3.3. 제3단계: 새로운 비전의 창출

새로운 비전의 창출은 앞서 설명한 제1단계(현재 실천의 객관적 파악)와 제2단계(사목신학적 성찰)의 결과를 종합함으로써 이루어진다. 전체적인 작업 전망으로서 위에서 제시한 해석학적 상응 관련의 질적 관계식에 늘 기준을 두어야 한다. 여기서 교회 실천이 어떠한 장점과 가능성을 가지고 있으며, 어떠한 문제점과 한계를 가졌는지가 드러나고, 또 어떻게 지양·개선하고 보완·발전시킬 수 있는지가 구명되어야 한다. 그리고 새롭게 창출된 비전이 공동체에 새로운 활력과 영감을 주기 위해서는 몇몇 학자나 사목자 그룹이 만들어 낸 비전이 아니라, 공동체 구성원 전체가 참여하여 도출한 '공유 비전'Shared Vision(에페 3,14-21 참조)이어야 한다. 새로운 비전이 공유 비전이 되기 위해서는 비전 창출의 전 과정이 공동체의 모든 구성원에게 공유되어야 하는 것이다.

한국 천주교 200주년을 기념해 전국적으로 개최되었던 사목회의 역시 선교 3세기를 맞아 한국 교회의 새로운 비전을 창출하고자 했던 시도였다고 할 수 있다. 이와 같이 뜻깊은 200주년 기념 사목회의가 이후 한국 교회에 별다른 영향을 미치지 못하고 문서로만 명맥을 유지하게 된 데서 우리는 중요한 가르침을 얻을 수 있다. 아무리 좋은 의도와 목표를 가지고 시작한 비전 창출 작업도 공동체 구성원들이 그 전체 과정을 공유할 수 없는 방식으로 진행된다면 소기의 성과를 거둘 수 없다는 교훈이다.

비전 창출의 과정으로 가장 적합한 형식은 최근 각 교구에서 추진하고 있는 교구 '시노드'synod이다. 왜냐하면 시노드는 교구민 전체의 민의를 반영하려는 의도에서 합리적인 여론 수렴 과정을 밟기 때문이다. 현재 교구 시노드를 진행하고 있거나 계획 중인 교구에서 '과정 설계'에 많은 관심을 기울이고 있는 것은 바로 이 때문일 것이다. 이상에서 시노드의 중요성을 강조한 것은 그 절차상의 강점 때문이다. 즉 시노드하면 교구 시노드를 연상하는 경향이 있지만 우리는 시노드를 접근법接近法으로 이해할 필요가 있다. 꼭 교구 차원이 아니라도 본당 또는 하위 단위 차원에서도 공동의 목표 설정을 위해서는 이러한 접근법이 필요하다는 것이다.

또 하나 잊지 말아야 할 것은 새로운 비전의 창출이 끝이 아니라 시작이라는 점이다.

첫째, 일단 새로운 비전이 창출되면 그 창출 과정에서 불가피하게 소외된 사람들이 각종 사목 문서의 발표와 특별 교육을 통해 비전을 공유할 수 있도록 끊임없이 배려해야 한다.

둘째, 새로운 비전이 허울 좋은 깃발로만 남지 않도록 곧바로 비전을 구체화할 수 있는 장·중·단기 계획을 수립해야 한다. 과거 200주년 기념 사목회의와 몇몇 교구들의 교구 시노드가 실효를 거두지 못한 것은 바로 이 같은 실행 계획 수립 단계가 부실했기 때문이라고 할 수 있다.

다음으로 권장하고 싶은 것은, 모든 공동체가 앞서 설명한 3단계의 과정을 정기적으로 실행하는 것이다. 소공동체(구역, 반)나 본당 공동체처럼 작은 단위는 가능하면 자주 갖고, 지구·교구나 전국 단위는 현실적으로 가능한 범위 안에서 자주 갖도록 해야 할 것이다. 생경한 용어와 절차 때문에 무척 어려운 작업이 될 것이라는 선입견이 있을 수 있겠으나, 원리를 알면 쉽다. 총론적으로 접근할 수도 있고 각론적으로 접근할 수도 있으며, 조직적·개별적 접근의 가능성이 있고 직관적·통계적으로 접근할 수도 있다. 여건과 인력에 맞춰서 유연성 있게 적절한 접근법을 택하면 대단히 생산적인 결과를 얻을 수 있을 것이다. 답보 상태의 사목에 빛을 줄 수도 있고 무기력 상태의 사목에 활력을 줄 수도 있으며, 무대책의 사목에 적절한 대안을 제시해 줄 수도 있을 것이다.

이러한 과정에서 성령이 '전통' 속에 묻혀 있는 보물들을 발견하도록 도울 것이다. 성령이 '지역' 속에 싹트고 있는 '이름 없는 이들'의 기대를 들을 수 있도록 도울 것이다. 성령이 '시대' 속에서 소리치고 있는 하느님의 음성을 듣도록 도울 것이다. 성령이 이 모든 것을 합하여 '내일의 빛'을 볼 수 있도록 눈을 열어 줄 것이다.

제**2**장

사목 패러다임의 변화

02
사목 패러다임의 변화

'사목'의 의미와 내용은 처음부터 그리스도교 공동체의 실천 활동을 통해서 파악되어 왔다. 사목의 기본 과제는 그리스도 부활의 빛과 복음의 진리를 역사적이고 문화적인 현실과 그 시대 사람들의 마음에 전달하는 것이기 때문이다.

교회가 밟아 온 파란만장한 사목의 흐름을 거시 전망에서 일별하는 데 사목 패러다임paradigm의 변화를 분석하는 것이 크게 도움이 될 것이다. 토마스 쿤Thomas S. Kuhn의 저서 『과학혁명의 구조』The Structure of Scientific Revolutions에 의하면 패러다임이란 "어떤 공동체의 구성원들이 공유하는 신념·가치·행동 양식 등의 총체적 위상"이다. 교회는 고비마다 패러다임의 변화를 통하여 극적으로 새로운 존재 방식을 찾아내려고 노력했다. 그러면서 '본질'을 잃지 않았다. 오히려 본질에 더 충실할 수 있었다. 쇄신 원리ecclesia semper reformanda가 바로 교회의 본질이기 때문이다. 그러면 이러한 사목 패러다임의 변화를 2000년 교회사와 200년 한국 천주교회사 안에서 살펴보고, 그것을 토대로 미래 사목의 패러다임에 대해서도 알아보자.

1. 2000년 교회사에서의 사목 패러다임의 변화

교회의 역사는 곧 사목의 변천사라고 할 수 있다. 그렇다면 교회는 어떤 변화를 겪어 왔는가? 한스 퀑^{Hans Küng}은 그의 책 『그리스도교』^{Das Christentum: Wesen und Geschichte 19}에서 여섯 가지 대 패러다임의 전환으로 교회의 역사를 설명한다. 한스 퀑의 대 패러다임의 전환에 주목하면서 다음의 구분을 따라 교회사의 맥을 짚어 보고 그 미래를 전망해 보기로 한다.

1.1. 원그리스도교의 묵시문학 패러다임

그리스도교의 모교회^{母敎會}는 예루살렘 원공동체^{原共同體}였다. 특히, 이스라엘 백성 가운데서도 '시골 사람들'과 '가난한 사람들'로 구성된 이 교회가 가진 신학적 지평은 한마디로 묵시문학적·종말론적 지평^{apocalyptic eschatological prospect}이었다. 초기 그리스도인은 당시 팔레스티나에 살고 있던 사람들의 관심이었던 하느님에게서 올 미래, 곧 묵시문학적 종말 대망이라는 지평에서 예수님이 선포한 "하느님의 나라"^{Βασιλεία του Θεου}(마르 1,15)를 수용하였다. 처음에는 예수님이 선포한 복음이 중심을 이루었고 이는 이내 예수 그리스도에 관한 복음으로 바뀌었다. 이스라엘 민족을 통해 전개되어 온 구원의 역사가 예수님의 말씀과 행적을 통하여 절정에 이르렀다고 믿었다. 이제 예수님이 모든 것을 판단하는 척도^{尺度}가 된다고 받아들였다. 이들은 특히 개인의 신앙보다 공동체의 신앙을 중요하게 여겼다. 이 유다계 그리스도교인^{Juden-Christen}들이 지녔던 패러다임의 특징은 다음과 같다.

1.1.1. 사회·문화적 특성

교회는 유다계 그리스도인들로 구성되었기 때문에 처음에는 유다교의 한 '분파'分派로 여겨졌으며, 실제로 유다인들과 마찬가지로 유다교의 신앙과 전통을 그대로 이행하였다. 그러나 그리스도교가 유다교의 정통을 위협하는 '이단'으로 간주되어 박해를 받았다. 원공동체에는 당시 유다인 문화와의 연속성을 유지하면서 예수 그리스도 사건이 지니는 비연속성을 조화시키는 일이 숙제로 남게 되었다. 마태오복음의 시각(예수님께 "다윗의 자손", "사람의 아들", "메시아", "그리스도" 그리고 "하느님의 아들"과 같은 유다교적 존칭을 사용)은 이를 잘 반영해 준다.

1.1.2. 신학·신심적 특성

유다인들이 공유하던 지평(묵시문학적·종말론적 신학과 지혜문학적 성찰)과 율법 준수 정신을 존중하면서 그 위에 예수님의 복음을 받아들였다. 다음과 같은 특징들이 있다.

① '예수는 하느님이 보낸 메시아(=그리스도)요 아들'(마태 16,16; 마르 8,29; 루카 9,20 참조)이라는 신앙을 근간으로 삼았다.
② 특히, 마태오는 예수님 안에서 구원 역사의 완성과 판단의 척도를 보고 예수 추종 신학을 전개하였다.
③ 공동체 신앙이 강조되었고, 그것은 예수 그리스도께로 정향되었다.
④ 특징적으로 신앙 공동체의 두 가지 근본 표지는 이 신앙 공동체를 다른 이들과 구별해 주는 기준인 '세례'Baptism(마태 28,19 참조)였고 그 결속의 끈인 '성찬례'Eucharistia(루카 22,14-20 참조), 곧 감사제였다.

1.1.3. 교회 조직적 특성

공동체의 구조가 묵시문학적인 종말 임박 기대로 말미암아 '임시적'이었다. 동심원으로 볼 때, 그 중심에서부터 열두 제자(아람어 사용)/일곱 대표(헬라어 사용) → 사도들, 예언자들, 원로들, 설교자들 → 공동체로 포진된 조직이 유연하게 기능하는 자유, 평등 그리고 형제애의 공동체였다. 늦어도 사도 공의회 이후 특히 베드로가 다른 곳으로 떠난 후, 예루살렘의 중심인물은 주님의 형제 야고보(마태 13,55; 마르 6,3 참조)였다.

에우세비우스Eusebius, +339의 『교회사』Historia Ecclesiae에 의하면, 유다계 그리스도교 예루살렘 공동체는 야고보가 처형(62년경)되고 66년 그리고 그에 이은 135년 유다 독립전쟁으로 예루살렘이 철저히 파괴되면서 예루살렘의 유다계 그리스도교 공동체는 종말에 이르렀다(유다계 그리스도교 패러다임은 이후 마니교와 이슬람교에 영향을 끼쳤다고 볼 수 있다).[20]

1.1.4. 사목 활동의 특성

초대 교회 공동체는 부활하신 역사적 그리스도의 영향을 강렬히 받고 체험하면서, 주님이신 그리스도로부터 받은 사명을 자각했다. 예수께서는 그들에게 다가가 이렇게 말씀하셨다.

> 나는 하늘과 땅의 모든 권한을 받았다. 그러므로 너희는 가서 모든 민족들을 제자로 삼아, 아버지와 아들과 성령의 이름으로 세례를 주고, 내가 너희에게 명령한 모든 것을 가르쳐 지키게 하여라. 보라, 내가 세상 끝 날까지 언제나 너희와 함께 있겠다.(마태 28,18-20)

초대 교회 공동체는 이런 사명을 받고서 예수님의 복음 선포 활동을 계속하도록 불리었다는 것을 알았으며 말씀의 선포^{Martyria}와 성사 거행^{Liturgia}
그리고 친교^{Koinonia}와 사랑의 봉사^{Diakonia}와 같은 구원의 표징들을 모든 사람에게 전했다(사도 2,42-47 참조).

초대 교회 공동체는 주님이신 예수님에 대한 체험과 감정을 그대로 가지고 있었다(필리 2,5-11 참조). 그리고 이러한 초대 교회의 사목 활동에서 나타나는 두드러진 특징은 다음과 같다.[21]

① 부활의 기쁜 소식의 선포^{kerygma}와 증언 및 가르침을 매우 중요하게 여기며 사도적인 기원을 가지는 주일 성찬 모임이 핵심이 되었다(사도 2,42-46; 20,7.11; 1코린 10,16-17; 11,23-24 참조).

② 성령의 선물로서의 교회, 우애 있는 예언자적인 공동체로서의 교회에 대한 강한 의식이 자리 잡았다. 이러한 공동체적인 교회 의식은 교회의 선교적 활력의 살아 있는 핵으로서 지역 교회들의 인정 및 '교회 활동에서 평신도들이 공동 책임을 지는 참여'라는 측면에서 의의가 있었다(사도 6,1-4; 2코린 4,5; 2티모 4,1-5; 티토 2,7 참조).

③ '섬김'^{diakonia}이 강조되었다. 섬김은 자신이 맡은 임무가 무엇이든지 간에, 교회 활동과 다른 사람들과의 관계에서 마땅히 그리스도의 제자처럼 되는 것이다(마태 20,25-28; 23,8; 1코린 3,5; 2코린 6,3 참조). 중요한 것은 신앙의 무상성 안에 있는 섬김이며, 주인과 같이 힘으로 대하는 자세는 의미가 없다(2코린 1,24 참조).

④ '친교'^{koinonia}의 영성과 함께 실행되었다. 사도들 간에 있었던 긴장은 진실되며 열려 있고, 교회적인 대화^{communicatio} 속에서 그 해결 방안을 모색하고 극복하였다(갈라 2장 참조). 하지만 교회의 '기둥'이라 불릴만한 사람들이 내린 결정에 대해서는 동의하고 존중하였고, 공동체 운영을 위한 부제들(일곱 부제)과 같은 협조자들에게 협력하였다(사도 6장

참조). 이러한 모습 속에서 사도의 인도 아래에 모든 그리스도인은 형제적인 친교를 경험하게 되었다.

요컨대, 초대 공동체의 사목 활동은 특별히 '성령의 활동'에 열려 있고 강렬한 선교적 열정으로 가득 차 있었다(유다인과 이방인을 위한 선교: 사도 2,33-41; 3,11-26; 4,8-12; 5,29-32; 10,34-43; 13,16-41.46-48 참조). 성령은 그리스도교 공동체와 개인과 백성들의 삶 안에서 능동적으로 현존하시는 일차적이고 공인된 주인공이셨다(사도 1,8; 2,17-18; 5,32; 15,28; 『교회의 선교 사명』, 24항 참조). 그리고 이러한 성령의 인도하심이라는 권위 아래에서 상호 연대적인 관계, 협의적인 의사 결정, 대화 등이 활기를 띨 수 있었다.

1.2. 고대 교회의 헬레니즘 패러다임

초기 교회의 묵시문학 패러다임을 로마제국 거의 전 지역에서 대체한 보편적 헬레니즘Hellenism 패러다임은 3-4세기에 그 전성기에 달하였다. 그러나 이는 그때 홀연히 생겨난 것이 아니라, 사람들과 상황들을 통해 이미 1세기부터 준비·시작되었다. 유다인 그리스도교로부터 이방인 그리스도교로의 패러다임 전환은 수많은 중·소 패러다임들을 내포하는 대 패러다임의 교체였다. 패러다임 전환에 결정적 역할을 한 인물은 다름 아닌 바오로였으니, 그는 유다계 그리스도교와의 연속성과 비연속성을 함께 지니고 있었다. 수 세기를 거쳐 꼴을 갖추고 또 수 세기를 거쳐 다양한 중·소 패러다임의 변화를 겪으면서 여러 지역에서 여러 방법으로 존속된 이 패러다임을 요약하는 것은 사실 무모한 시도이다. 위험을 무릅쓰고 정리해 보면 다음과 같은 특징을 갖는다.

1.2.1. 사회·문화적 특성

그리스 문화를 근간으로 해서 로마제국에 의해 주도된 헬레니즘에 그리스도교를 토착화^{inculturatio}하는데 성공하여 문화·정치·신학의 긴밀한 연관성을 장점으로 삼아 세계 종교로 자리매김한다. 로마에서 박해 시기를 거쳐 콘스탄티노에 의해 제국 종교로 발돋움하고 서로마의 멸망(476년)과 함께 이 패러다임은 비잔틴에 의해 존속하게 된다. 동구권의 여러 나라에서 다양한 특색의 정교회 종교 문화로 확산된다.

대체로 유스티니아누스^{Justinianus}, 6세기에 의해 확립된 국가교회주의와 민족주의 교회의 성향을 띠어 민족 고유의 정체성과 자주성을 잊지 않게 해 준 반면, 이것에서 유래하는 민족주의 이데올로기는 민족들의 적대감을 고조·가열시키는 도구로 너무나 자주 이용되었다.

1.2.2. 신학·신심적 특성

그리스 사상에 그리스도 사상을 토착화시키는 노력이 점차 견고한 사변신학으로 정착되게 된다. 철학과 미학, 세련된 언어와 학설의 조화로운 구성에 대한 감수성, 신앙의 교의화·주지주의화가 그 특징이다.

다음과 같은 과정을 겪는다.

① 바오로 사도에 의해 그리스 사상이 그리스어로 저술되고 논증된다. 여기서 이미 율법의 '문자'보다 '영'을 우위에 두는 등 회화적·유다교적 표상들이 상징적·그리스적 표상으로 바뀌고 있다.

② 박해 시기를 거치면서 '호교론'^{Apologetics} 교부들이 일반 사회에 그리스도교를 믿을 만한 것으로 제시하기 위해, 널리 알려진 헬레니즘의 개념·견해·방법론들을 이용하였다. 대표적으로 유스티누스^{Justinus,}

+165는 로고스 그리스도론을 정립하였는데 이로써 '역사의 예수'는 갈수록 뒷전으로 밀리게 된다. 당시 영지주의의 혼합주의와 신화화 위험에 대한 확고한 척도로서 신앙 규범, 정경, 주교직 등이 강조된다.

③ 오리게네스$^{Origenes, +254}$가 신플라톤주의^{Neoplatonism}를 토대로 헬레니즘 패러다임을 신학적으로 완성한다. 그리스도교의 강생을 그리스도의 선재 사상先在思想으로 중심이동을 한 것이 특색이다. 그를 통해 신학은 더 사변적으로 진행된다.

④ 콘스탄티노에 의해 국교화된 이후 여러 차례의 공의회를 통한 그리스도론 논쟁으로 제국 교회의 분열이 초래된다.

⑤ 비잔틴교회에서 '정교'^{orthodoxie}가 강조되면서 헬레니즘 패러다임의 특징으로 자리 잡는다.

⑥ 전례에서 감사제의 의미가 희생제의 성격으로 바뀌고 토속 문화의 영향으로 성인 유물 공경, 성화 공경 등이 성행한다. 서로마의 멸망으로 중심이 비잔틴으로 옮겨 가 정교회가 융성하면서 전례는 점점 풍요로움과 감동을 살리게 된다.

⑦ 동방에서 수도원 문화가 성행하여 그리스도교 대안적 삶의 전형을 이룬다.

1.2.3. 교회 조직적 특성

예루살렘 대신 로마가 그리스도교계의 중심이요 으뜸으로 자리 잡고 점차 '교계제도'^{Hierarchia}를 갖추게 된다. 전반적으로 로마 문화에 정착하여 형식, 규칙, 법과 조직, 전통과 일치, 유용하고 실제적인 것에 대한 감수성, 효율적 강권 정책 그리고 권위주의 처리 방식 등의 특성을 드러낸다. 특히, 교의 결정에서 거듭 새삼 돌출하는 전통주의·법정주의·승리주의^{triumphalism}도 로마적 사유의 영향이라 볼 수 있다.

크게 다음과 같은 과정을 밟는다.

① 사제들이 이끌어 가는 공동체 조직 대신, 이제 갈수록 제도화되어 가는 사제·주교 교회 조직이 된다.
② 로마의 동서 분열 이후 종주권 다툼이 지속된다.
③ 동방 정교회에서는 점차 성직자가 특권 신분이 되면서 성직자 중심 주의가 우세해진다.
④ 동방 정교회에서 국가의 강압과 정치적 박해를 견디며 입증한, 정신적(법률적이 아닌) 우두머리 콘스탄티노플 총대주교로 대표되는 동등한 권리를 지닌 교회들의 친교(공동체)가 강조된다.

헬레니즘 패러다임은 고대 동·서방 교회 전체의 패러다임이었다. 제국의 옛 수도 로마의 중요성에도 불구하고 이 패러다임의 중심(사도들이 창설한 "사도적" 교회들, 훗날의 총대주교자들, 공의회들, 학문 중심지들, 수도원들)은 어디까지나 동방에 있었다. 이 패러다임은 제국 수도가 보스포루스 해협Bosphorus Straits으로 옮겨 간 후에도 동방제국에 의해 1453년 동로마와 로마인들의 제국이 마침내 멸망할 때까지 천 년 이상 계속 전해졌다.

1.2.4. 사목 활동의 특성[22]

교부 시대 초기에 사목이란 주제는 구원의 중재자인 '어머니이신 교회'Ecclesia mater라는 상징론(사도 시대의 '그리스도론'과 '성령론'의 강조에 비해 교부 시대에서는 '교회론'이 크게 강조)에서 다루어진 듯 보인다. 이러한 의미 속에서 교회는 자식을 낳은 '어머니'가 되면서 '진리와 생명의 중재자'로서의 사목 활동을 전개한다.

교부 시대의 사목 개념은 하느님께 봉사하기 위해 생명을 바치는 것이다. 이러한 개념은 『헤르마스의 목자』Pastor Hermae의 모습과 『디다케』Didache 교리서, 『사도헌장』Constitutio Apostolica과 『사도전승』Traditio Apostolica의 전례 지침서를 통해서 참고할 수 있다. 따라서 말씀과 성사 생활은 그리스도의 생활과 교회 실천의 참된 기반이 되고, 그리스도를 본받는 일은 예언적이고 성사적인 선물이자 과제가 된다.

이러한 교부 시대의 사목 활동에서 나타나는 두드러진 특징은 다음과 같다.

① 공동체의 면모를 뚜렷이 보여 주었다. 평신도가 교회의 생활과 선교 사명에 깊이 참여하고 신앙의 선포와 가르침, 전례 및 사목 분야에서 신자 공동체의 활동과 교계적인 교역이 깊은 상호 보충적 관계(세례성사에서 비롯된 '일반 사제직'과 성품성사에서 비롯된 '직무 사제직'의 상호 보완적 관계)를 가진다.

② 구원론적soteriological이고 선교적인 면모를 선명히 보여 주었는데, 신앙 선포에 중점을 두고 교리 교육을 발전(예비신자 양성을 위한 조직 형성)시키며 새로운 백성들에게 선교사를 파견(그레고리오 대교황의 선교 사업을 통한 앵글로족과 게르만족 선교)하고, 그리스도교 역사관을 전개하는 능력을 갖추는 사목 활동을 폈다.

③ 신앙과 문화의 관계를 모색하며, 필요할 때에는 권력자들에게 저항하는 예언자적 용기를 가지는 사목 활동을 보여 주었다(예: 그레고리오 대교황의 역할과 캔터베리의 아우구스티노 주교에 대한 교황의 지도).

④ 구체적인 사랑을 통해 인간의 존엄성과 그 성장에 봉사하고, 이 일을 더 가난한 사람들에서부터 시작하고자 사회 문제들과 정의에 적극적으로 투신하는 사목 활동을 보여 준다.

1.3. 중세 교회의 로마 가톨릭 패러다임

중세 패러다임의 본질적 전제들은 아직 고대 교회 헬레니즘 패러다임에 의해 널리 꼴 지워져 있던 고대 후기에 이미 모습을 드러냈다. 새 시대를 여는 그리스도교의 패러다임 전환은 대개 교회 권력 중심의 지리적 이동과도 밀접한 관계가 있다. 콘스탄티노에 의해 그리스도교 로마제국이 동서로 분할하게 되면서 교회의 중심은 헬레니즘적 지중해 세계에서 정치·교회·문화적으로 군림하던 동방으로부터 서방으로 이동하였다. 이에 이어 정치·문화적 중심도 서방으로 이동하게 되면서 중세 패러다임이 서서히 틀을 갖추기 시작한 것이다. 특히, 게르만 민족의 서로마 장악 이후 칼 대제Karl der Grosse, +814에 의한 그리스도교 제국의 부활로 그리스도교의 초점이 서방으로 이동하게 된 것이 그 분수령이 되었다. 이때 동방은 성화상 싸움iconoclastic controversy 속에서 소진되고 서방과 격리, 자폐되면서 주춤하고 있을 때였다. 이 중세 로마 가톨릭 패러다임은 그 후 12–13세기에 정점이자 전환점에 이르렀고 14–15세기에 총체적 위기에 봉착했으며 16세기 초 (종교 분열) 그 경직성을 세상에 드러냈다.

1.3.1. 사회·문화적 특성

로마에 중심을 두고 형성된 교회 패러다임이기 때문에 로마의 문화 및 정치와 긴밀한 관계를 유지하며 꼴을 갖추어 갔다. 칼 대제가 교황에 의해 도유를 받고 즉위하면서 정교政敎의 결합이 굳건해졌다. 제국의 역사가 곧 그리스도교의 역사요 교회사는 바로 황제들의 역사라고 할 수 있을 만큼 교회와 정치는 공동 운명의 길을 걸었다.

이러한 중세 패러다임의 사회·문화적 특성은 다음과 같다.

① '그리스도교적=가톨릭적=로마적'이라는 등식이 로마 가톨릭 패러다임의 한 특징으로 자리 잡는다.

② 유럽의 여러 토착민 문화가 점차 그리스도교 문화화 되어, '유럽 문화=그리스도교 문화'를 의미하게 되었다.

③ 고딕, 르네상스, 로코코 시대를 거치면서 점점 그리스도교의 위용을 과시하는 쪽으로 기울었다.

④ 귀족들에 의한 고위 성직 독점, 하급 성직자들의 위태로운 소외감, 부유한 영주 주교들과 수도원들의 속화俗化로 교회는 서민들의 편에 서지 못하고 오히려 간혹 기부금과 부담금의 강요로 경제적 착취의 주체가 되었다.

1.3.2. 신학·신심적 특성

형이상학적·사변적 성향이 짙었던 그리스 신학과는 달리 실천적 성향이 강한 로마 정신은 참회·그리스도교적 생활 방식·교회 질서 같은 사목적 문제에 집중했다. 로마 정신의 주요 관심사는 죄·속죄와 사죄·교회 조직·직무·성사 등 심리적·윤리적·규율적 문제들이었다.

그 특징은 다음과 같다.

① 서방 신학의 아버지 아우구스티노Augustinus, +430가 그리스 교부신학과 상이한 라틴신학을 집대성하여 신학의 새로운 패러다임 창시하였다. 제도적이고 위계적인 교회관을 형성했고 특히 삼위일체론에서 '관계'relatione 중심으로 패러다임을 전환하여 정교와의 대결 구도를 초래하였다.

② 프란치스코Francisco, +1226에 의한 수도원 개혁은 법정화, 정치화, 군사화, 성직자 중심화로 생명력을 잃고 점점 경색되어 가던 중세 교회

에 신선한 바람(가난, 검비, 단순)을 불러일으켰으나 여전히 중세적인 범주에 머물렀다.

③ 토마스 아퀴나스^{Thomas Aquinas, +1274}는 새로운 환경(대학), 학식, 명철한 정신 등 부족함이 없었지만 중세를 벗어날 새로운 패러다임을 창출해 내지는 못했다. 토마스 아퀴나스는 철학적·신학적 체계를 통해 아우구스티노의 라틴 패러다임을 크게 변경하기는 했으나 폐기하지 않았기 때문이다. 그가 집대성한 스콜라 신학을 통해 로마 가톨릭 패러다임의 고착화·강화·완성이 이루어진다.

④ 로마 가톨릭적 전례 패러다임(라틴어 미사, 책 전례, 신자들의 동참 없는 사제들만의 '침묵의 미사', '함께'가 아니라 '위해' 드리는 희생 제사)을 이루어 동방 교회의 헬레니즘 패러다임과 차별성을 지니게 되었다.

⑤ 신비주의^{mysticism}가 대두하여 여러 나라에서 성행하였고 마리아 공경이 융성하였다.

⑥ 민중들의 미신과 성유물 존숭, 광신적·묵시록적 형태를 띤 종교적 신경과민, 허식화된 전례와 법정화된 민중 신심은 점차 문제의 심각성을 더해 갔다.

1.3.3. 교회 조직적 특성

교회 조직은 철저히 정치 조직과 결합하게 되고 이는 왕권의 교체와 교황의 정책에 따라 밀착과 결별의 과정을 밟는다.

① 4-5세기 교황들은 교회 그리고 국가 안에서도 막강한 권력을 장악하였고 교회 내부의 중앙 집권화가 점점 강화되었다.

② 로마(교황)의 수위권 논쟁이 중세 전반을 흐르는 이슈였다. 고대 교회의 주교 중심 시노드 구조들의 희생을 대가로 로마의 수위권이 부상

하였다. 어머니로서의 전제군주제적 교황 교회로 고착되어 갔고, 예언적이고 카리스마적인 것보다 법적인 측면이 지배적이었다.

③ 법정화(법치 교회와 교회법학의 발달), 정치화(권력 교회와 세계 지배), 군사화(호전적 교회와 거룩한 전쟁들: 십자군 전쟁 등), 성직자 중심화(독신 남자들의 교회와 결혼 금지령, 1139년 제2차 라테란 공의회)에 정향되어 점차 확고부동한 체제로 경직되어 갔다.

④ 종교재판이 상설화되었다.

1.3.4. 사목 활동의 특성[23]

중세에서 사목이란 주제는 특히 문화 활동의 전개 및 교회 구조의 장치와 연관되어 있다. 현실적으로 신학과 사목 실천의 분리가 점점 두드러지게 나타나는데, 사실 이 시대의 실제적인 교회관은 대체로 사회적이고 법률적인 면모들의 영향을 입은 것으로 분석된다. 특히, 그리스도교 백성의 생활에 대한 모든 결정의 원천으로 간주되는 교황의 권위에 종속된 단일한 사회로서의 새로운 교회관이 전개된다.

중세 교회의 사목 활동에서 나타나는 두드러진 특징은 다음과 같다.

① 사목은 그리스도의 법에 따라서 세상에 질서를 부여하는 것이 되었다. 따라서 제국적인 형태의 '여왕이신 교회'ecclesia regina라는 시각으로 대체되어 갔고, 이것은 교회의 신비적인 전망과 분리된 인간에 대한 지배와 주권 의식을 드러냈다(예: 그레고리오 7세, 인노첸시오 3세, 보니파시오 8세 교황 그리고 군주 그라치아노 등).

② 신앙 선포의 중심성이 퇴조되고, 설교가 이따금 교회 웅변술로 변질(일반적인 교리 교육과 설교가 쇠퇴)되었으며 전례 및 성사 거행이 신학적으로 빈약(문맹인 사람들은 신심주의와 우연적인 것에 집착)해지고, 조직적인 면

에서 법률적이고 행정적인 측면들이 우세하게 되며 교회 활동은 평신도 측의 공동 책임감 상실로 성직자 위주(성직주의가 평신도 활동을 억압, 평신도의 종속 관계)로 되었다.

③ 지나치게 편향적으로 파악된 '권한'potestas의 교회론이 예언적이고 카리스마적인 것보다 사실상 교회의 공동체 의식을 약화시키고 흐릿하게 만드는 데 기여했다.

1.4. 종교 개혁의 개신교 패러다임

중세 로마 가톨릭 패러다임은 12-13세기 그 전성기 때부터 이미 한계를 드러냈다. 새로운 세계사적 패러다임은 여러 차례 기회가 왔지만, 유감스럽게도 교회 내부의 개혁으로 연결되지 않았다. 결국 교회의 일부가 새로운 패러다임을 구축하고 스스로의 개혁에 실패한 기존의 중세 패러다임에서 떨어져 나가는 아픔을 겪을 수밖에 없었다. 대표적으로 서방 교회의 분열과 2-3명의 병립 교황, 민족 국가들(프랑스, 영국, 스페인)의 부상, 개혁 공의회들(콘스탄츠, 바젤, 페라라-피렌체, 라테란)의 실패, 인쇄술의 발명과 교육 및 성경 지식에 대한 광범위한 갈망, 교회 조직의 타락, 특히 베드로 대성당 신축을 위한 대사大赦 장사, 엄청나게 복잡해진 교회법에 의한 교회·신학·사회의 질식화, 인문주의의 확산, 노동을 기피하는 수도자·성직자들에 대한 증오, 독일의 도시 식자층과 억압·착취당하던 농민들 속의 불평불만 등이 복합적으로 작용하여 종교 개혁의 교회 패러다임을 잉태하였다. 16세기 초 독일의 루터M. Luther, +1546, 스위스의 츠빙글리U. Zwingli, +1531와 칼뱅J. Calvin, +1564 등에 의해 연이어 창도되었다.

1.4.1. 사회·문화적 특성

종교 개혁의 패러다임은 말 그대로 사회·신학·교회의 종합적인 개혁 시도였다. 농민 혁명이라는 사회적 이상, 구원론의 혁신이라는 신학적 기획, 교계제도 개혁이라는 교회적 비전이 함께 어우러져 빚어낸 복합적인 도모였다. 그러나 기성 교회 및 정치권력의 저항과 개혁 세력 자체의 내분으로 인해 순탄치 않은 길을 걸었다.

그것에 대한 특징은 다음과 같다.

① 루터에 의한 성경의 독일어 번역과 인쇄술의 발달에 힘입은 성경의 대중 보급은 그리스도교 역사에서 획기적인 사회·문화적 의의를 지닌다. 우매한 신자들의 신앙 교육뿐 아니라 교양 교육에 획을 긋는 일이었다.
② 여러 차례의 종교 전쟁과 분열을 겪으면서 서유럽 문화를 가톨릭권과 프로테스탄트권으로 양분하는 결과를 낳았다.
③ 이 패러다임의 근면·경건 문화는 근대 자본주의에, 자유·평등 이념은 민주주의 발달에 크게 기여한다.

1.4.2. 신학·신심적 특성

루터에 의한 "오직 성경, 오직 그리스도, 오직 은총으로만, 오직 신앙으로만, 죄인이며 의인"sola Scriptura, solus Christus, sola Gratia, sola Fide, soli Deo gloria 신학이 근간을 이룬다. 루터가 시도한 종교 개혁 패러다임 전환의 완결을 칼뱅이 이루었다.

① 루터는 인습적인 교회와 신학의 파행적 발전에 대해 '복음으로의 복

귀'를 개신교^{Protestantismus} 복음 패러다임의 출발점으로 삼았다. 루터의 새로운 복음 이해와 의인론의 새로운 의의는 신학 전체를 새로운 방향으로 나아가게 했고 교회를 새로이 틀지었다. 그의 업적은 특히 개신교 성서신학의 기초가 된다.

② 장 칼뱅은 그의 박학한 법률 지식을 기반으로 하여 개혁 그리스도교 사상을 체계적으로 집대성하였다. 이것이 개신교 조직신학의 기초가 된다.

1.4.3. 교회 조직적 특성

루터교는 교회 조직에서 제후들이 막강한 힘을 발휘하는 교회, 곧 공권력에 의해 지배되는 주^州교회의 성격을 지니게 되지만, 칼뱅은 성경의 공동체 질서를 본뜬 도시들이 자치하는 협의제^{協議制} 교회로 조직화하였다. 그 특징은 다음과 같다.

① 루터의 교회는 결국 영주가 좌지우지하는 교회 조직을 벗어나지 못했다.

② 칼뱅은 목사(설교와 성사 집행) / 교사(청소년 지도와 신학 교육) / 장로(공동체 감독) / 집사(빈민 구호)의 체제를 구축하여 공동체의 평신도들에게 새로운 의의를 부여했다. 초대 교회에 근거한 이러한 구조는 전적으로 새로운 교회 조직, 즉 '장로제'^{gerontocracy}의 출발점이었다.

개신교는 갈수록 가지각색의 경향·교회·공동체들로 갈라졌다. 로마 가톨릭교회 패러다임과 종교 개혁 패러다임 사이에 영국 성공회^{The Anglican Domain} 패러다임이 자리하고 있다. 영국 교회는 가톨릭 신앙과의 단절이 아니라 교황의 수위권과 엄격한 혼인 제도(사제의 독신, 이혼 금지)를 강조하는 로마와의 단절을 택하였다. 그런 이유로 영국 교회는 처음부터 독창적 방식으로 중세 가톨릭 패러다임의 요소들과 종교 개혁 개신교 패러다임의 요소들을 통합했다. 이 점은 영국 교회가 로마 가톨릭교회와 개신교회 사이의 제3의 길임을 의미한다.

1.5. 근대의 계몽주의 패러다임

그리스도교의 새로운, 본격적 의미의 근대적 패러다임을 특징 짓게 될 것은 새로운 철학과 경험적 자연과학, 세속화된 새로운 정치관·국가관이었다.

우선, 철학의 영역에서 플라톤에 뿌리를 둔 유럽대륙의 합리론^{rationalism}, (특히 데카르트의 이성주의)과 아리스토텔레스에 뿌리를 둔 영국의 경험론^{empiricism}이 독일의 칸트$^{I.\ Kant,\ +1804}$에 의해 종합되면서, 철학의 중심은 '주체'(=나)의 문제로 옮겨 갔으니 이는 신중심 사고에서 '인간중심 사고'로의 전환을 의미하는 것이었다.

과학의 영역에서는 망원경과 현미경의 발명에 힘입어, 근대 자연과학의 창시자인 갈릴레오 갈릴레이$^{G.\ Galilei,\ +1642}$(지동설 주장)와 영국의 수학자·물리학자·천문학자인 뉴턴$^{I.\ Newton,\ +1727}$(역학의 원리 발견, 근대과학 성립의 최고의 공로자)에 의해 이른바 '코페르니쿠스적'$^{Kopernikanische\ Wendung}$ 과학혁명이 일어났다.

정치의 영역에서 17세기 중엽 유럽 역사의 무게 중심은 이제 종교 개혁이 일어났던 중부 유럽에서 서쪽 경계의 대서양 국가들(네덜란드, 프랑스, 영국)로 이동하였다. 이 시기에는 황제와 교황 대신 개개 국왕이 최고 권력을 보유하게 되었고, 이로써 촉발된 유럽의 패권 다툼, 제국적 식민주의의 경합은 근대 계몽주의^{Enlightenment} 패러다임의 정치적 배경이 된다. 한편 1789년부터 1794년까지 프랑스에서 발생한 시민혁명$^{bourgeois\ revolution}$은 봉건제도를 와해시키고 교회의 조직을 실질적으로 해체하거나 무력화하는 결과를 가져왔다.

지리적으로는 신대륙 발견, 문화적으로는 고전 연구에 기초한 문예 부흥Renaissance이 주요 인자로 작용하였다.

이들의 복합적인 영향이 빚어낸 계몽주의 패러다임은 교회에 있어서 새 시대를 여는 강력한 돌파였고 종교 개혁 못지않은 변혁이었다. 이 패러다임은 당시 철옹성 같던 가톨릭교회에는 손톱도 디밀지 못했지만 개신교 쪽에서는 일대 태풍과 같은 것이었다.

1.5.1. 사회·문화적 특징

종교 개혁의 외침 대신, 이젠 어디서나 계몽의 외침이 들려왔다. 진리의 확실성의 근거로서 '이성'Ratio이 강조되면서 교회의 '전통'과 '권위'가 의문에 부쳐졌다. 따라서 권위로부터의 해방, 인간 안에 내재하는 이성의 원칙에 의존하는 진리와 가치의 판단이 강조된 것은 삶의 전 영역에 적용되는 것이기에 이 패러다임은 일종의 '문화혁명'文化革命이라고 할 수 있다.

이러한 사회·문화적 특징은 다음과 같다.

① '전체' 사회에 영향력을 끼치던 종교의 위상이 오히려 사회의 '일부분'을 차지하는 제도로 축소되었다. 종교·신학·교의적 요구들이 정치·경제·사회·문화적 과정들을 규정하는 것이 아니라 오히려 거꾸로였다. 교회 조직과 신심 운동과 신학이 갈수록 정치·경제·사회·문화적 요인에 의해 규정되었다.

② 특히, 슐라이어마허F. Schleiermacher, +1834는 근대 대학 안에서 신학의 고유한 자리를 정립하였고, 실천신학practical theology 분야를 새롭게 창시함으로써 종교의 사회·문화적 영향력을 증진시키려 하였다.

③ 불변적·정태적·위계적으로 틀지어진 영원한 세계 질서 대신, 이제 끊임없는 진보 의식에 입각한 새로운 통일적 세계관·역사관이 득세하게 되었다. 이와 더불어 자유주의 정치 이념, 사회주의 정치 이념들이 교회와 종교를 대체하는 '대체 종교'代替宗敎가 되었다. 이는 탈교회화 탈그리스도화를 부채질한다.

④ 권위에 대한 총체적인 위기는 18-19세기 시민혁명으로 이어져 왕정이 무너지고 그 심각한 타격을 교회가 받았다. 교회와 성직자 중심으로 꼴 지어진 봉건 사회와 하급성직자들의 문화 대신 이제는 세속화된 민주적 문화가 형성되었다. 그리스도교회(종파들)가 국가에 의해 관리되는 국가적 시민종교로 바뀌었다.

⑤ 인간 삶의 주요 영역이 종교의 영향력에서 벗어나 세속적인 판단의 척도에 예속되는 '세속화'secularization 현상이 심화되었다.

⑥ 가톨릭교회는 점점 문화적 게토ghetto 안으로 기어 들어갔다.

⑦ 이 조류는 20세기에까지 흘러들어와 종교의 세속화世俗化, 사사화私事化, 다원화多元化를 가속시켰다.

1.5.2. 신학적·신심적 특징

그리스도교 역사상 처음으로, 새로운 패러다임의 자극이 일차적으로 신학과 교회 내부에서가 아니라 외부에서 주어졌다. 신학에서도 개인으로서의 인간이 중심위치를 차지했고, 그와 동시에 인간의 지평은 거의 무한대로 확장·세분화되었다.

이러한 신학적·신심적 특징은 다음과 같다.

① 중세 로마 가톨릭 패러다임에서는 최고 권위가 '교회 내지 교황'(교회=교황)이었고, 종교 개혁적 패러다임에서는 '하느님의 말씀'이었다.

그러나 근대적 패러다임에서는 인간의 '이성'이 최고 권위였다.

② 트리엔트 공의회는 교회를 받아들이지 않는 사람들은 하느님을 아버지로 받아들일 수 없다고 선언하여, 교회의 제도와 의식을 수용하지 않는 이들에게는 구원이 있을 수 없다Extra ecclesiam nulla salus는 선언의 연장선을 이어 갔다.

③ 근대적인 총체적 구조는 '신앙'에 대한 '이성'의 우위, 신학에 대한 철학의 우위, 은총보다 자연의 우선성(자연과학, 자연철학, 자연법), 교회보다 세상의 주도권에 정향되어 있었다. 한마디로 이제 그리스도교 고유의 것 대신, 모든 인간에게 보편적인 것이 크게 강조되었다.

④ 공리주의utilitarianism를 주창한 콩트A. Comte, +1857는 스콜라신학의 관점을 완전히 거꾸로 뒤집어 인류의 학문은 '신학 → 철학 → 과학'의 방향으로 발달한다고 하였거니와 이 관점을 신학에 수용하면서 이른바 '역사비판적 성서분석', '기초신학'(이는 이후 가톨릭 신학에서 더 발전하게 된다)이 발전하였다.

⑤ 슐라이어마허는 신학이 실증주의의 요청을 수용할 수 있어야 한다는 입장에서 '체험'과 인간의 감성을 중히 여기고 철학적, 인간학적, 심리학적 관점들을 종합하려 한다. 이러한 관점은 그의 '해석학'Hermeneutik에 집결된다.

⑥ 가톨릭 민중 신심은 크게 쇠퇴하고 탈그리스도교 현상이 나타났다.

1.5.3. 교회 조직적 특징

교회 조직적 특징은 다음과 같다.

① 개신교 교회에서는 이 시기에 공동체 교회론이 대두하여 교회가 공동체성을 살리는데 적합한 구조로 조직화된다. 이는 제2차 바티칸

공의회의 '공동체' 교회관에 큰 영향을 끼친다.

② 이 시기 가톨릭교회는 그에 대한 방어로써 로마 가톨릭적 교회 조직
을 더욱 강화하였다. 트리엔트 공의회와 제1차 바티칸 공의회는 이
를 확고히 하기 위한 방어책이었다.

1.5.4. 사목 활동의 특성[24]

트리엔트 공의회(1545–1563년)의 『개혁』^{De Reformatione} 교령에서는 '영혼의
돌봄'^{cura animarum}에 초점을 맞추어 고유한 사목 계획을 수립하고 교회 '사목
자'의 의무와 과제를 숙고하였다. 이러한 관점에서 공의회는 교회 생활의
중심이자 고무자로 간주한 주교상과 성직자 양성을 교회 개혁의 주안점으
로 삼았다(예: 카를로 보로메오 성인).

트리엔트 공의회 이후의 사목 활동에서 나타나는 두드러진 특징은 다음
과 같다.

① 사목은 반프로테스탄트적인 상황에 영향을 받았고 교회법 위주로 치
달았다. 또한, 성사의 '인효성'^{opus operans}보다는 교계적 교역자의 직
능과 성사의 '이행된 행위', 즉 '사효성'^{opus operatum}에 관심을 기울이게
되었다. 이 시대의 교회 의식은 교회를 구원의 효과적인 도구나 제
도라고 생각한 교회의 이미지에 강한 영향을 받아 교계적 측면에 특
히 치중했다.

② 교회가 역사 안에서 계속해서 구원의 '사건'이 되기보다는 객관적인
교회의 '안전성'을 더 고려하고 있기 때문에 '수구'守舊에 비중을 둔 사
목을 펼치고, '보편적인 친교'보다는 '다각화'多角化라는 범주에 치중하
게 되었다.

③ 하느님 백성의 교계 구조적 요소를 중요시했기에 실제로 '교회 활동'

과 '교계 활동'을 동일시하면서 사목은 '성직자 중심'이 되었고, 시대적·사회적인 것(지역 교회들과 문화의 다양성, 사회 복음화 등과 함께)이 적게 반영된 형태를 나타내고 있었다. 이러한 교회론에서 교계제도가 지나치게 부각되어 성령의 역사와 신앙인, 곧 종교적 주체가 고찰에서 제외된 모습을 발견하게 된다.

1.6. 현대의 일치 운동 패러다임

제2차 바티칸 공의회는 반종교 개혁과 반근대주의 안에서 완전히 경직되어 버린 것처럼 보이던 가톨릭교회를 자신의 가톨릭성을 포기하지 않으면서 시대적인 쇄신의 요청을 수용하여 새로운 패러다임을 창출하는데 성공하였다. 그 계기는 사회·경제에서의 근대화 및 산업화, 정치에서의 민주화라는 대세를 20세기 중엽까지도 여전히 존속하던 중세 로마 가톨릭적 패러다임으로는 도저히 감당할 수 없다는 위기의식이 절정에 달해 있었던 교회 안팎의 상황이었다. 이 새로운 패러다임은 종교 개혁 개신교 패러다임을 자신 안에 통합하였으며, 계몽주의 패러다임 가운데 긍정적인 측면을 수용하였다. 이렇게 해서 이 패러다임은 가톨릭교회를 근본적으로 바꾸어 놓았다.

1.6.1. 사회·문화적 특징

교회와 사회를 이분법적으로 구분하던 종래의 관점에서 교회와 사회를 '안으로 향한 교회'와 '밖으로 향한 교회'라고 명함으로써 상호 연대성과 관통성을 새로이 부각한다.

그 특징은 다음과 같다.

① 사회 속에서의 평신도 사도직이 강조되었다(『평신도 교령』, 13항). 직장, 생활 현장에서 신자들의 그리스도적 삶이 중요한 사명으로 천명되었다.
② 사회 구원, 정의 구현을 위한 투신과 연대가 강조되었다.[25]
③ 사회와 문화의 복음화(『사목 헌장』, 57항)가 중요한 주제로 부각되었다.

1.6.2. 신학·신심적 특징

이 시대에는 일치 지향적 신학ecumenical movement이 강조되었다.

① '교회 밖에는 구원이 없다'는 입장이 바뀌어 비그리스도인들과 갈라진 그리스도인들과의 일치 운동을 지향하고 있다(『일치 교령』, 3항).
② 신학 그리고 교회 생활 전반에서 성경을 새롭게 존중하기 시작했다.
③ 예전의 성직자 중심 전례 대신 공동체 전체가 함께 기도·찬미하고 성찬례를 행하는 전례로, 라틴어에서 모국어 전례(『전례 헌장』, 51항)로 바뀌었다.
④ '하느님 백성'(『교회 헌장』, 2항) 신학(특징으로는 계약의 백성, 구원 역사와 관련된 소명을 지님, 모든 신자들의 '평등성'을 시사 그리고 역사성과 종말론적 성격을 가짐)으로 평신도의 위상이 높아졌다(『교회 헌장』, 37항).
⑤ '공동체' 교회론(『교회 헌장』, 1항)이 새롭게 강조되었다. 공동체신학은 커뮤니케이션의 부재와 교회의 사회 신인도 저하 현상이 두드러진 당시의 사회 상황에서 교회가 신뢰성 있고 가시적인 성사가 되어야 한다는 요청에서 전면에 나타난 것으로 분석된다.

1.6.3. 교회 조직적 특징

교회 조직적 특성은 다음과 같다.

① 평신도들의 직책과 역할이 다양하게 재규정되었다. 본당과 교구 협의회를 통한 참여가 혁신적으로 보장되었다.

② 교회의 수직위계적인 '교도권'을 유지(교계 원리)한 채, 협의체적 구조(시노드 구조, 협의체적 원리)가 강조됨으로써 수직적 연대와 수평적 연대의 균형을 이루게 되었다.

③ 교회의 보조성subsidiarity이 강조됨으로써 상위 조직과 하위 조직의 관계가 유연성과 효율성을 제고(보조성의 원리)하게 되었다.

이러한 교회 조직적 특성을 고려하여, 교회 구조의 원리를 다음과 같이 도해할 수 있다.

〈교회 구조의 3대 원리〉

이 그림에서 나타나는 교회 조직과 운영의 차원에서 이루어지는 수직적 콤무니오의 축을 '교계 원리'라 부르고 수평적 축을 '협의체 원리'라 부른다. 하지만 교계 원리를 통해 이루어지는 콤무니오와 협의체 원리를 통해 이루어지는 그것이 서로 만날 때 '충돌과 갈등'이 발생할 수 있게 된다. 이러한 문제를 해결하기 위해 존재하는 것이 바로 '보조성의 원리'다. 이 보조성의 원리가 수직과 수평적 흐름을 각각 수평과 수직으로 전환시켜 주는 역할을 담당하게 된다.[26]

1.6.4. 사목 활동의 특성[27]

제2차 바티칸 공의회 이후 사목은 새로운 요구들과 항목들에 문을 열게 되었고, 사목 분야와 과제도 확대되어 전 교회의 사명을 포함하게 되었다. 따라서 교회의 모든 구성원들도 다양한 임무를 지니면서 이 '선교 사명'missio을 수행하게 된다.

제2차 바티칸 공의회는 사목이란 일차적으로 교황과 주교들에 속하며, 주교 서품을 통하여 '성무들'에 참여하게 되는 존재론적인 기반을 갖는 하나의 '권한' 수행으로 의도한 듯하다. 사제들은 주교들과의 결합을 통해서 자신들의 고유한 방식에 따라서 세 가지 교역(예언자직, 사제직, 왕직)에 참여하고 평신도 역시 그들 나름대로 그리스도의 세 가지 교역에 참여한다. 그리고 교회 구조는 '사목자–양 떼'라는 기본 틀에 따라서 구상된다.

제2차 바티칸 공의회 이후의 사목 활동에서 나타나는 두드러진 특징은 다음과 같다.

① 공동 사목 운동: 50년대 프랑스에서 이른바 '공동 사목 운동'이 발생했다는 것은 중대한 의미를 지닌다. 이 운동은 전통적인 노동 사목과 지역에 만연되어 가는 비그리스도교화 사이에 존재하는 괴리에

대한 의식에서 생겨났다. 사목의 쇄신은 여전히 본당을 기본 터전으로 하지만 주변 환경과의 참된 관계를 맺는 데 있다. 공동 사목은 그 분야의 모든 이들이 가능한 한 최상의 가능성을 펼칠 수 있도록 적절히 이용하도록 제안한다. 그리고 사회 구조를 그리스도교의 의미로 변모시키는 충분한 자격을 갖는 사람은 본래 평신도임을 인식한다. 사제와 더불어 열심한 평신도들과 전문화된 운동들이 공동 사목의 특별한 주체가 되도록 해야 한다.

② 사회 안에서의 '평신도 운동'이 강하게 태동한다. 이에 공의회에서는 교계에 유보된 사목적 직무pastoral(「교회 헌장」, 33항; 「주교 교령」, 17항; 「평신도 교령」, 1항; 「선교 교령」, 5.21항)를 언급하면서 동시에 평신도에 유보된 사도직apostolate(「교회 헌장」, 33항; 「평신도 교령」, 2.5.10-14항)을 언급한다.

③ 「사목 헌장」 1항 주석에서의 사목은 세상과 현대인을 위한 전교회의 책무라는 의미를 지닌다. 그러므로 단순히 사목자들의 활동이 아니라 전교회의 활동이다.

④ 사목의 내용은 교회 내부의 생활뿐 아니라 교회의 보편적 구원 사명과 관계를 맺는 교회 '외부의' 생활을 담고 있다.

⑤ 교리적인 부분과 상대적으로 '활동적'인 두 부분에는 상호 의존과 상호 보충의 관계가 있다.

⑥ 「사목 헌장」 전체에 붙여진 '사목'이란 명칭 자체가 원칙들과 경험적이고 역사적인 자료들의 만남에서 이루어지는 모든 주체를 사목의 영역으로 끌어들인다.

⑦ 인식의 원천인 인간 체험과 복음의 관계는 특히 '교회 교리의 보화들'을 언급하고 '교회가 시대의 표징들'에 주목하면서 역사로부터 배워야 할 필요성을 제기한다. 제시된 '시대의 표징들'에 대한 기준으로 주목해야 하는 것은 현재의 역사적 상황에서 「사목 헌장」의 전체 배경에는 하느님의 현존과 선동provocation이라는 '시대의 표징들'을 읽

고 '식별하려는' 노력이 있다는 것이다.

⑧ 그리스도교 메시지를 모든 사람이 접근하고 이해할 수 있게 만드는 의미 있는 커뮤니케이션이 필요하다. 따라서 제2차 바티칸 공의회는 '사목'이란 용어를 교회가 활동하는 구체적인 역사적 상황 안에서 자신의 구원 사명을 대오각성大悟覺醒하고 능력을 발휘하여 실현하려는 노력과 관련시켜 정의한다(「사목 헌장」 1항 참조).

⑨ '사목'의 핵심적인 뜻: 예수와 초대 공동체의 복음 선포 실천, 복음 선포와 성사 거행, 일치와 친교, 사랑의 증언이 중심을 차지, 그리스도교 생활에 고유한 활동성의 조직화와 '영혼의 사목자'의 의무 규정, 그리스도께서 교회에 주신 '권한'potestas의 수행이 '교역'ministerium의 근거, 교회의 역사적 생성 과정에서 생겨나는 요구들과 의도적으로 채택하게 되는 문제들 및 교회와 신자들이 예수 그리스도에 대한 신앙에 비추어 역사 안에서 책임 있고 의미 있게 행동하고 유념해야 하는 과제를 포함한다.

1.7. 미래 교회의 진로

현재와 미래 교회는 어느 방향으로 가야 하는가? 이 물음에 대한 답을 얻기 위하여 교회의 2000년 역사를 6개 패러다임으로 나누어 고찰하였다. 이 고찰을 통해서 우리는 현재의 교회가 '초기 예루살렘 원공동체'와 매우 다른 특징을 지니고 있음을 확인하였다. 6개 패러다임 각각이 다른 패러다임과 전혀 판이한 특징들을 가지고 있음을 보았다. 그럼에도 불구하고 우리는 이 모든 패러다임을 '그리스도교'라는 동일한 언어로 지칭하였다. 거기에는 본질적인 동일성이 있었기 때문이다. 변치 않는 신앙의 본질, 곧 '예수는 하느님의 메시아(그리스도)요 아들'이라는 신앙고백과 이 신앙고백이 의미하는 실천적인 삶이 유구한 역사 속에서 수많은 변화에도 불구하고 서로의 동질성을 확인하게 하는 식별 기준이었던 것이다.

그리고 여기서 외적으로 드러난 차이들은 오히려 그 본질을 시대와 상황 속에서 더욱 충실히 보전하기 위해 내렸던 선택에서 기인한 것이었다. 물론 원천으로부터의 일탈들, 무서운 타락과 파행들, 그리스도교 대표자들의 잘못들, 이단자 사냥, '거룩한 전쟁', 마녀 화형, 종교 전쟁 그리고 그리스도교의 이름으로 저질러진 그 밖의 온갖 범죄들도 있었다. 그러나 복음이라는 원천 그리고 그것으로부터 역사를 통해 흘러나오는 신앙의 실천, 곧 호의·자비·동정·배려의 물줄기가 여전히 모든 패러다임을 관통하고 있었기에 교회는 지속적으로 '그리스도교'로 존속할 수 있었다. 그리스도교의 역사는 그 본질이 온갖 비본질적인 것들을 헤치고 언제나 다시금 힘차게 뚫고 나온 역사다.

1.7.1. 시대 상황적 요청

현재와 미래 교회는 교회의 본질에 더욱 충실하기 위해 어떤 선택을 해야 할 것인가? 이에 올바로 답하기 위해서는 먼저 시대 상황적 요청을 진지하게 성찰해 봐야 한다.

① 근(현)대의 첫째 화두는 '자연'nature 나아가 '우주'universe이다. 교회는 탈현대의 패러다임 속에서 지구적地球的 의식의 전환을 위해 어떠한 기여를 할 수 있을까? 생태계적 차원에서 모든 피조물의 공생을 위해 어떻게 기여할 수 있을까?

② 근(현)대의 둘째 화두는 '인권'human rights 나아가 '여성'woman이다. 교회는 탈현대의 패러다임 속에서 성 의식의 전환을 위해 어떠한 기여를 할 수 있을까? 남성과 여성의 동료성 차원에서 정치적·사회적 인권의 충만한 실현을 위해 어떻게 기여할 수 있을까?

③ 근(현)대의 셋째 화두는 '분배정의'distributive justice다. 교회는 탈현대 패러다임 안에서, 새로운 해방적 신심을 바탕으로 하여, 사회적 차원에서 전 세계에 걸친 의식의 전환을 위해 어떠한 기여를 할 수 있을까? 가진 자와 가지지 못한 자의 분배정의 차원에서 의식주 해결의 보장을 위하여 어떠한 기여를 할 수 있을까?

④ 근(현)대의 넷째 화두는 '영성'spirituality이다. 교회는 탈현대 패러다임 안에서, 가치와 규범들, 요컨대 궁극적 의미와 근원의 물음에 대해 명시적인 대답을 가지고 있는 유다교·그리스도교·이슬람교의 3대 계시 종교 전통에서 참된 종교성의 회복을 위하여 어떠한 기여를 할 수 있을까? 종교 간 대화의 차원에서 진선미의 형이상학적 요건을 온전히 갖춘 영성을 견지하기 위하여 어떠한 기여를 할 수 있을까?

1.7.2. 거시적인 고찰에서 얻은 소중한 결산[28]

나자렛 사람 예수의 정신, 곧 그의 영이 살아 있는 곳에서는 언제나 말뿐 아니라 실천으로 참된 추종이 발생했다. 이 영은 도대체 무엇이기에, 어느 시대에서도 유례 없는 운동 안에서, 사람들을 힘차게 움직이게 하고 사로잡으며, 온갖 문화적·사회적·정치적 경직화, 곧 패러다임의 경직화를 분쇄하고 이웃과 변두리 인생들에 대한 사랑이라는 그리스도교의 본원적 이상을 진지하게 살아 내게 하는가?

> 수도자와 성인, 인노첸시오 3세와 보니파키우스, 루터, 카타리나와 아빌라의 테레사, 블레스 파스칼, 케텔러 주교, 칼 바르트와 디트리히 본회퍼. 그들은 나자렛 출신 그 남자의 가치·척도·태도에 정향되어 있었다. 그들은 그이에게서 하느님 안에 가난한 자, 폭력을 버린 자, 의로움에 굶주리고 목마른 자, 자

비를 베푸는 자, 평화를 이룩하는 자, 의로움 때문에 박해받는 자들은 복되다고 배웠다. 또한 남을 배려하고 나누며, 용서하고 뉘우치며, 위로하고 양보하며 도움을 베푸는 것도 그분에게서 배웠다.[29]

오늘날에도 무수한 이름 없는 사람들이 이 세상의 나날의 삶 속에서 가장 귀한 가치들·절대적 규범들·지고한 이상들을 살아 낼 수 있음을 언제나 다시금 증언하고 있다.

눈에 잘 띄지 않는 그리스도교의 이 역사에는 현장 신앙 공동체의 일선 사목자, 예수 그리스도의 정신을 생생히 살아 내는 대부분 이름 없는 무수한 그리스도인들("작은 사람들", 그러나 또한 소수의 주교와 신학자 그리고 특히 본당 신부와 수도자들)이 언제나 존재했다.

그런 곳에서는 언제 어디서나 힘차게 활동하는 그 힘, 곧 영은 다름 아닌 거룩한 영, 곧 하느님의 숨과 힘과 권능이다.

그리스도교는 포스트모더니즘postmodernism과 온갖 예측 불허의 도전이 밀려오고 있는 21세기 격랑 속에서도 여전히 미래를 가지고 있다. 성령과 믿음의 공동체에는 독특한 종류의 무류성이 주어져 있기 때문이다. 우리가 고백하는 교회의 '무류성'infallibilitas은 신앙인 공동체가 온갖 잘못과 오류, 죄와 패덕에도 불구하고, 성령을 통해 예수 그리스도의 진리 안에 굳건히 머문다는 사실에 근거하는 것이다.

저 사람들 일에 관여하지 말고 그냥 내버려 두십시오. 저들의 그 계획이나 활동이 사람에게서 나왔으면 없어질 것입니다. 그러나 하느님에게서 나왔으면 여러분이 저들을 없애지 못할 것입니다. 자칫하면 여러분이 하느님을 대적하는 자가 될 수도 있습니다.(사도 5,38-39)

이 말씀은 모든 교회 안팎의 조류들과 그에 대한 교회의 대안과 비전에 그대로 적용되어야 할 말씀이다.

2. 200년 한국 천주교회사에서의 사목 패러다임의 변화

한국 천주교회는 한국 사회의 근대화 과정 중심부에서 참으로 파란만장한 역정歷程을 밟아 왔다. 때로는 격동하는 사회 변화의 중심에서, 때로는 소위 그 야권野圈에서, 한국 사회의 근대 역사(문호 개방, 일제 탄압, 해방 이후 남북 분단 및 그로 인한 이념 갈등, 그리고 그 이후의 근대화 과정)와 운명을 같이해 왔다. 즉 이들은 한국 전쟁의 참화慘禍와 절대 빈곤의 탈출이라는 생존의 차원에서 절박하게 추진된 경제 발전 일변도의 근대화 과정 안에서 때로는 개화와 진보의 선봉장, 때로는 민족의 아픔과 슬픔을 대변하는 사제, 때로는 민주와 정의를 외치는 예언자prophet로서의 역할을 담당해 왔다.

이러한 과정에서 한국 천주교회의 사목은 비교적 짧은 역사를 거쳐 왔음에 비할 때, 상대적으로 다양한 패러다임의 변화를 겪어 왔다. 그리고 이제 21세기 초입을 지나면서 한국 천주교회의 사목은 새로운 패러다임을 요청받고 있다. 정치, 사회, 문화 등 모든 영역에서 20세기 말에 비할 때 새로운 사목 상황pastoral situation이 전개되고 있기 때문이다.

그러므로 시대의 징표를 읽고 지혜롭게 대처하라는 예수님의 말씀은 바로 오늘의 한국 천주교회에 해당하는 말씀이라고 볼 수 있다.

> 너희는 저녁때가 되면 '하늘이 붉으니 날씨가 좋겠구나.' 하고,
> 아침에는 '하늘이 붉고 흐리니 오늘은 날씨가 궂겠구나.' 한다.
> 너희는 하늘의 징조는 분별할 줄 알면서 시대의 표징은 분별
> 하지 못한다.(마태 16,2-3)

'새로운' 시대는 교회에 '새로운' 생존 방식과 사명을 요청한다. 이는 역사를 섭리하시며 '시대의 징표'를 통해 당신의 뜻을 계시하시는 하느님의

부르심이다. 그래서 제2차 바티칸 공의회의 「사목 헌장」 4항은 이렇게 말한다.

> 모든 시대를 걸쳐 교회는 시대의 징표를 탐구하고 이를 복음의 빛으로 해석하여야 할 의무를 지니고 있다.

그러면 이러한 한국 천주교회사 안에서 나타난 사목의 여러 패러다임을 여섯 패러다임으로 살펴보고, 각 패러다임 안에서 발견되는 특징들을 알아보자.

2.1. 평신도 사도직 패러다임(1784-1831년)

한국 천주교회 사목 패러다임의 초석은 세계 교회사에서 유래를 찾아볼 수 없는 자발적인 형태의 신앙 수용 패러다임이다. 서양 문물과 더불어 도입된 서학 서적을 접한 남인계 유학자들은 그 유명한 천진암天眞菴 강학회講學會를 통하여 천주 신앙 연구에 돌입하게 된다. 이는 곧 북경에서의 이승훈의 영세 및 한국 천주교회 창립으로 이어진다.

특히, 이러한 과정 속에서 이승훈이 북경으로부터 가지고 온 한역 교리서를 독파한 이벽이 이승훈과 정약전, 정약용 형제를 찾아가 한 말을 통해 초기 한국 천주교회 창설자들의 마음을 느낄 수 있다.

> 이것은 참으로 훌륭한 도리이고 참된 길이요, 위대하신 천주께서는 우리나라의 무수한 불쌍한 사람들을 불쌍히 여기셔서, 우리가 그들에게 구속의 은혜에 참여케 하기를 원함이오, 이것은 천주의 명령이오, 우리는 천주의 부르심에 귀를 막고 있을 수가 없고, 천주교를 전파하고 모든 사람에게 복음을 전해야 하오.[30]

이 시기에 평신도에 의한 교리 연구 및 신앙 도입의 노력은 사회 저변층에 확산되어 교회 창설 10년 만에 4,000명을 헤아리는 평신도 교회로 발전할 수 있었다.

또한, 평신도 사도직 패러다임의 시기는 아직 성직자가 영입되지 못한 상태(물론 1795년에 성직자 영입 운동을 통해 주문모 신부를 영입하였다. 하지만 6년 후 신유박해 때 잃게 되어 이후 '목자 없는 양 떼의 교회'로 지내게 되었음)에서 성직자 영입 운동과 평신도 사도직 활동을 활발히 전개함으로써 평신도 지도자들의 창조적이고 적극적인 활동적인 면이 돋보였던 시기였다. 이 시기에 많은 박해(을사추조적발사건: 1785년, 신해박해: 1791년, 신유박해: 1801년) 속에서도 순교와 끊임없는 전교 활동으로 교세는 날로 증가하게 되었다. 특히, 많은 박해 속에서도 수많은 순교자를 내고, 교회의 조직이 완전히 소멸되는 상태에서도 평신도 지도자들의 활동은 차츰 민중民衆 속에 그 뿌리를 내리게 되었다. 또한, 이러한 상황은 점차 양반층에서 서민층으로(사랑과 평등사상, 내세구원관과 더불어) 교회의 주축이 옮아가는 경향을 볼 수 있게 된다.

2.2. 교계제도화 패러다임(1831-1886년)

이제 평신도들의 적극적인 활동은 성직자 영입(모방 신부와 앵베르 주교)으로 인하여 차츰 수그러들기 시작한다. 또한 이 시기부터 교회 활동은 평신도 지도자가 아니라 '성직자 중심'의 교회로 형성되기 시작한다.

1831년 9월 9일 한국 천주교회는 북경 주교 관할 사목 지역에서 벗어나 독립 교구가 됨(조선교구 설정)으로써 사목상 독립된 지역으로 분리되었고, 전교 책임이 파리외방전교회에 위임되었다. 이후 파리외방전교회 소속 프랑스인 주교의 재치권 아래 한국 교회가 놓이게 된다. 그리고 모방P. Maubant, +1839 신부가 외방전교회 소속 신부로는 최초로 조선에 부임했다. 2년 후인 1838년 초, 제2대 교구장인 앵베르L. Imbert, +1839 주교가 서울에 도착하여 사목권을 행사하게 되니, 이로써 한국 교회는 주교·신부·평신도를 가진 교계적 교회로의 체제를 갖추게 되었다. 이로부터 1942년 말 노기남 주교가 서울교구장에 서임되기까지 100년 이상, 파리외방전교회를 위시하여 성분도수도회, 골롬반수도회, 메리놀외방전교회 등 외국인 성직자들이 활동하는 교회로, 이방인들이 사목 책임을 지니는 전교 사목 교회로의 역사를 거치게 된다.[31]

이 시기 동안 평신도들은 성직자의 권위를 존중하고 지시에 순종하는 순명의 미덕을 간직한 평신도의 자세를 굳혔고, 전교 활동과 천주 사업의 철저한 동반자로 활동하는 평신도 지도자를 낳게 하였다. 반면에 한국 교회 초기의 적극적이고 창조적인 자세와 주인 의식은 점차 쇠약하게 되었으며, 합리적·행동적 신앙 자세에서 신비적·구령적 신앙 자세로 점차 굳어지게 되었다고 할 수 있을 것이다. 또한 조선 왕국이 외세의 강요로 개항의 새 역사를 맞으며 외국인들에게 치외법권治外法權적 특권을 부여하게 되자, 이른바 양대인洋大人으로서의 외국인 성직자의 큰 그림자 뒤에 안주하여 순명이 순종으로 퇴화하고, 의뢰적이고 퇴영적이며 소극적인 신앙 자세로 오므라드는 평신도로 변화되었다고 할 수도 있을 것이다.[32]

2.3. 개화 패러다임(1886-1905년)

1885년을 전후하여 일본을 비롯한 서양 각국과 수호 통상 조약을 체결로 문호를 개방한 시기부터 1905년 일본이 강제로 을사늑약을 체결하던 해까지 20년간이 이 시기에 속한다.

1886년 전교 자유의 획득과 더불어 우리 교회사는 새로운 국면을 맞게 된다. 한불조약이 체결됨에 따라 프랑스인 파리외방전교회 성직자들은 '호조護照라는 증명서를 발행받아 내륙지방으로 여행할 수 있었고, '교회'敎誨라는 문자로 표현된 조약문에 따라 자유로이 전교할 수 있게 되었다.

또한 그들은 치외법권의 특혜를 받아 우리 국가의 법적 제재 밖의 존재로 활동하였으며, 이른바 '양대인'으로서의 지위를 누리게 되었다. 그러나 이러한 사회에서도 헌신적인 사명 의식에 넘치는 성직자들의 적극적 노력으로 교세는 날로 번성해 갔으며, 전국적으로 그들의 활동이 침투되고 또한 각종 양로원, 고아원 등 사회사업을 통해 조선 사회에 지대한 기여를 하였다.[33] 사랑과 평등, 자유와 해방이라는 천주교 교리와 선진 문물에 매력을 느꼈을 것이나 무엇보다도 교회가 병들고 가난하고 힘없는 사람들의 편에 서서 그들을 바른 신앙의 길로 인도하고, 또 그들이 신앙을 생활화하여 모든 이의 귀감이 된 것이 신자 증가에 큰 역할을 하였다.

그리고 당시의 신자 수를 수치로 보게 되면, 1885년 신자 수 1만 3,623명이 20년 뒤인 1905년에는 6만 4,070명으로 늘어나 약 4.7배 증가하였으며, 전년 대비 연평균 증가율은 8.8%를 기록하였다.

2.4. 정교 분리 패러다임(1905-1945년)

1910년 한민족은 일제의 노예적인 식민 생활에 빠져들게 되었다. 이제 성직자들은 식민지 통치 기관의 제한 하에서 전교 활동을 하게 되었다. 엄격한 군기軍紀를 앞세우고 조작된 황국사관皇國史觀에서, 일본 신도神道에 예배를 강요하는 강권 정치 아래에서 일제는 각종 종교 법규를 제정하여 음·양으로 교회 활동을 제약하며, 교육과 언론 활동을 강력하게 규제했다. 당시 우리 국내에서 전교 활동을 하던 각 전교 단체의 선교사들은 이러한 제약 속에서 활동하여야 했다.[34]

이 시기 서양 선교사들은 정교 분리政教分離의 원칙을 철저히 고수함으로써 평신도들을 내세 지향적이고 신심적인 방향으로 인도하는 가운데, 일제의 학정에서 민족을 수호하고 광복을 되찾으려는 아픔과 같이하지 못한 유감을 남기게 되었다. 나라를 빼앗긴 백성들은 1909년 합병의 원흉인 이토 히로부미伊藤博文를 사살한 것을 비롯하여 각처에서 의병 활동을 전개하고 1919년 3·1 운동, 1926년 6·10 만세 운동, 1929년 광주 학생 운동 등 약탈당한 나라를 되찾기 위한 운동(안중근의 무장 독립운동 참여, 안명근과 이의당의 무장 항쟁 참여 시도, 독립군을 양성하는 병학교 운영, 3·1 운동 이후 간도 지방에서 천주교 신자들의 무장 항쟁, 의민단의 투쟁, 국민회, 신민단의 독립운동 전개 등)이 나라 안팎에서 계속되었다.

그러나 한국에 있던 선교사들은 정교 분리를 내세워 백성들의 울분을 외면하고 오히려 일본에 동조하는 일도 서슴지 않았다. 그리하여 이 땅의 백성들은 나라를 빼앗기고 민족이 말살되는 현실에서 교회마저 사회 정의를 주장하거나 실현하지 않는 것에 몹시 실망하였다. 이렇듯 교회에 대한 신뢰를 가지지 못한 것이 교회의 성장을 가로막은 중요한 요인이 되었다. 1900–1904년의 연평균 신자 증가율을 보면 천주교 10.19%, 장로교 14.95%, 감리교 12.58%이고, 1905–1909년의 연평균 신자 증가율은 천주교 2.24%, 장로교 43.77%, 감리교 49.75%였다.[35]

종합하건대, 을사늑약 이후 세례자가 급격히 감소하기 시작하여 일본이 연합국에 패망할 때까지 교세 성장률은 부진을 면치 못하였다. 이 기간 동안 한국 천주교회의 교구는 1개에서 8개로, 본당은 45개에서 163개로, 방인 사제 수는 11명에서 163명으로 크게 증가하는 모습을 보였지만 신자 수는 64만 70명에서 18만 3,666명으로 연평균 2.9% 정도 증가하는 데 그치게 된다.

2.5. 구호 활동 패러다임(1945-1960년)

해방 직후 한국 사회는 좌익과 우익의 대립이 심화되어 갔다. 성직자들은 로마 가톨릭교회의 입장에 따라 반공산주의 선서를 해야 했고 한국 천주교회 역시 반공산주의 운동을 전개했다. 1948년 북한 정부가 수립되면서 공산당은 정치적인 이유로 모든 종교 활동에 탄압을 가하기 시작하였다.[36] 그러다가 1950년 6·25 전쟁이 발발하면서 남한 교회는 크게 발전하게 되었다.[37] 전쟁 이후 남한 교회는 헌법에 보장된 종교의 자유권에 근거하여 순조롭게 비약적인 발전을 하게 되지만 북한에서는 종교에 대한 규제 정책이 침묵을 강요했으며 탄압이 가해졌다.

이러한 상황 속에서 6·25 전쟁 후에 한국 천주교회는 많은 복지·구호 활동을 활발히 전개하면서 교육과 병원 등을 설립하기에 이른다. 특히 이 기간은 1인 장기 집권과 부정부패로 국민의 불만이 팽배했고, 많은 이가 전쟁으로 가족과 집을 잃고 실의에 빠져 있던 시기였다. 이때 교회는 전후 복구 사업과 교육·구호·의료·전쟁고아의 수용 등 사회 복지 사업에 참여하여 혜시惠施의 손길을 뻗침으로써 가난하고 의지할 곳 없는 백성들(특히, 가난한 피난민과 전재민, 전상자 및 그 가족들)에게 희망을 주었다.[38]

그 결과 1953년 16만 6,471명이던 신자가 7년 뒤인 1960년에는 45만 1,808명으로 2.7배에 달했다. 연평균 15.4%의 증가세를 유지한 것이다. 이 시기의 신자 증가는 현실에 대한 허무와 절망을 교회에서 위안을 받고 희망을 얻고자 한 데서 기인한 결과라고 볼 수 있겠다.

한편, 이 시기는 방인 사제가 급격히 증가한 시기이기도 하다.[39] 방인 사제의 증가는 한국 사회 안에서 한국 천주교회의 위상을 높이는 데 크게 기여하였다. 이는 바로 다음에 이어지는 정의 구현 패러다임의 기반이 되기도 하였다.

2.6. 정의 구현 패러다임(1960-1989년)

1972년 박정희 군사 정권이 유신을 선포하자 천주교회에서는 이에 도전하는 사건들이 발생하였다. 김수환 추기경의 메시지를 비롯하여 지학순 주교와 '정의 구현 사제단'의 활동이 시작(1974년 9월 26일 강원도 원주에서 결성,

목적은 제2차 바티칸 공의회의 정신에 따라 사제의 양심에 입각해 교회 안에서는 '복음화 운동'을, 사회에서는 '민주화'와 '인간화'를 위해 활동하는 것)되고, 전국 대부분의 본당에서는 주일 미사에서 인권 탄압을 고발하는 강론이 매 주일 있었다.[40] 이에 당국은 지학순 주교의 체포를 비롯하여 1978년 전주에서 경찰의 성당 난입과 신부와 수녀를 폭행, 안동 가톨릭 농민회의 오원춘 사건 등 천주교에 대한 탄압을 멈추지 않았다. 그럼에도 불구하고 국민들은 천주교회의 정의 구현正義具現에 대한 활동을 인식하지 못하였고 천주교에 대한 기대도 가지지 않았다. 정부의 경제 성장 위주 정책이 실효를 거둠으로써 절대 빈곤과 절망에서 벗어나 물질적인 풍요를 얻고 황금만이 인생의 희망이요 믿음이 된 현실에서, 사람들은 종교에 대해 관심 밖이었으므로 교회 성장은 침체할 수밖에 없었다.[41]

이러한 상황과 함께 이 시대의 세례자 수를 살펴보게 되면, 1960년대에 들어서면서 세례자 수와 비율이 감소하기 시작하여 1950년대에 10%를 상회하던 신자 대 세례자 비율이 1970년대 후반기에는 4% 선까지 하강하였으나, 1980년에 들어서면서 다시 세례자가 증가하기 시작하였다.

특히, 1979년 10·26 사태로 박정희 정권이 무너지고 민주화의 길목에서 신군부 세력이 등장함으로써 민주주의 실현에 대한 열망이 좌절된 이 시기에 교회는 정의 구현을 위해 국민의 가슴에 맺힌 한을 대변함으로써 정부와 마찰을 빚게 되지만 국민들은 이에 크게 고무되었다.[42] 또한, 1981년 조선교구 설정 150주년 행사와 1984년 한국 천주교회 창설 200주년 행사, 교황 요한 바오로 2세 방문, 103위 시성식 등도 세례자 증가에 한 몫을 하였다. 이러한 흐름에 1981년에는 세례자 수가 사상 처음으로 10만 명 선을 넘어서고 신자 대비 세례자 비율도 연평균 7.6%를 기록하였다. 그리고 1979년 신자 수 124만 6,268명이 10년 뒤인 1989년에는 261만 3,267명으로 2배수 이상 증가하였다.[43]

이러한 한국 천주교회는 1980년대에 활기를 찾는 듯하였으나, 1990년부터 세례자가 점차적으로 감소하기 시작한 것이 1997년에는 3.84%를 기록하였다. 또한 이러한 현상은 2000년 이후부터 지속적인 감소세를 보이고 있다.[44]

3. 미래 사목의 패러다임

우리는 앞서 2000년 교회사와 200년 한국 천주교회사에서 나타난 '사목 패러다임'을 살펴보았다. 그 과정에서 교회가 자기 본질을 순수하게 지켜 나가고 그 사명들을 실천해 나가며, 사회 변화와 발전 속에서 교회와 상호적으로 주고받는 영향과 순기능에 대한 중요성을 깨닫는 것이 과제로 남는다. 또한, 현대 사회의 흐름을 통한 미래 사목에 대해 분석하고 적극적으로 준비하는 태도는 사목신학적 관점에서 필수라 할 수 있다. 따라서 이러한 시각에서 시대에 따른 종교 환경과 종교 심성의 변화 그리고 21세기 사람들이 신앙을 찾는 동기에 대해서 알아본다. 아울러 새로운 사목 패러다임의 모색을 위한 성찰과 그 모습을 제시하고자 한다.

3.1. 시대에 따른 종교 환경의 변화

앨빈 토플러[Alvin Toffler, 1928-2016]는 유목민이 정착하여 농경하게 된 시기를 '제1의 물결'[The First Wave]이라 하고, 산업혁명에 따라 시장경제를 전제로 한 사회가 성립된 시기를 '제2의 물결'[The Second Wave]이라 하며, 오늘날과 같은 정보화 시대를 '제3의 물결'[The Third Wave]이라 하였다. 여기서 한 시대가 다른 시대로 넘어가면서 종교 환경이 뚜렷하게 바뀌고 있음에 주목하게 된다. 이러한 세 가지 물결의 특징은 다음과 같이 나타난다.[45]

첫째, '제1의 물결'에서 '제2의 물결'로 전환되면서, 곧 농업 사회의 양상을 띤 전통사회에서 산업 사회의 양상을 띤 현대 사회[modern society]로 넘어오면서 '신神중심의 세계관'은 '인간人間중심의 세계관'으로 바뀌었다. 농업 사회에서는 우주 자연이 성스러운 신비의 영역이었으며, 초월적이고 내세적인 삶이 중요시되었고, 운명론적이거나 예정론적인 역사관이 팽배해 있었다. 그런데 이 '신중심의 세계관'이 산업사회로 전환되면서 자연의 신비가 무너지고 '인간중심의 세계관'이 성행하게 된다.

이러한 변화는 종교의 사회적 영향력이 약화되는 '세속화'와 함께 종교가 개인의 사적 영역으로 제한되는 종교의 '사사화'를 촉진하였다.

둘째, '인간중심의 세계관'은 '제2의 물결'에서 '제3의 물결'로 넘어가면서, 곧 산업 사회를 벗어나 점차 정보화와 세계화로 특징되는 탈현대사회post-modern society로 접어들면서 다시 '자연自然중심의 세계관'으로 전환되었다. 산업혁명 이후 지배 대상이었던 자연이 더는 인간의 정복 대상이 아니라 인간이 그와 더불어 조화를 이루고 의존해야 할 존재로 재인식되기 시작했다. 이렇게 해서 자연은 모든 것의 중심이며, 우주의 운행이나 역사의 진행 역시 모든 자연 현상들과 마찬가지로 순환의 과정을 따른다는 인식이 확산되어 갔다. 이제 자연 훼손은 전통사회에서 신을 훼손하는 것이나 현대 사회에서 인권을 침범하는 것과 같은 수준의 불경스러운 일로 간주되고 있다. 이러한 변화는 다음과 같은 현상을 수반하였다.

자연주의적인 사상이 종교에 전파되면서 성전, 의식, 신자 공동체 등의 요소를 갖추지 않은 채, 형식에 매이지 않고, 수행이나 구도 생활을 추구하는 '보이지 않는 종교'invisible religion가 성행하게 된다. 이는 종교다원주의religious pluralism의 확산으로 이어지고, 종교다원주의에 대한 기성 종교의 반발은 근본주의fundamentalism 내지 원리주의fundamentalism를 더 강화시키는 결과를 낳게 된다.

이러한 추세와 함께 종교의 사사화가 계속 진행되는 한편, 앞선 세대에 심하게 나타났던 세속화가 선회하여 역으로 '탈세속화'desecularization가 이루어지고 있다. 이 탈세속화 현상은 '자연중심의 세계관'과 오버랩되면서 그리스도와 같은 계시 종교^{Revealed religion}보다는 힌두교, 불교, 도교 등의 자연 종교 및 이런 성향의 유사 종교^{類似宗敎}에 더 유리하게 작용할 것으로 예견된다.

결국 21세기가 '영성의 시대'^{Age of spirituality}가 될 것은 분명하지만, 이것이 결코 그리스도교에는 기회 요인으로만 작용하지 않고 오히려 위기 요인으로 작용할 수 있다는 결론에 도달하게 된다.

이런 현상들은 무엇을 의미하는가? 이를 쉽게 풀어서 말하면 이렇다.

첫째, '탈세속화' 현상으로 사람들이 영성과 종교에 다시 관심을 갖게 되어 종교 환경에서 앞선 세대에 켜졌던 '빨간불'이 꺼지고 다시 '파란불'이 켜졌다. 다시 기회가 찾아온 것이다.

둘째, 자연중심 세계관이 팽배하게 되면서 그리스도와 같은 계시 종교보다는 힌두교, 불교, 도교 등의 자연 종교 및 이런 성향의 유사 종교에 더 큰 호감을 느낄 수 있다는 것이다.

셋째, 종교의 '사사화' 현상이 두드러지면서 공동체와 규범을 강조하는 전통 기성 종교보다는 부담감이 덜한 '보이지 않는 종교'에 더 매력을 느낄 수 있다는 것이다.

3.2. 시대 변화에 따른 종교 심성의 변화

시대의 변화상을 복음의 빛으로 조명하면 다음과 같은 마인드(의식, 사고 및 생활방식)의 변화에 주목하게 된다.[46]

먼저, 수천 년간 지속되었던 '제1의 물결'(정착농업의 시대)은 '노동자'의 시대로서 사람들의 의식이 단순, 소박, 순리적이었다.

또한, 약 300년간 지속되었던 '제2의 물결'(산업사회의 시대)은 '작업자'^{worker}의 시대로서 반복, 전문화(분업화), 능률화된 작업을 위해 사람들에게 순종적이고 기계적인 마인드를 요청하였다. 사람들(곧 소비자)은 착취와 마케팅의 '대상' 취급을 받았고, 여전히 피동적인 사고 및 생활방식에 머물러 있었다.

그리고 수십 년간 지속되어 온 '제3의 물결'(정보화 시대)은 '놀이 삼아 일하는 자'player의 시대로서 사람들에게 자유시간제, 재택근무, 할당제, 잦은 변화에 적응력 있는 마인드를 요청하고 있다. 사람들(곧 소비자)은 서비스의 '손님' 취급을 받았고, 강한 책임감, 유연성, 창의력, 조화능력 지향의 가치가 선호되고 있다.

이런 변화 속에서 우리는 21세기 종교인들의 의식 구조를 읽을 수 있다. 종래에 순종하기만 했던 '노동자'와 '작업자'의 마인드에는 지금까지의 사목 구조가 잘 통하였다. 그러나 정보화 시대의 '놀이 삼아 일하는 자'는 기존의 사목 구조를 답답해할 수밖에 없는 마인드를 지니고 있다.

오늘날에는 교회의 사도직 수행에서 그 주체나 대상이 능동적이고 창의적이며 독립적인 '놀이 삼아 일하는 자'의 마인드를 지니고 있다는 사실을 진지하게 수용할 필요가 있다. '놀이 삼아 일하는 자'는 동기부여와 신바람만 불어넣어 주면 알아서 책임 있게 잘한다. 그러나 그들에게 지시와 통제 등 종래의 방법을 쓰면 그들은 반발하고 물러선다. 아예 떠나버리기 십상이다.

또한, 정보사회는 조직의 혁신 방안도 구조 조정이나 리엔지니어링 그리고 모듈레이션 등으로 발달하게 되므로 이를 교회의 조직 개선을 위한 고려 사항으로 삼을 수 있다. 별것 아닌 듯하지만 '노동자', '작업자', '놀이 삼아 일하는 자' 사이의 차이는 대단히 크고 의미심장하다. 이것은 작업이 아닌 마인드를 말하는 것이다. 사목자는 자신의 본당에서 이 마인드들의 분포를 올바로 파악하고 그에 부응하는 사목을 펼칠 필요가 있다.

여기서 함께 고려해야 할 것은 포스트모더니즘의 가치 지향이다.[47]

첫째, 포스트모더니즘은 상대주의적인 가치관을 표방한다. 보편적이고 근원적인 진리의 개념을 거부하고, 모든 사상은 단지 계급이나 성별, 인종에 따라 만들어진 사회적 구축물이라고 생각한다. 그러므로 절대 진리는 없고 그때그때 집단의 관점만이 존재할 따름이다. 포스트모더니즘은 모든 관점, 모든 생활양식, 모든 신념과 행동이 모두 동등한 가치를 지니고 있다고 본다. 결국, 포스트모더니즘 시대에서는 당신의 진리는 당신의 것이고, 나의 진리는 나의 것이지, 그것에 대해 열을 낼 만큼 중요한 것은 아무것도 없다고 요약된다.

둘째, 자아^{ego}와 역사^{history}가 인종, 계급, 성별의 세력들 간의 상호작용 속에서 용해되어 버린다. 왜냐하면 자아와 역사는 주체성과 중심성을 전제로 해서 존속하는 개념인데 상대주의 때문에 주체성과 중심성이 소멸되어 버리기 때문이다. 이 상실을 메워 주는 것이 집단의 관점이다. 따라서 약한 자아력$^{I-Strength}$을 보강하기 위해서는 떼거리나 집단을 형성하여 생존의 버팀목으로 삼는다. 여기서 한계를 느끼니까 멘토^{mentor}를 찾고, 그것으로도 부족하니까 집단 멘토, 곧 메시아^{Messiah}를 찾는다.

셋째, '느낌과 즐김'의 삶을 산다. 감성이 명하는 대로 따르는 것이 삶의 길이라고 보기 때문에 포스트모던 시대의 사람들은 진지한 대화를 싫어하고 또 하지도 못하는 경향이 있다. 이들에게 진지한 것은 순리가 아니고 억지일 수 있다. 이들은 피상적이고 가벼운 조크, 유머가 더 본연의 삶에 충실한 것으로 여긴다. 요즘의 TV 프로그램이 온통 오락물로 도색되고 있는 것은 이런 포스트모던 세대의 성향과 무관하지 않다.

이러한 요인들은 종교의 선택에 어떻게 영향력을 행사할까? 이에 대해 노길명 교수는 이렇게 진술한다.

종교학자들이 오늘날을 '새로운 영성의 시대', '종교 부흥의 시대' 또는 '종교 붐 시대'라고 일컫는 것은 이 때문이다. 그러나 영성에 대한 관심은 합리적인 교리나 신학에 대한 관심보다는 비합리적이고 개인적인 영적 체험에 대한 관심으로 나타난다. 20세기 후반부터 '무巫 체험', '기氣 체험', '성령 체험'에 대한 관심이 폭발적으로 확산하는 것은 이러한 현상으로 이해할 수 있다.

그리고 탈조직화, 개별화, 탈권위화와 같은 조직화와 체계화에 대한 반발은 제도 교회로부터의 이탈로 연결되기도 한다. 사람들은 영적 관심이나 종교적 욕구를 제도 종교를 통해서만 충족하려 하지 않는다. 그들은 자신의 삶 안에서 직면하는 경험을 전통적인 제도 종교의 가르침보다는 자기 나름의 의미를 부여하여 해석하는 동시에, 일상생활에서 직면하는 사건이나 경험 안에서 종교적 주제를 찾아내고 그것에 나름대로 의미를 부여하려는 경향이 있다. 죽음, 장례, 귀신 영계靈界, 초능력, 환생, 윤회 등은 더는 제도 종교의 주제만이 아니다. 그것은 제도 종교의 영역을 벗어나 일상생활이나 대중문화 또는 예술의 주요 주제가 되고 있다. 그뿐만 아니라, '촛불 집회'나 '붉은 악마' 응원처럼 사람들은 자신의 일상적인 일 자체를 성스러움으로 채식하여 신비적인 것을 향한 자신의 욕구를 충족하려는 성향을 나타낸다. 이제는 '종교의 일상화'가 아니라, '일상생활의 종교화' 또는 '문화의 종교화'가 나타난다. 그래서 오늘날은 전통사회처럼 단일 종교가 사회 전반을 채색하는 '종교의 시대', 산업사회처럼 다양한 종교가 자신의 영향력을 확대하고자 경쟁하는 '종교의 시대'를 넘어 '종교적인 시대'에 접어들었다.[48]

이런 요인들을 종합할 때, 왜 젊은 세대가 불교나 개신교 쪽으로 몰리는지 이해가 된다. 불교는 자연중심 세계관과 탈세속화 현상의 유행과 주체성, 자유, 이완을 추구하는 포스트모던 세대의 영적 욕구를 수용하기에 유리한 교의와 수행법을 적극 활용하였다. 대학교 불교 학생회의 활성화, 템플스테이temple stay 및 힐링healing 열풍이 바로 그것이다.

개신교는 젊은 세대의 감성, 나아가 야성野性에 부응하는 예배 문화를 개발하여 젊은이들을 끌어들였다. 그들도 "죽네 죽네" 하지만 젊은 세대 비율에서는 불교와 가톨릭에 비해 훨씬 두터운 층을 형성하고 있다.

여기서 가톨릭교회는 진지하고 심각한 성찰을 할 필요가 있다.[49]

우선 교회는 과연 위로, 치유, 평화, 행동을 갈망하여 교회를 나오는 이들의 목마름을 얼마나 축여 주고 있다고 말할 수 있을까? 사람들이 주일 미사에 가면 이런 것들을 누리며 가슴 후련해 할 수 있는가? 신부님의 강론은 이들의 가슴에 맺혀 있는 응어리들을 얼마나 겨냥하고 있으며 얼마나 풀어 주고 있는가? 듣는데 이력이 나버린 도덕적인 훈계만으로 그치지 않도록 각별히 노력할 필요가 있다. 길게 잡아 10년이면 교회는 60대 이상의 고령자만 남게 되고 60대 미만은 거의 빠져나갈 공산이 크다.

그렇다면 왜 빠져나가는가? 40대 미만 층의 가치관에 비추어 볼 때 가톨릭교회가 '재미없고'(전례) '고리타분하며'(교리) '부담스럽기'(교회법) 때문에 빠져나간다고 보면 된다. 이들은 스스로 뚜렷한 신앙의 정체성을 갖고 있지 못하며, 전통과 권위를 인정하고 싶어 하지 않는다. 이들은 뭔가 '새로운 것'에 대한 목마름을 가톨릭교회가 채워 주지 않는데 실망을 느끼고 타종교의 가르침과 수행법 주변을 기웃거린다.

그러므로 시대의 동향을 읽지 못한 채, 아무리 백을 써 보아도 그 효력은 미미할 것이다. 시대의 요구를 정확하게 읽어 내어 그 부응하는 변화를 꾀할 때에만, 소기의 성과를 기대할 수 있을 것이다.

3.3. 21세기 사람들이 신앙을 찾는 동기

　신앙인들의 기본 심성 못지않게 큰 변화를 보이고 있는 것이 신앙생활의 동기 내지 목적이다. 그렇다면, 과연 어떻게 변하고 있는지에 주의를 기울여 보자.[50]

　제2의 물결과 제3의 물결 중반기까지 현대인은 현세 구복과 물질을 위해 종교 생활을 한 측면이 많다. 이때는 저마다 경제적인 성공이나 성취를 지향하며 모든 것을 쏟으며 살았다. 성공, 재산, 출세, 사회적 지위 등이 삶의 목표였다. 이 시기 사람들은 이러한 목표를 달성하는데 종교 또는 신앙의 힘이 크게 도움이 된다는 생각을 갖고 종교에 입문하거나 기존의 신앙생활을 영위하였다.

　그러나 물질의 풍요와 성공을 추구해 온 현대인들은 이것들에서 만족과 행복을 얻지 못하고 오히려 타락과 고갈을 체험했다. 현대인의 정신적 황폐 증상, 즉 이기적 개인주의와 집단적 이기주의, 인간의 존엄성 실추, 그리고 환경 파괴 등 이 시대의 심각한 문제들이 물질의 추구로 해결되기는커녕 오히려 더 조장되었다는 사실을 뒤늦게 깨닫기 시작했다. 그래서 원하던 행복을 얻기는커녕 오히려 상처투성이인 채 정신적 공허에 시달리며 갈증만 더 심해져갔다.

　이런 이유로 21세기 사람들은 이제 새로운 동기에서 종교를 찾는다.

　첫째로 내적 평안을 위해 종교를 찾는다. 승전보를 기약하며 도도하게 전쟁터에 나갔던 용사들이 저마다의 상처들을 안고 지친 영육靈肉을 질질 끌면서 치유와 안식, 심기일전과 재충전을 꿈꾸며 고향으로 돌아오는 모습, 그 모습이 바로 신앙생활에 기대어 보려고 교회를 찾고 있는 현대인의 모습이다.

　그러기에 현대 종교인이 갈급하고 있는 것은 현세적인 축복이나 내세의 구원이 아니고 깊은 영성적 체험에서 오는 평안이다. 허무한 삶 속에서 느끼는 불안, 갈등, 위기감, 정체성의 실종 등을 일소하는 것이 우선적인 욕구이다. 하느님과의 일치를 통해서 위로와 평화를 누리는 것이 먼저인 것이다.

1999년 갤럽 조사에서 한국인이 종교를 믿는 이유가 마음의 평안(66.8%), 영원한 삶(12%), 현세 축복(12%), 삶의 의미(6.9%) 순으로 나타났고, 80%의 한국인이 불교, 천주교, 기독교의 교리는 결국 같거나 비슷한 진리를 말하고 있다고 생각하는 것으로 나타났다. 이는 무엇을 말하는가? '마음의 평안'을 위해서라면 교파, 교리, 진리는 그리 중요한 일이 아니라는 말이다. 마음의 평화를 위한 길이라면 굳이 특정 종교에 머무르려 하지 않고 무엇이건 마다치 않는다는 얘기다.

둘째로 현대인들은 너무 고독해서 교회를 찾는다. 마음 터놓고 진정으로 대화를 나눌 수 있는 이웃을 찾아 종교를 기웃거린다. 삶이 분주하고 만남이 요란할수록 점점 고독의 늪은 깊어만 가는 것이 현대인의 실상이다. 그래서 그림자처럼 따라다니는 실존적 고독을 벗어나고자 소속감, 아늑함, 형제자매적 유대를 얻을 수 있는 일차 집단primary group을 찾아 교회의 문을 두드린다. 이를 우리는 '유랑하는 종교심'이라 부를 수 있다. 현대인은 저마다 누군가의 가슴에 닻을 내리고 푹 안기고 싶은 '유랑하는 종교심'을 지니고 있다.

일찍이 키에르케고르S. Kierkegaard는 사람이 현실에 대한 권태와 불안 때문에 '심미적'인 삶에서 '도덕적'인 삶으로 도약하고, '도덕적'인 삶에서 '종교적'인 삶으로 도약한다고 말했다. 교회를 찾는 사람들과 대화를 해 보면 그의 말이 맞음을 확인하게 된다. 그런데 주목할 것은 21세기에는 이런 정상적인 과정을 거치지 않고 '월반'하는 사람들이 점점 늘고 있다는 점이다. 곧 중간의 '도덕적'인 삶의 단계를 거치지 않거나 무시하고 직접 '종교적'인 삶을 추구하는 경향이 크다는 것이다. 이것이 21세기 영성의 추세라고 해도 과언이 아니다.

3.4. 새로운 사목 패러다임의 모색을 위한 성찰

일반적으로 한 사회 안에서 종교에 부과되는 기대들은 매우 다양하다. 예를 들어 기득권층은 종교에 통합적·인준적 기능을 기대하며, 소외 계층은 종교에 비판적·저항적·해방적 역할을 요구한다. 여기서 전자는 종교를 '도구적'으로 개념화하고 있는 경우에 해당하고, 후자는 종교를 '본질적'으로 개념화하고 있는 경우에 해당한다.

과거 한국의 기성 종교들은 '도구적'인 관점에서 취급되었다. 즉, 종교 존속의 주목적이 인간 한계 체험의 극복, 인간 현실의 합리화 및 보조라는 유용성의 관점에서 설정되었다. 이는 고려 시대의 호국 불교와 조선 시대 통치 이념이던 유교를 통해서 알 수 있다. 한국 전통종교에서는 사회의 통합과 기존 지배 구조의 승인, 민심의 안정 등 종교의 기능적 역할에만 기대를 모으는 경향이 아주 분명하였던 것이다. 역사의 흐름 속에서 생겨난 몇몇 민족 종교들은 이런 경향이 초래한 폐단에 대한 저항에서 기인했다고 볼 수 있는데, 그 대표적인 경우가 현대 민중 운동의 모태가 된 동학이다.

뒤늦게 한국 땅을 밟은 그리스도교는 그 스스로를 '본질적인' 의미에서의 종교로 이해한다. 그래서 그리스도교는 절대자의 부르심에서 자기 역할 규정을 찾기 때문에 기존의 전통종교가 가져왔던 통합 및 합법화, 안정화 기능을 넘어서서 비판적·저항적·해방적인 역할을 담당해 왔다.

사회 안에서의 그리스도교의 역할은 크게 개신교, 민중교회 그리고 가톨릭교회로 구분해서 고찰할 수 있다.

우선 1960년대 이후 근대화 과정에서 대부분의 개신교 교단은 엄정한 정치적 중립을 취하거나 친정부 노선을 취하면서 현대인의 개별적인 소망과 상처를 파악하고 대처하는 것에 중점적인 노력을 기울여 왔다. 신앙심 강화를 통해 신자들의 소망이 성취되고, 상처가 치유되는 체험을 가질 수 있도록 도와주는 것에 사목적 강조점을 두었다. 순복음교회가 이룩한 경이적인 교세 확장은 바로 이런 사목 전략의 결실이었다고 보인다. 그러나 질적인 측면에서 볼 때, 현대 한국 사회와 창조적인 대화는 이루어지지 않았다는 것이 결정적인 한계라고 할 수 있다.

이에 반하여 신자 수가 모두 합쳐 10,000명을 넘지 못하는 민중교회들은 사회 모순 타파에 역점을 두어 가난하고 억눌린 이들의 해방을 위한 그리스도인의 정치적 투신을 강조해 왔다. 초기에 이들은 고통 받는 민중들의 삶 속에서 예수님의 모습을 찾아내어 그들의 고통에 동참하려 노력했고, 그 후 영세민 감소, 군사 정권 퇴진 등의 시대적 변화에 따라 문화운동, 통일 운동 및 환경 보존 운동 등으로 방향을 전환하였다. 이로써 민중 교회는 신자 수의 열세에도 불구하고 기성 교회에 대해 하나의 도전으로 비쳤다.

마지막으로 가톨릭교회는 특히 1970년대부터 기성 사회에 대해서 비판 및 저항의 기능을 비교적 균형 있게 담당해 왔다고 보인다. 이 결과 영세자 수가 증가하였다는 것이 일반적인 평가이다. 1983년도 행해진 한 설문조사 결과에서도 가톨릭교회에 호감을 갖는 이유를 묻자 "사회 위기 속에서 위로와 희망을 주는 종교이기 때문에"가 38.4%의 응답률을 보였고 "참 종교이기 때문에"가 36.2%의 응답률을 보였는데, 이 점으로 보아도 가톨릭교회가 한국 사회에 대해서 행한 역할은 상당히 긍정적으로 평가받고 있는 것으로 나타난다.

3.5. 요청받는 사목 패러다임

위에서 성찰한 바를 종합하건대, 한국 천주교회는 '도구적' 의미에서건 '본질적' 의미에서건 새로운 사목 패러다임을 요청받고 있다. 그 사목 패러다임에 포함되어야 할 구체적인 요건은 다음과 같다.

첫째, 자연·환경·생태 친화적인 사목이 되어야 한다.

둘째, 종교의 사사화 및 익명화 욕구를 무시하지 않으면서 공동체성을 제고하는 사목이 되어야 한다.

셋째, 재미, 동기부여, 신바람, 참여 등이 담보된 사목이 되어야 한다.

넷째, 현대인의 영성적 욕구(위로, 치유, 평화, 행복)를 충족시키려는 서비스 정신이 충일한 사목이 되어야 한다.

이 네 가지를 종합하여 필자는 미래 사목 패러다임을 '생태 웰빙 사목'이라 부를 수 있다.

3.6. 넓은 의미의 '생태 웰빙'을 이해하기 위하여

자칫 오해의 소지가 있기에 생태 웰빙의 의미를 분명히 할 필요가 있다. 생태 웰빙은 모든 살아 숨 쉬는 것들의 공생, 평화, 그리고 안위를 지향한다. 이를 우리는 자연의 영역에서뿐 아니라 사회적인 영역과 문화적인 영역에서도 구현할 수 있다. 자연적인 영역에서의 생태 웰빙은 뜻 그대로 '생태 환경의 최적화'를 지향한다. 사회적인 영역에서 생태 웰빙은 '사회 정의'를 지향한다. 문화적인 영역에서 생태 웰빙은 '문화 간 대화와 연대'를 지향한다.

요즈음 도처에서 신음이 들려온다. 자연에서 신음이 들려온다. 몸살을 앓는 자연은 그 후유증으로 전대미문의 홍수, 해일, 지진 등을 동반하며 신음하고 있다.

또한 사회에서 신음이 들려온다. 노숙자들, 실직자들, 성격파탄자들, 절망 속에서 마지막 탈출구로 죽음의 길을 찾는 이들, 착취당하는 외국인 노동자들, 탈북자들 등등 울부짖는 이들의 소리가 하늘을 찌른다. 영적 목마름의 탄식 또한 애절하다. 신자건 비신자건 평화를 갈구하고 하느님 체험을 목말라하면서 엉뚱한 곳을 헤맨다.

그리고 문화의 영역에서 신음이 들려온다. 오락, 게임 등으로 패가망신한 이들의 절규가 들려온다. 게임 상품권 비리로 온 나라가 들썩거린다. 무분별하고 무절제한 인터넷 문화가 청소년들을 중독에 빠트려 신음하게 하고 있다.

이들에게 필요한 것은 복음福音, 곧 기쁜 소식, 'Good News'이다. 딱딱한 교리, 읽지 않는 성경책이 아니라 만능 해결사 '예수 그리스도'이다. 교회는 때로는 해방자(루카 4,16-21)로서, 때로는 치유자(마르 1,40-42)로서, 때로는 착한 목자(요한 10,1-6; 10-16)로서 예수님의 사목을 계승하고 구현할 수 있어야 한다. 이 시대의 사람들이 원하는 것은 바로 해방자, 치유자, 착한 목자, 선생님(그루, 랍비), 회장님(고용주)으로서의 예수 그리스도이다.

이러한 상황 속에서 생태 웰빙 사목을 구현할 때 우리는 교황 바오로 6세가 1975년 『현대의 복음 선교』Evangelii Nuntiandi에서 표명한 통전적인 전망을 놓쳐서는 안 될 것이다.

> 교회는 복음화가 인류의 모든 계층에까지 기쁜 소식을 전해
> 주며, "보라 내가 모든 것을 새롭게 만든다."(묵시 21,5; 2코린 5,17;
> 갈라 6,15 참조)고 하신 것과 같이 복음의 힘으로 인류를 내부로
> 부터 변화시켜 새롭게 하는 것이라고 생각한다. [...] 교회로 볼
> 때 이는 단순히 지리적으로 더욱 넓은 지역이나 더욱 많은 사
> 람에게 복음을 선포하는 것만이 아니라, 하느님의 말씀과 구원
> 계획에 상반되는 인간의 판단 기준, 가치관, 관심 사항, 사고

방식, 영감의 원천, 생활양식 등에 복음의 힘으로 영향을 미쳐
그것들을 변화시키고 바로잡는 것이기도 하다.[51]

이 문장 속에서 우리는 복음의 '기능적' 의미와 '본래적' 의미를 확인하
게 되는 것이다.

또한, 제2차 바티칸 공의회는 이러한 교회의 존재 이유를 분명하게 천
명한다.

교회는 결코 현세적 야심에서 움직이지 않는다. 교회는 오로지
하나의 목적을 추구한다. 곧 성령의 인도로 바로 그리스도께서
하시던 일을 계속하려는 것이다. 그리스도께서는 진리를 증언
하려고 세상에 오셨으며, 심판하시기보다는 구원하시고 섬김
을 받으시기보다는 섬기러 오셨다.[52]

제**3**장

한국 가톨릭교회의 전망

03

한국 가톨릭교회의 전망

   2000년 가톨릭교회사 안에서의 사목 패러다임 변화와 함께 오늘날 가톨릭교회가 나아갈 방향을 모색해 보았다. 이제 한국 가톨릭교회가 직면한 상황을 살펴보면서 시대의 징표를 읽고 새롭게 나아가야 할 사목 전망에 대해 모색할 시간이 다가왔다. 이번 장에서는 오늘날 한국 가톨릭교회의 모습 속에서 사목적 대안을 제시한다. 아울러 본당 활성화 방안인 'EP-1234'를 통해 구체적인 본당 사목의 방향을 살펴본다. 그리고 4차 산업혁명과 함께 미래 사목에 대해서도 고찰해 볼 것이다.

1. 21세기 가톨리시즘^{Catholicism}

가톨릭^{Catholic}은 '보편적^{普遍的}인'이라는 의미의 그리스어 'katholikos'에서 유래한 단어이다. '가톨릭'은 말뜻 그대로 '보편적'인 것을 가리킨다. 그렇다면 무엇을 '보편적'이라고 하는가? '보편성'은 모든 시대, 모든 장소, 모든 사람에게 유효하다는 것을 뜻하는데, 가령 어느 시대에는 통했지만 다른 시대에는 통하지 않는다면 그것은 보편적인 것이 못 된다. 또 어느 지역에서는 인정받았지만 다른 지역에서는 인정받지 못한다면 그것은 보편적인 것이 못 되고 어떤 민족에게는 진리로 받아들여지지만 다른 민족에게 진리로 수긍되지 못한다면 보편적인 것이 못 된다. 그러므로 보편적인 것이 되기 위해서는 유한한 것이 아니라 영원한 것이어야 하며, 절대적인 것이어야 한다. 바로 이것이 '가톨릭'의 요건이며, '가톨릭'은 온 세상, 모든 사람들, 모든 시대를 망라하여 두루 아우른다는 의미를 갖고 있다고 볼 수 있다.[53] 그렇다면 이러한 가톨릭의 의미를 한국 가톨릭교회는 얼마나 충실히 이행하고 있는가.

1.1. 진정 '가톨릭'이 되려거든[54]

가. 강 건너 불?

요즘 들어서 남미의 가톨릭 신자들이 대거 개신교로 넘어간다고 한다. 특히 성령의 은혜와 축복을 강조하는 오순절 교단 계통의 교회들이 가톨릭 신자를 겨냥한 선교 활동을 공세적으로 펼치면서 톡톡한 재미를 보고 있다는 것이다. 가슴이 아리다. 강 건너 불이 아니라 집안일이기 때문이다. 문제다. 노리는 그들도 문제요, 넘어가는 사람들도 문제이며, 빼앗기는 가톨릭교회도 문제다. 이 무슨 꼴인가? 셋 다 반성을 해야 할 일이라고 여겨진다. 집안싸움에서 빼앗은 자의 기쁨이 과연 진정한 기쁨일 수 있을까. 실리實利와 감각적 행복을 위해서라면 절개와 충절을 쉽게 내팽개치는 것이 아무리 요즘 세태라고 해도 신앙에서조차 그래서야 되겠는가. 그곳의 가톨릭교회가 오죽 게으르고 무기력하고 실망스러웠으면 그런 일이 일어나고 있겠는가.

차제에 가톨릭교회는 뼈를 깎는 아픔으로 회개할 줄 알아야 할 것이다. 한마디로 이는 가톨릭교회가 가톨릭교회 본연의 색깔과 향기를 잃었기 때문에 초래된 현상이다. 완전完全을 향한 질적 다이내믹이 부족할 때에는 이런 현상을 인력으로 막을 수 없게 마련인 것이다. 중세 교회 방식으로 울타리를 높이 쳐 놓고 "가톨릭교회 밖에는 구원이 없다."라고 으름장을 놓는다고 될 일이 아니다. 남미 가톨릭교회는 신자들이 그토록 목말라하는 은총, 축복, 구원이 자신 안에 차고 넘치는 교회가 되도록 '질적으로' 변화되지 않으면 결코 이 사태를 피할 수 없을 것이다.

나. 혹시

남의 일이 아니다. 한국 가톨릭교회라고 결코 사정이 다르지 않다는 것이 통계에 드러나 있다. 몇 가지만 예로 들어 보자.

개신교에 비할 때 가톨릭 신자는 서비스 만족도 부분에서 자신이 다니는 교회에 턱없이 낮은 점수를 주고 있다. '힘들 때 도움을 요청하고 싶은 곳'으로 자신의 교파 교회를 지목한 경우가 개신교 신자는 72.8%에 달했으나 가톨릭 신자는 27.0%에 불과했다(한신학술원, 『한국 개신교와 한국근현대의 사회문화적 변동』, 한울아카데미 2003, 참조). 참고로 불교 신자의 경우는 51.2%로 나타났다. 가톨릭 신자 대부분이 교회에 특별한 기대를 걸지 않고 있다는 얘기다. 누가 처음부터 기대를 접겠는가! 하도 실망스러우니까 살면서 점점 그렇게 길들여지게 된 것이 아니라면 이를 어떻게 달리 설명할 수 있을까.

가톨릭 신자의 신앙 의식이 개신교 신자에 비할 때 훨씬 비복음적이며 현세 지향적이다. 종교 생활의 동기가 개신교 신자에게서는 구원(영생) 54%, 마음의 평화 25.7%, 진실된 삶 11.9% 순으로 나타난 반면 가톨릭 신자에게서는 마음의 평화 53.9%, 진실된 삶 20.2%, 구원(영생) 11.2% 순으로 나타났다(한신학술원. 위의 책 참조). 이만큼 가톨릭 신자는 종교의 본질적인 지향인 '구원'(영생)보다는 그 종속적인 지향인 '평화'와 '진실된 삶'에 더 관심을 두고 있다는 얘기다.

신앙생활에 있어서도 가톨릭 신자는 개신교 신자보다 상당히 떨어지는 종교성을 드러내는 것으로 나타난다. 종교를 중요하게 생각하는 정도 3.6% 대 11.3%, 연 1회 이하의 종교행사 참석 신자율 10.5% 대 14.4%, 기도를 안 하는 신자율 5.3% 대 12.7%, 경전을 안 읽는 신자율 9.8% 대 18.6% 등으로 차이를 드러냈다(한국갤럽, 『한국인의 종교와 종교의식』, 한국갤럽조사연구소 2004. 참조). 이로써 가톨릭 신자는 전반적으로 개신교 신자보다 상대적으로 크게 이완된 신앙생활을 하고 있는 것으로 드러난 것이다.

끝으로 신자 고령화 현상이 개신교보다 심각할 만큼 뚜렷하게 진행되고 있다. 종교 내 청년 인구(18–30세) 비율이 개신교는 46%대에 육박하고 있으나 천주교는 19%대에 그치고 있다(한국갤럽, 위의 책 참조). 참고로 불교는 33%대로 나타났다. 이는 그대로 향후 몇십 년 후의 종교인 분포를 예시豫示해 주는 불길한 숫자가 아닐 수 없다.

그렇다면 이런 수치들은 결국 무엇을 의미하는가? 혹시 이는 가톨릭교회가 개신교보다 완전을 향한 질적 다이내믹의 면에서 뒤떨어지고 있다는 것을 반증하는 통계가 아닐까? 가톨릭교회는 무늬만 가톨릭이요 이름만 가톨릭이라는 사실을 통렬하게 보여 주는 대목이 아니고 무엇일까?

다. 길은?

하나다. 길은 하나다. 지금부터라도 뭔가를 시작하는 것이다. 맥없이 앉아 있을 수만은 없는 노릇이다. 자신이 할 수 있는 일을 작은 것부터 시작하는 것이다. 먼저 깨달은 사람이 먼저 행하는 것이다. 먼저 본 사람이 먼저 길을 떠나는 것이다. 성직자이든, 수도자이든, 신자이든 선각先覺한 사람이 먼저 불모의 광야에서 길을 예비하는 것이다.

성경은 준엄하게 명령한다.

은총과 진리가 충만하신 "그분"(요한 1,14)처럼 너희의 교회에 은총과 진리가 넘치게 하여라. '당신(=하느님)의 은총이 얼마나 풍성한지를 앞으로 올 모든 시대에 보여'(에페 2,7 참조) 주거라.

내가 그랬던 것처럼 너희 교회도 "양들이 생명을 얻고 또 얻어 넘치게"(요한 10,10) 하여라.

내가 그랬던 것처럼 너희 교회도 "내 기쁨이 너희 안에 있고 또 너희 기쁨이 충만하게"(요한 15,11) 하여라. 그리하여 너희 교회에 깃들 곳을 찾아 모여드는 내 모든 자녀들이 "나는 위안으로 가득 차 있습니다. 나는 우리의 그 모든 환난에도 기쁨에 넘쳐 있습니다."(2코린 7,4)라고 환호하게 하여라.

지금 불안과 염려에 시달리는 나의 자녀들에게 '내 평화'를 전하여라. 내가 주는 평화는 세상이 주는 평화와 같지 않다. 너희 교회가 내 평화를 그들의 가슴에 심어 주어 그들로 하여금 더 이상 '너희 마음이 산란해지는 일도, 겁을 내는 일도' 없게 하여라(요한 14,27 참조).

말씀인즉슨, 은총과 진리, 생명, 기쁨, 평화가 넘치는 교회라야 '질적으로' 가톨릭이 될 수 있다는 것이다.

라. 거역할 수 없는 법칙

성경을 관통하는 구원의 법칙이 있다. 그것은 끊임없는 '회개'metanoia의 법칙이다. 구약의 예언자들은 살려거든 회개해야 한다고 했다. "너희는 나를 찾아라. 그러면 살리라"(아모 5,4). 세례자 요한은 하느님 나라에 동참할 조건으로서 '회개'를 선포하였다. 예수님도 복음을 선포하시면서 똑같이 먼저 회개할 것을 촉구하셨다. "때가 차서 하느님의 나라가 가까이 왔다. 회개하고 복음을 믿어라"(마르 1,15).

회개는 개인에게뿐 아니라 교회에 대해서도 유효한 법칙이다. 교회의 회개를 우리는 쇄신이라 부른다. 그래서 "교회는 부단히 쇄신해야 한다."ecclesia semper reformanda라는 명제가 만고의 진리로 통하고 있다.

자만은 금물이다. 주저앉음도 게으름도 금물이다. 답습도 타성도 관행도 금물이다. 자칫하면 저 옛날 소아시아의 라오디게이아 교회에 떨어졌던 불호령이 '가톨릭'을 자부하는 우리에게 떨어질 수도 있다.

> 나는 네가 한 일을 안다. 너는 차지도 않고 뜨겁지도 않다. 네가 차든지 뜨겁든지 하면 좋으련만! 네가 이렇게 미지근하여 뜨겁지도 않고 차지도 않으니, 나는 너를 입에서 뱉어 버리겠다. '나는 부자로서 풍족하여 모자람이 없다.' 하고 네가 말하지만, 사실은 비참하고 가련하고 가난하고 눈멀고 벌거벗은 것을 깨닫지 못한다.(묵시 3,15-17)

늘 자신이 가톨릭 신자임에 자긍심을 갖고 스스로 '풍족하여 부족한 것이 조금도 없는 듯'이 살아가지만 혹시 '비참하고 불쌍하고 가난하고 눈멀고 벌거벗은' 것이 우리의 실제 모습은 아닌지 냉철하게 돌아볼 줄 알아야 한다.

마. 또 하나의 성찰

　지금까지 우리는 가톨릭교회가 가야 할 길에 대해서 성찰하였다. 그것은 완전을 지향하는 질적 다이내믹에 초점이 맞춰져 있었다. 이제 그 초점을 전체를 향한 양적 다이내믹으로 옮겨 보자. 이를 우리는 다음과 같은 물음으로 바꾸어 성찰할 수 있다: 우리의 선교(=복음화) 노력은 얼마나 '가톨릭'적인가?

　제2차 바티칸 공의회 이후 교황들은 지난날 사용하던 '선교'missio라는 말 대신에 '복음화'evangelizatio라는 용어를 선호하였다. 교황 바오로 6세께서 강조했던 말로 단순히 신앙만을 전하는 것이 아니라, 신자든 비신자든 복음적인 생활을 하도록 하는 보다 폭넓은 활동을 뜻한다.[55]

　복음화는 "기쁜 소식을 인류의 모든 계층에게 전해 주며 [...] 복음의 힘으로 인류를 내부로부터 변화시켜 새롭게 하는 것"[56]이다. 곧 한마디로 태초에 원죄로 말미암아 잃어버린 인간성을 예수 그리스도의 구원 공로에 힘입어 회복하는 것이다.

　그런데 복음화는 총체적holistic 전망을 견지할 것을 요청한다. 인간 존재 자체가 총체적이고 인간의 삶 자체가 복합적인 데 비해 그 인간성의 구현을 지향하는 복음화의 노력은 지나치게 편향적이거나 축소·왜곡되는 경향이 있었다.

> 복음화의 풍부하고 복잡하고 역동적인 참모습을 부분적으로나 단편적으로 규정하려 하는 것은 복음화의 의미를 빈약하게 하고 나아가 왜곡할 위험이 있다.[57]

　교회는 이 지적을 명심하고 그 '전체성'(『현대의 복음 선교』, 28항)을 살릴 줄 알아야 할 것이다. 이를 위해서는 세 가지가 요청된다.[58]

첫째는 대상적 총체성이다. 복음화는 민족, 지역, 계층을 두루 대상으로 삼을 뿐 아니라, 가치관, 문화 등까지 포괄한다.

둘째는 양과 질의 총체성이다. 복음화는 양과 외연도 중히 여겨야 하지만 질과 내실도 함께 견지해야 한다.

셋째는 방법론적 총체성이다. 복음화는 선포(마르 16,15 참조), 가르침(마태 28,19 참조), 증거(사도 1,8 참조), 성사(마태 28,19; 루카 22,19 참조), 이웃 사랑(요한 15,12 참조) 등을 총동원하여 이루어져야 한다.

한편, 복음화에서 가장 중요한 덕목은 하모니harmony와 연대蓮帶다. 각자가 맡은 탈렌트를 발휘하되, '모든 것이 함께 작용하여 선을 이루는'(로마 8,28 참조) 공동선의 지향을 놓치지 말아야 하는 것이다.

'가톨릭'이 지니는 전체를 향한 양적 다이내믹은 뭐니 뭐니 해도 온 인류를 향한 선교 열정으로 나타나게 되어 있다. 선교의 목표는 분명히 땅끝 모든 민족이다(사도 1,8 참조). 이 대목에서 우리는 정직해야 한다. 가슴 아프지만 우리의 치부를 드러내 보일 줄 알아야 한다. 한국 천주교회의 복음화 노력은 과연 땅끝, '온 인류'를 겨냥하고 있는가? 인류까지는 아니라도, 이웃 나라(중국, 일본), 동족(북한)을 향한 실제적인 비전을 제대로 갖추고 있다고 말할 수 있는가? 과연 복음을 전하고자 하는 의욕은 있는가?

이미 한국 개신교는 '세계 선교' 슬로건을 곳곳에 걸고 세계 오지로 수천의 선교사를 파송하였고, 중국, 북한 등 지역별로 특화된 다양한 선교 전략을 세워 그에 합당한 선교사 양성 과정을 개설하여 왕성하게 움직이고 있다. 양적으로, 질적으로, 물질적으로, 영적으로 가히 한국 가톨릭교회를 압도하고 있다고 해도 과언이 아니다. 국내에서도 가톨릭교회가 미처 손을 내밀지 못하는 후미진 곳의 소외된 이들, 예컨대 외국인 노동자, 북한 이탈 주민, 노숙자들, 장애인들에게 복음의 손길(말씀의 위로와 자선)을 펼치고 있다.

과장 없이 고백하건대 이 선교 노력의 차이는 '아마추어'와 '프로'의 차이라고 할 수 있다. '가톨릭'이라는 이름을 달고 다니는 우리는 '아마추어' 수준 곧 '비가톨릭'적이며, '가톨릭'이라는 명찰이 없는 개신교는 '프로' 수준 곧 '가톨릭'적이라는 사실을 아무도 부인할 수 없다. 창피하지만 감출 수 없는 현실이다. 얘기가 여기에 이르면 예수님의 호된 경고 말씀이 들려오는 듯하다.

> "너희는 어떻게 생각하느냐? 어떤 사람에게 아들이 둘 있었는데, 맏아들에게 가서 '얘야, 너 오늘 포도밭에 가서 일하여라.' 하고 일렀다. 그는 '싫습니다.' 하고 대답하였지만, 나중에 생각을 바꾸어 일하러 갔다. 아버지는 또 다른 아들에게 가서 같은 말을 하였다. 그는 '가겠습니다, 아버지!' 하고 대답하였지만 가지는 않았다. 이 둘 가운데 누가 아버지의 뜻을 실천하였느냐?" 그들이 '맏아들입니다.' 하고 대답하자, 예수님께서 그들에게 말씀하셨다. "내가 진실로 너희에게 말한다. 세리와 창녀들이 너희보다 먼저 하느님의 나라에 들어간다."(마태 21,28-31)

혹시 우리가 바로 말만 하고 실행치 않은 둘째 아들의 꼴을 하고 있지는 않은지. 이스라엘 백성이 그토록 자랑거리로 삼던 '하느님 백성'의 기득권도 그 정신과 내용을 상실하면 결국 허울에 지나지 않는다고 선언한 사도 바오로의 말씀도 결코 예사롭지 않게 들린다.

> 이스라엘 자손이라고 다 이스라엘 백성이 아닙니다. 아브라함의 후손이라고 다 그의 자녀가 아닙니다.(로마 9,6-7)

무서운 말씀이다. '가톨릭'이라는 이름이 붙어 있다고 해서 다 '가톨릭'이라고 주장할 수는 없다는 것이다. 이름은 껍데기에 지나지 않을 수 있다. 알맹이가 없으면 이름은 소용이 없다.

　라오디게이아 교회에 내려졌던 불호령이 오늘날 정체停滯에 빠진 가톨릭
교회를 위한 말씀이라 할 수 있다면 그다음에 이어지는 권면도 똑같이 명
처방이라고 볼 수 있을 것이다.

> 내가 너에게 권한다. 나에게서 불로 정련된 금을 사서 부자가
> 되고, 흰옷을 사 입어 너의 수치스러운 알몸이 드러나지 않게
> 하고, 안약을 사서 눈에 발라 제대로 볼 수 있게 하여라.(묵시
> 3,18)

　'불로 단련된 금'은 무엇이며, '흰 옷'은 무엇이며 '안약'은 무엇일까? 악
조건을 무릅쓰고 복음을 증거하면서 온갖 궂은일(고통, 짐, 번민)을 감내하여
얻는 은총이, 십자가가 기약하는 부활이 바로 그 '금'이 아니냐. 우리의 구
원을 위해 피 흘리신 예수님께 죽기까지 충실하여(곧 믿어서) 얻는 구원의
두루마기가 바로 그 '흰 옷'이 아니겠는가. 성령의 비추임, 곧 지혜, 지식,
식별의 은사가 바로 그 '안약'이 아니겠는가. 요컨대, 복음을 전하는 일에
있어서의 세 가지, 곧 중단 없는 달음질, 죽음을 불사하는 충성, 영의 식
별, 이들이 주님께서 우리에게 주시는 약방문藥房文이라 하겠다.

1.2. 한국 가톨리시즘의 시대적 배경: 4대 메가트렌드[59]

　이제 오늘날 한국 가톨리시즘으로 관심을 돌려 보자. 이 주제를 논하려
면 먼저 그 시대적 배경을 짚어 봐야 한다. 왜냐하면 가톨리시즘은 '시대'
속에서 가톨릭 정신을 구현하는 것과 관련이 있기 때문이다.

　그런데 '시대'의 흐름 속에서 복잡하고 광범위한 사회 변화를 그대로 파
악하기란 사실상 불가능한 일이다. 우리가 할 수 있는 일은 그 변화의 주

요 흐름 곧 메가트렌드^{megatrend}(대형 추이)에 주목하여 맥脈을 짚는 것이다. 그러면 21세기 가톨리시즘의 배경으로 작용하며 영향을 끼칠 수 있는 대표적인 메가트렌드들을 살펴보기로 한다. 우리가 주목하고자 하는 메가트렌드는 지구화, 정보화, 라이프스타일의 변화, 그리고 다원 문화 등 4가지이다. 이들은 매우 의미 있는 시사점을 주는 요인들이므로 다소 이해하기 어려운 용어와 설명이 나오더라도 깊이 헤아려 주시기 바란다.

1.2.1. 지구화

최근 수십 년간 세계 질서의 변동 과정에서 가장 현저하게 나타나고 있는 현상은 '지구화'globalization이다. 1980년대 후반부터 서구 학계의 유행어가 된 '지구화'는 지구 전체의 '상호 의존성 증대'와 의식意識의 지구적 차원으로의 '지평 확장'이라는 두 가지 핵심 측면을 지니고 있다. 실제로 우리는 거의 모든 영역에서 범지구적으로 상호 의존할 수밖에 없는 시대, 그리고 사유 지평이 범지구적으로 확장된 시대를 살고 있다.

기술제국주의의 기승, 글로벌 스탠더드, 범지구적 생태 위기 등의 양상으로 전개되는 지구화는 다음과 같은 현상들을 수반한다.

가. 지역화localization

지구화는 세계 전 지역을 정교한 상호 의존성의 망 안에 편입시킴으로써 지역 수준의 사안들을 세계화한다. 이렇게 해서 국가와 민족의 경계가 허물어지고 초문화적 접촉이 빈번해질수록 지구 질서 내에서 자신들이 차지하고 있는 위치를 확인하려는 특수주의적 욕구도 더욱 강렬해진다. 결국 지구화는 정체성의 위기감을 초래하고 그 반작용으로 '지역화'localization를 초래한다. 지역 간 경계boundary가 무너지면서 구심적 통합(지구화)과 원심적 분열(지역화)이 동시에 발생하는 것이다. 이는 역설적인 현상이 아닐 수 없다. 그래서 존 나이스비트John Naisbitt는 지구화와 지역화의 병행, 곧 통합과 분열의 이중 구조를 '글로벌 패러독스'global paradox라 표현하였다.

지역 교회들의 범세계적 교류 및 일치 운동이 활발해지고 있는 가운데 다른 한편으로는 소공동체 운동이 활성화되고 있는 현실이 바로 교회적인 차원에서 관찰되는 '지구화' 속의 '지역화' 현상이라고 말할 수 있다.

나. 양극화polarization

가진 자는 점점 더 많이 갖게 되고 못 가진 자는 점점 덜 갖게 되는 이 '양극화'는 경제적 측면뿐만 아니라 모든 면에서 두드러진 미래 현상으로 나타나고 있다. 지식과 정보를 갖는데 익숙한 사람들은 점점 더 많은 양질의 지식과 정보를 소유하게 될 것이다. 그러나 그렇지 못한 다수는 상대적으로 지식정보 빈곤의 상태에 빠지게 된다. 이런 현상은 모든 영역에서 진행되고 있다. 그래서 20 대 80의 구조가 미래를 지배할 것이라고 한다. 상위 20%가 계란의 '노른자'를 차지하고 하위 80%가 나머지 '흰자'를 놓고 아귀다툼을 한다는 것이다.

양극화 현상은 영성적인 차원에서도 발견될 것이다. 독일의 신학자 칼 라너도 이러한 양극화 현상을 가리켜 "오늘날에는 신비주의자가 되든지 비신앙인이 되든지 해야 한다."라고 말했다. 결국 시간이 갈수록 '영성'의 질에도 양극화 현상이 일어나면서 영적으로 충만한 사람과 영성적으로 빈핍한 사람의 차이가 벌어질 것이다. '영적인 그리스도인'과 '이름뿐인 그리스도인'의 차이가 두드러질 것이다. 영성이 있는 자들은 더욱 간절히 갈망하여 풍성해지는 반면 없는 자는 있던 것마저 빼앗기는 영적 빈곤 상태에 빠지고 말 것이다. 결국 "누구든지 가진 자는 더 받아 넉넉해지고, 가진 것이 없는 자는 가진 것마저 빼앗길 것이다."(마태 25,29)라는 예수님 말씀이 꼭 들어맞는 형국이 될 것이다.

다. 범지구적인 연대 활동

생태 환경 위기, 핵전쟁 발발 위험, 그 밖의 재난과 재앙 등 파멸에 대한 지구 공동의 위기의식은 마침내 범지구적인 연대 운동의 조직을 촉진하였다. 지구화의 복합적인 구조, 그로 인한 모순과 균열들은 다양한 형태의 반체제적 운동들을 발전시켜 왔으며, 국제적 연대 운동으로 조직화하였다. 환경 위기를 위시하여 에이즈, 마약, 이민, 피난민, 빈곤, 질병, 문맹퇴치 등과 같은 쟁점들은 지구 수준의 대대적인 노력 없이는 해결책을 찾을 수 없는 것이다.

오늘날 한국 가톨리시즘은 지구화가 수반하는 이런 현상들 가운데에서 '시대의 징표'를 읽어 내고 그에 부응하여 가톨릭 정신을 구현하려는 시도들의 총화總和라고 말할 수 있다.

라. 지구화가 요청하는 가톨리시즘

지금까지 한국 가톨리시즘에 영향을 끼치는 21세기 메가트렌드의 첫 번째로서 '지구화'를 언급하였다. 그러면서 지구화가 '지역화', '양극화', '범지구적 연대'를 수반한다는 것을 확인하였다.

그러면 이 지구화는 어떤 가톨리시즘을 요청하는가? 곧 이런 시대적인 상황 속에서 가톨릭교회가 해야 할 일은 무엇인가? 이제 이 물음에 대해서 생각해 보기로 하자.

마. 지구화 시대 가톨리시즘의 기조 정신

지구화는 교회에 새로운 기회와 도전을 제공한다. 이는 "새 하늘과 새 땅"(2베드 3,13) 곧 진정 새로운 세계 질서를 수립할 기회이며 그런 만큼 전 폭적인 투신을 요청하는 도전이다.

지구화 시대에 가톨릭교회가 꿈꿀 수 있는 '새 하늘과 새 땅'은 어떤 모습일까? 그것은 바로 박애博愛의 세상이라고 할 수 있다. 19세기의 시대 이념이 '자유'이고, 20세기의 시대 이념이 '평등'이었다면, 21세기의 시대 이념을 '박애'라고 내다보는 이들이 많다. 설득력 있는 전망이다. 한국 사회가 아직 봉건 시대를 벗어나지 못하고 있었던 19세기에 서구 사회가 갈망한 것은 '자유'였다. 말할 것도 없이 20세기의 시대 이념은 전 세계적으로 '평등'이었다. 한국 사회는 뒤늦게 그 대열에 편승하여 20세기에 '자유'와 '평등'을 한꺼번에 추구한 격이 되었지만 워낙에 속전속결에 능한 민족성 덕택에 얼추 전 세계의 시대 이념에 보조를 같이하는 것으로 보인다.

미래학자들은 21세기의 시대 이념이 '박애'가 될 것이라고 예측한다. '박애'가 지구화 시대의 정신 가치로서 제격이라는 것이다. 이런 맥락에서 볼 때 지구화 시대 가톨리시즘의 기조 정신은 당연히 '박애'가 되어야 한다. 이러한 시대적인 요청은 가톨릭교회, 나아가 그리스도교회에 엄청난 기회이며 도전이다.

세상의 어떤 종교 창시자가 예수 그리스도만큼 '박애', 곧 '너른 사랑'을 강조한 적이 있던가.

> 너희는 원수를 사랑하여라. 그리고 너희를 박해하는 자들을 위하여 기도하여라. 그래야 너희가 하늘에 계신 너희 아버지의 자녀가 될 수 있다. 그분께서는 악인에게나 선인에게나 당신의 해가 떠오르게 하시고, 의로운 이에게나 불의한 이에게나 비를

내려 주신다. 사실 너희가 자기를 사랑하는 이들만 사랑한다면 무슨 상을 받겠느냐? 그것은 세리들도 하지 않느냐? 그리고 너희가 자기 형제들에게만 인사한다면, 너희가 남보다 잘하는 것이 무엇이겠느냐? 그런 것은 다른 민족 사람들도 하지 않느냐? 그러므로 하늘의 너희 아버지께서 완전하신 것처럼 너희도 완전한 사람이 되어야 한다.(마태 5,44-48)

원수까지 심지어 박해자까지도 사랑해야 한다는 말씀, 이야말로 박애의 정수이다. 하느님 사랑이 '완전'하듯이 사랑에 있어 '완전'해야 한다는 것이 예수님의 명령이다.

그리고 세상의 누가 예수 그리스도만큼 몸소 '박애'를 살았던가. 당신 '살'을 영적 음식으로, 당신 '피'를 죄의 용서를 위한 계약의 징표로 내어 주시고 마침내 십자가 죽음을 통하여 그 진실을 입증하였던 예수 그리스도의 사랑만큼 우리의 심금을 울린 사랑이 역사 이래 어디 있었던가.

이렇게 볼 때 '지구화' 현상이 '박애'를 시대 이념으로 요청하고 있다는 사실은 가톨리시즘의 구현을 위해서 멍석이 깔렸다는 것을 의미한다. 가톨릭교회가 해야 할 일은 이미 열린 판으로 가서 가지고 있던 보따리를 푸는 것이다.

바. 구체적 과제들

'지구화'라는 메가트렌드는 가톨릭교회에 '박애'를 기조 정신으로 삼을 것을 요청하는 동시에 다음과 같은 구체적인 과제들을 부과한다. 이들은 지구화가 수반하는 세 가지 현상과 관련된 과제들이다.

첫째, 지구화와 지역화의 부름에 동시에 응답하는 것이다.

지구화는 그 반대급부로 지역화를 동반한다는 것을 확인한 바 있다. 이 지구화와 지역화는 교회에 외양상 모순된 과제를 부과한다. 즉 세계 전체 수준에서 제기되는 문제들에 '세계적으로' 대응해야 하는 반면, 지역주의의 강화에 '지역적으로' 대처해야 하는 이중적 과제를 부과한다.

가톨릭교회는 바티칸을 중심으로 범세계적인 네트워크를 형성하고 있다. '지구화' 시대의 가톨릭교회는 특히 이 조직의 장점을 십분 활용하여 세계적인 사안에 대해서는 지역 교회 간의 유기적인 협력 체제를 구축하는 데에 힘써야 한다. 전쟁, 기아, 재난 등 교회가 앞서서 도움의 손길을 뻗쳐야 하는 일이라면 전 세계 가톨릭교회가 한 몸처럼 움직일 줄 알아야 한다.

한편 '지역화' 또한 교회가 가야 할 길이다. 지역화는 방향성이다. 더 작은 것, 더 구체적인 것으로 나아가려는 힘이 '지역화'에 내재되어 있다는 말이다. 가톨릭교회는 이 부름에 충실하여 아주 작은 교회의 기초세포들이 생동할 수 있도록 해야 한다. 이는 바로 요즈음 모든 교구가 공을 들이고 있는 '소공동체'에 해당하는 말이라고 할 수 있다. 그런데 '지역화'는 고유성을 보존하기 위한 생존 본능의 발로이다. 곧 고유성을 살리는 것이 지역화 과정의 급선무이다. 소공동체가 참으로 사는 길도 각 소공동체가 고유의 색깔과 향기를 발산하는 것이다.

둘째, '80을 위한 우선적 선택'option for the 80을 하는 것이다.

지구화가 동반하는 '양극화' 현상은 20 대 80의 구조로 이루어질 것이라는 것이 정설이다. 곧 상위 20%가 모든 영역에서 알짜배기를 차지하고 80%가 그 나머지를 나누어 가질 것이라는 말이다. 이는 경제에서부터 영성에 이르기까지 적용되는 현상이다. 이는 사실이다. 문서 복음화를 사명으로 알고 있는 필자는 도처에서 이 사실을 확인한다. 가난한 동네일수록 영성에 대한 목마름 자체가 시들해진다. 예외야 있겠지만 경제의 부익부 빈익빈은 그대로 영성의 부익부 빈익빈으로 이어진다. 요즈음 수준 있는 영성프로그램에 참여하려면 경제력이 뒷받침해야 한다.

이런 때일수록 교회는 80을 우선적으로 선택하고 그들을 위해 고민할 줄 알아야 한다. 그들에게 보다 대중적으로 접근할 수 있는 길을 모색해야 한다. 경제적으로든 영적으로든 그들을 편들고 그들을 먹여 살릴 방도를 강구해야 한다.

셋째, '공동선' 구현에 앞장서는 것이다.

오늘날 세계는 여러 가지 골칫거리를 안고 있다. 특히 정치적으로 테러의 공포에 전 세계인이 떨고 있다. 한마디로 '죽음의 문화'로 압축할 수 있을 만큼 죽음의 그림자가 곳곳에 드리워져 있다. 이런 위기 상황에서 과거 자연 파괴의 주범으로 지목되어 왔던 그리스도교회가 '생명 유기체' 보전에 앞장서는 것은 교회의 신뢰성 회복을 위해서도 매우 필요한 일이다. 어떠한 사안이 되었건 교회는 공동선 구현의 최일선에서 가장 궂은일을 자청할 줄 알아야 할 것이다.

1.2.2. 정보화

가. 정보화 현상

21세기 사회의 두 번째 메가트렌드는 정보화情報化이다. 20세기 말엽부터 몰아치고 있는 정보 혁명의 물결은 21세기 사회 전역에 확산되고 있다. 텔레비전 등 방송 매체가 보편화되고 컴퓨터와 인터넷이 등장하여 정보의 처리 및 유통 기술이 획기적으로 발전하면서 가능하게 된 정보화 과정은 거의 모든 분야에서 혁명적인 변화를 가져오고 있다. 우리는 대표적으로 다음과 같은 변화를 예로 들 수 있다.

첫째, 커뮤니케이션의 혁신이다.

일찍이 케빈 켈리Kevin Kelly는 인터넷 혁명이 가져오고 있는 변화의 핵심은 바로 '커뮤니케이션 기술의 혁명'이라고 잘라 말했다. 인터넷 혁명은 종래의 계단적인 커뮤니케이션(사다리 구조의 상하 명령과 보고 체계)을 점점 네트워크, 곧 그물망 커뮤니케이션으로 전환시키고 있다. '그물망' 커뮤니케이션은 상하 명령−보고 체계와 전혀 다르다. 여기에서는 위아래가 없다. 매듭(그물코)을 중심으로 사방 주변이 있을 뿐이다. 여기서는 각자가 모두 동등한 조건에서 하나의 매듭에 위치하여 사방의 사람들과 통신한다. 각자의 위치가 바로 중심이다. 따라서 그물망 커뮤니케이션에서는 내가 중심이고 나 외에 모든 사람은 그물망의 다른 매듭에 있는 주변 인물에 불과하다. 요즈음 벤처기업에서는 모든 직급의 사람들이 서로 자신의 소재와 일정, 그리고 자신이 지닌 정보를 주고받는 이러한 방식을 택하고 있다. 관공서의 민원 접수도 이런 방식으로 이루어진다. 가히 혁명적이라 아니할 수 없다.

둘째, 전자 민주주의의 실현이다.

요즈음 여론 동향에 가장 막강한 힘을 발휘하고 있는 것은 뭐니 뭐니 해도 네티즌들이다. 인터넷은 시민들이 정치적 의사 결정에 자발적으로 그리고 직접적으로 참여함으로써 시민 권력을 강화하고 기존의 민주주의 한계를 극복할 수 있는 길을 열어 놓았다. 이미 경험하였던 바 인터넷을 통한 시민단체들의 홍보 및 결속 효과는 사람들은 더는 정보 흐름에 있어 수동적인 입장에 머무르지 않고 자신들의 의사를 직접 정부와 정당에 전달하는 능동적인 행위자로 변화하기를 원한다는 것을 잘 드러내 준다. 바야흐로 우리 사회는 모든 시민들이 생활정치인으로 거듭나고 있는 것이다.

셋째, 사이버 공간의 난무이다.

컴퓨터가 있는 곳이면 어디든지 사이버 공간이 난무하고 있다. 사이버 공간은 물리적인 현실세계와는 대조적으로 컴퓨터 등의 디지털 정보와 가상현실virtual reality에 의해 생성되는 공간을 의미한다. 긍정적으로 볼 때, 이 사이버 공간은 현대 기계 문명이라는 답답한 공간 속에서 질식하고 있는 인간에게 그 안에서 쉴 수 있는 가상적 '틈'space 곧 안락한 공간을 제공한다. 그러나 사이버 공간은 심각한 문제점을 동반한다. 사이버 공간에서는 건전한 정신과 광기, 비도덕성과 도덕성, 불합리와 합리성 등을 더는 구분할 수 없게 되는 것이다. 학생들이 컴퓨터 폭력 게임을 즐기다가 가상현실과 현실을 착각하여 장난삼아 살인하는 일이 여러 차례 일어났다는 사실은 그 단편에 불과하다.

나. 요청되는 가톨리시즘

이처럼 거역할 수 없는 정보화의 물결은 새로운 형태의 가톨리시즘을 요청한다.

첫째, 쌍방향 커뮤니케이션 망을 활용한 사목을 요청한다.
교회는 정보기술을 적극적으로 활용하여 쌍방향의 커뮤니케이션을 원하는 사람들에게 정확하고 다양한 교회 정보를 보다 쉽고 빠르게 접속할 수 있도록 하는 한편 그들의 의견을 효율적으로 수렴할 줄 알아야 한다. 발 빠른 개신교 목회자들은 이미 디지털 문화의 출현을 복음으로 받아들였다. 그들은 인쇄, 출판술이 발달한 이후 종이에 인쇄된 성경이 그리스도교의 보이지 않는 '견인차'였던 것처럼 이제 종이 대신 디지털이 정보화사회 그리스도교의 견인차 역할을 할 것이라 주장하며 야단들이다. 그리고 사이버 공간을 선교의 탁월한 도구라고 간주하고 이를 활용하여 새로운 선교의 패러다임을 개발하고 있다.

둘째, 신자들의 직접 참여 욕구를 반영하는 사목이 되어야 한다.

인터넷을 통한 직접적인 정치 참여에서 톡톡한 재미를 본 신자들은 교회 안에서도 사안별로 여론을 조성하고자 하는 움직임들이 조심스럽게 일어날 것이다. 나아가 어떤 형태로든 자신들과 이해관계가 얽힌 본당 운영에 대해서는 적극 참여하고자 하는 욕구가 점점 늘게 될 것이다.

가톨릭교회는 일찌감치 이런 의식 구조의 변화를 수용할 수 있는 구조로 운영 방식을 바꾸지 않으면 안 될 것이다. 능동적으로 대처하지 않고 떠밀려서 응하게 되면 그때는 그나마 남아 있던 신자들도 이미 교회를 떠난 후 그러니까 '소 잃고 외양간 고치는 격'이 될지도 모른다.

셋째, 사이버 공간을 적극 활용하는 사목이 되어야 한다.

가톨릭교회는 사이버 공간이 은총이 아닌 저주로 바뀌는 일을 막아야 한다. 사람들은 사이버 공간을 이용하여 사이버 바벨탑을 짓고 있다. 거기에는 게임, 폭력, 포르노 등이 난무한다. 벌써부터 한국의 사이버 공간은 선전물 쓰레기로 가득 차고 인간의 이글거리는 욕망들에 의해 썩어가고 있음을 직시해야 한다. 이제 가톨릭교회는 이 세상의 구원과 함께 또 하나의 과제를 안게 되었다. 그것은 사이버 공간을 성화하는 사명이다.

잘만 활용하면 사이버 공간은 신앙 상담Religious Counseling을 위해 엄청나게 효과적인 자리가 될 수도 있다. 개신교에서는 이미 다채로운 가상공간에 전 연령층, 전 수요층을 겨냥한 다양한 교육 프로그램을 배치해 놓고 저 인망으로 훑으면서 기웃거리는 관심자들을 끌어들이고 있다. 심지어는 가상현실과 사이버 공간을 사용하여 예배를 드리는 본격적인 사이버 교회가 곧 출현할 것이라고 한다. 실례를 들기에는 지면이 너무 부족하다. 엄청난 재원과 인력이 소요된다고 하지만 이 사실이 감히 엄두를 낼 수 없게 만드는 피치 못할 이유는 결코 되지 못한다.

사이버 공간의 '열림'은 가톨릭교회에 기회가 되고, 커다란 도전이 될 것이다. 아무리 돈이 많이 들어도 피해갈 수 없는 승부처임이 분명하다.

1.2.3. 사이버 샤머니즘과 가톨리시즘

지금까지 정보화 시대의 가톨리시즘에 관해 논하면서 '사이버 공간'을 적극 활용하는 것이 관면받을 수 없는 요청이라는 점을 보았다. 그러면서 가톨릭교회는 사이버 공간이 은총이 아닌 저주로 바뀌는 일을 막아야 한다고 말했다.

이와 관련하여 주목해야 할 기현상이 하나 있다. 그것은 사이버 샤머니즘cyber shamanism이 난무하고 있다는 사실이다. 이 문제는 대단히 심각한 수준에까지 와 있기에 반드시 짚고 넘어갈 필요가 있다고 본다.

가. 몰려오고 있는 디지털 점쟁이들

정보화 시대를 흔히 '디지털 시대'라고도 부른다. 앨빈 토플러에 의하면 디지털화한 현대인들은 빠르고 단순하면서도 과학적으로 증명된 '사실'만을 정보나 지식으로 삼는다.

토플러의 주장대로라면 한국의 전통적인 점술占術 문화는 자연스럽게 사그라졌어야 했다. 하지만 점술은 이러한 시대의 논리에 아랑곳하지 않고 더욱 기승을 부리고 있는 판이다. 오히려 첨단 기술과 접목하여 발전된 형태로 '진화'하는 기현상을 보이고 있다. 오늘날 점술업은 첨단화, 과학화를 표방하면서 정보 통신 기술이라는 '새 옷'을 입고 최고의 호황을 누리고 있다. 원시적인 악습惡習, 미신迷信, 금기禁忌로까지 여겨지던 이 점술이 인류가 발명한 가장 '첨단 기술'인 인터넷과 만나 어엿하게 고부가 가치 콘텐츠로 자리 잡고서 제2의 부흥기를 맞이하고 있다는 것은 참으로 아이러니다.

1) ARS 점집

700, 600, 800번 등으로 시작하는 ARS 전화 운세 서비스는 회사당 20-30명의 전문 역술인을 모집, 일대일 상담 형식으로 운세를 봐 준다. 보통 30초 단위로 1,000-2,000원 정도의 요금을 받고 있어 30분 정도 상담하면 요금이 10만 원에 이르는데도 찾는 이들이 계속 늘고 있다. 역술인마다 전문 분야가 세분되어 있고 직접 점집을 찾아가는 번거로움도 덜 수 있어 인기를 끌고 있다. 'ARS 점집'은 IP업자들이 통신망 사업체에서 회선을 임대해 역술을 새로운 사업 콘텐츠의 하나로 상품화하면서 시작된 것이다.

2) 모바일 부적 판매

모바일 부적은 휴대폰 액정화면 크기에 맞춰 실제 부적을 디지털 콘텐츠로 제작한 것을 말한다. 통신망 사업체들은 온라인 오프라인 역술업체와 제휴해 인터넷으로 모바일 부적을 내려받을 수 있는 유료 서비스를 실시하고 있다.

3) 사이버 철학원

인터넷 포털 사이트에서 찾을 수 있는 숫자가 900여 개가 넘는 '사이버 철학원'도 황금알을 낳는 사업으로 떠오르고 있다. 네이버, 다음 등 국내 10대 포털 사이트의 메인 화면에서 운세 코너는 가장 눈에 잘 띄는 곳에 자리 잡고 있을 정도로 찾는 이들이 많다. 일례로 한 점술 포털의 선두 주자는 가입자 수가 수백만 명에 이를 정도로 폭발적인 인기를 누리고 있다. '인터넷 철학원'이 인기를 끌고 있는 가장 큰 이유는 익명성의 보장, 신속성, 저렴한 가격에 있다고 한다.

이처럼 점술업이 기업화, 대형화하면서 점점 특화特化되어 정치 분야에 능통한 점술가가 있는가 하면 재산 관리나 주식 투자 같은 경제 문제, 스포츠계의 전략 구축, 건강 문제, 이혼 문제 전문가도 등장하고 있다.

이러한 역술 사업의 호황은 연간 1조 원이 넘는 수입 규모, 도합 45만 명으로 추산되는 역술인과 무속인의 숫자로 대변되기도 한다. 특기할 점은 주요 역술인 연령대도, 주요 이용자 분포도 20, 30, 40대에 집중되어 있다는 사실이다.

나. 요청되는 가톨리시즘

가톨릭교회는 이런 현상을 수수방관만 해서는 안 될 것이다. 그렇다면 이에 대해서 어떻게 대응해야 해야 할 것인가? 긴급한 두 가지만 언급해 본다.

첫째, 신자들을 철저히 복음적으로 재무장시키는 것이다.

모 교구에 교육을 갔다가, 어느 가톨릭 신자가 본당신부에게 "과학적으로 운세를 푸는 것은 괜찮다."라는 얘기를 듣고 (컴퓨터)점집을 차렸다는 말을 들었다. 이 무슨 엉터리 같은 일이며 경을 칠 일인가? 신자들에게 복음적 가치관을 올바로 형성시켜 주는 것은 무엇보다도 시급한 일이다. 강론을 통해, 교육을 통해, 서적을 통해 기회 있을 때마다 어떤 형태로든 점치는 일은 제1계명, 곧 가장 큰 계명을 거스르는 행위로서 그야말로 '신앙의 죽음'을 의미한다는 사실을 반복적으로 주지시켜야 한다.

> 점쟁이와 복술가와 요술사와 주술사, 그리고 주문을 외우는 자와 혼령이나 혼백을 불러 물어보는 자와 죽은 자들에게 문의하는 자가 있어서는 안 된다. 그런 짓을 하는 자는 누구나 주님께서 역겨워하신다.(신명 18,10-12)

마술쟁이들과 우상 숭배자들, 그리고 모든 거짓말쟁이들이 차
지할 몫은 불과 유황이 타오르는 못뿐이다. 이것이 두 번째 죽
음이다.(묵시 21,8)

둘째, 맞불을 놓아야 한다.
금하는 것은 한계가 있다. 방어하는 것만으로는 결국 힘이 달리게 되어
있다. 점치는 것과 미신 행위의 근본적인 원인이 '미래에 대한 두려움과
걱정'이라는 사실을 간파하고 이에 대한 복음적인 대안을 내놓아야 한다.

두려워하지 마라. 내가 너의 하느님이니 겁내지 마라. 내가 너
의 힘을 북돋우어 주고 너를 도와주리라.(이사 41,10)

그리고 이런 대안을 저들이 자유자재로 사용하는 첨단 매체를 똑같이
이용하여 대중의 마음을 파고들게 해야 한다.
당위當爲만 늘어놓는 것이 답답한 일인 줄은 안다. 허나 이런 의식이라
도 없으면 누가 대안적인 실행을 도모하겠는가.

1.2.4. 생활양식lifestyle의 변화

21세기 사회 흐름의 대형 추이 가운데 무시할 수 없는 것이 생활양식의
변화이다. 오늘과 내일의 생활양식에서 두드러지게 나타나고 있는 변화
요인으로 '주 5일 근무제', '유목민화', '양성화', '웰빙 문화', '노령화' 등 5
가지를 꼽을 수 있다. 이제 이들 현상 및 그와 관련된 가톨리시즘에 대하
여 차례대로 다루어 보기로 한다.

가. 주 5일 근무제

1) 현상

주 5일 근무제의 확산은 점점 여가, 취미, 종교 생활의 획기적인 변화를 초래하고 있다. 다음과 같은 현상들이 감지되고 있다.

① 그동안 '시간이 없다'는 이유로 미뤄 두던 여가와 취미 생활에 다시 손을 대거나 자아 개발에 더 많은 시간을 할애하는 긍정적인 변화가 일각에서 일고 있다.

② 기대했던 가족 중심의 여가 생활보다는 사교나 친목 목적의 주말 프로그램이 더 성행하여 오히려 가족 간의 유대가 이완되고 일탈 또는 탈선이 조장되는 추세를 보이고 있다.

③ 아무래도 '주일 의식'의 약화를 가져와 신앙생활에 영향을 끼치고 있다. 최근 나타나고 있는 주일 미사 참례자 수의 급감 현상에 주원인으로 작용하고 있는 것이 주 5일 근무제의 확산이라고 보인다.

2) 요청되는 가톨리시즘

이런 현상들에 직면한 가톨릭교회는 현재의 신자들을 어떻게 교회 안에 머물게 할 것이며, 현재의 신앙생활을 어떻게 더 풍요롭게 해 줄 것이며, 여가 선용 문화를 어떻게 선도해 나갈 것인지에 대해서 분명한 대안을 제시하지 못하면 위기를 넘어 파국을 면치 못할 것이 불 보듯 뻔하다. 다음과 같은 종합적인 접근이 필요하다고 본다.

첫째, 신앙의 기초를 재복음화 하는 것이다.

신앙의 기초가 부실하니까 미풍微風만 불어와도 신자들은 휘청거린다. 신앙의 기초를 튼튼히 해 줄 필요가 있다. 그런데 이를 "주일 지키는 것은 의무이다. 십계명도 의무이다. 이것도 저것도 의무이다." 하는 식으로 강요만 해서는 결코 성과를 기대할 수 없다. 의무義務가 아닌 복음, 곧 기쁜 소식으로 선포해야 한다. "왜 주일이 중요한지, 도대체 안식일은 우리에게 어떤 좋은 결과를 가져다주는지" 하는 식으로 엔도르핀, 신바람이 솟는 복음적인 동기를 제공할 줄 알아야 한다. 물론, 역동적인 전례, 성의와 열정이 있는 강론을 통해서 확실하게 영적인 충전을 해 줌으로써 신자들 마음에 주일 미사에 참례하고 싶은 자발적 욕구가 생겨나도록 하는 것도 당연히 요청된다. 여기서 성서신학적인 견지에서 볼 때 주일(안식일)의 중요성을 상대화하는 그 어떤 인간적인 처방도 정당한 해법이 되지 못한다는 사실을 짚어 두고 넘어간다.

둘째, 가정 사목 프로그램을 보강하는 것이다.

가족이 함께하는 미사를 장려하고 가족 모두가 성당에서 주일날 하루를 보낼 수 있는 체제로 공간과 프로그램을 보완·정비하는 것이 필요하다. 또한 본당의 분위기를 보다 아늑하고 자연 친화적으로 만들고 신자들 간의 친교 분위기를 더욱 따뜻하게 만들어서 주일날 성당에 가는 것이 정서적으로 또는 여가 선용 차원에서도 매우 유익하다는 느낌이 들게 해 줄 필요가 있다. 그 연장선에서 거론되는 것이 휴양지 사목이다. 여러 지방 교구에서 준비하고 있거니와 여가를 선택한 신자들의 처지를 인정하고 여행과 휴가 중에도 신앙의 끈을 놓지 않을 수 있도록 도와주는 대비책 마련이 주효할 것이다.

나. 유목민화

1) 현상

오늘날 한국인은 이리저리 옮겨 다니는 신유목민의 도시풍을 만들고 있다. 잦은 이사와 원거리 출퇴근 및 통학 등은 정착 문화가 허물어지고 유랑 문화가 자리 잡고 있는 현상을 반영해 주는 몇 가지 예들에 불과하다. 교통수단의 발달로 전국이 하루 생활권으로 바뀌어 가면서 현대인의 생활 양식은 그야말로 유목민과 흡사해지고 있다.

2) 요청되는 가톨리시즘

생활양식의 '유목민화'는 기존의 본당 중심 사목을 보완하는 직능, 직장 중심의 공동체 사목의 필요성을 시사해 준다. 이는 또한 거리와 상관없이 유대를 이루어 주는 인터넷 통신망을 매개로 한 사이버 공동체의 필요성에 다시금 눈을 뜨게 해 준다. 즉, 사이버 공간을 이용한 관심사별, 기능별 동아리 모임 형식의 신종 공동체 모델 개발을 압박하고 있다. 기존의 속지주의屬地主義 중심의 사목에 다양한 보완책이 마련되어야 한다는 것은 피할 수 없는 시대의 명령이다.

다. 양성화兩性化

1) 현상

시대는 점점 남자와 여자를 생물학적인 성별性別에 고착시키는 것에 반대하는 쪽으로 흘러, '남자는 남자답게, 여자는 여자답게'라는 슬로건이 폐기되고 있다. 점차 자신의 성별에 얽매이지 않고 개인의 특성과 능력을 유감없이 발휘하는 사람들의 시대로 탈바꿈하고 있는 것이다. 직장에서도 점점 '차도 끓일 줄 아는 남자', '못질도 할 줄 아는 여자'를 선호하고 있는 추세이다. 이른바 양성화 시대에 돌입하고 있는 것이다. 이런 양성적 사회의 빛깔은 흑백이 아니라 무지개색이다.

2) 요청되는 가톨리시즘

양성화는 도전이라기보다는 기회이다. 가톨릭교회는 그 이점을 충분히 활용할 줄 알아야 한다. 즉 전통적 성 역할 관념을 지양止揚하고 여성에게 동등한 기회를 줄 수 있어야 한다. 많이 좋아지긴 했어도 교회 사도직 단체에서 여성이 대표로 선출되거나 발탁되는 일은 여전히 드물다. 성 역할에 대한 고정관념 때문이다. 교회 내에서 6 대 4로 수적인 우위를 차지하고 있는 여성의 역할은 '보조', '뒷바라지'에 그친 경우가 많았다. 교회는 이제 이 고정관념을 깨고 오직 신앙심, 능력, 자질, 의욕 등을 기준으로 하여 남녀차별 없이 과감하게 기용해야 한다. 교회 안에는 선교, 방문, 교육, 사회복지 등의 분야에서 여성들이 더 많은 기량을 발휘할 수 있는 역할과 직책이 많다. 타고난 성별의 특성을 존중하되, 그와 함께 잠재된 '남성 안의 여성성'과 '여성 안의 남성성'을 당당하고 자연스럽게 발휘토록 하는 문화 형성에 앞장서야 하는 것이 교회를 향한 시대의 명령이다.

라. 웰빙 문화

1) 현상

오늘의 한국 사회에는 '웰빙well-being 열풍'이 몰아치고 있다. 웰빙이라는 말은 의식주 문제를 넘어서 질병 없이 건강한 인생을 살자. 다시 말하면, '잘 먹고 잘 살자'는 것을 의미한다. 언론에서 보도하는 소위 웰빙족의 생활을 보면, 아침에 일어나 명상과 요가를 한 뒤, 오후에는 아로마테라피 요법을 곁들인 스파, 마사지, 스킨케어 등을 받고, 저녁에는 헬스, 다이어트 운동 등의 수순을 밟고 있다. 물론, 한 사람이 이대로 다 한다는 말은 아니다. 대체로 이렇게 프로그램들이 배치되어 있다는 말이다. 각자 이 가운데 시간과 재정이 허락하는 만큼만 누리면 되는 것이다. 웰빙족이 추구하는 것들은 여기에 그치지 않는다. 웰빙 문화는 유기농 채식, 여행과

레저, 패션과 인테리어, 뷰티 등에도 붐을 이루며 나아가 유통, 가전, 건축 등 거의 모든 산업에서 마케팅의 중심이 되고 있다. 웰빙 스타일을 표방한 잡지까지 창간되었고 최근에는 모바일 시장에서도 웰빙족을 위한 메뉴들을 선보이고 있다.

그렇다면 왜 갑자기 이런 열풍이 불어 닥치고 있을까? 전문가들의 분석에 의하면 이는 후기 근대postmodern 사회의 한 현상이라고 한다. 포스트모더니즘의 확산이 기성의 전통과 권위에 속하던 종교 및 정치 제도의 해체를 가져왔다는 것은 널리 알려진 사실이다. 이로 인해 개인을 초월한 의미 구조에서 명확한 세계관이나 자아 정체성을 더 이상 제공받지 못하는 사람들에게는, 적어도 자신의 '몸'이 신뢰할 만한 자아감을 재구성할 수 있는 탄탄한 토대를 제공하는 것처럼 보이기 시작했다는 것이다. 미셸 푸코의 말을 빌리자면 이는 '거시 권력' 곧 자신의 존재 밖의 힘에 의존하던 종래의 삶에서 '미시 권력' 곧 자신의 존재에 내재된 힘에 의존하는 삶으로의 전환을 의미한다. 그런데 왜 하필이면 '영혼'이 아니고 '몸'을 중히 여기게 되었을까? 그것은 모더니즘이 이성理性을 중히 여겼음에 비하여 포스트모더니즘은 이에 반기를 들고 감성感性을 더 중히 여기는 경향을 띠고 있기 때문이다. 감성은 바로 '몸'의 발로發露인 것이다.

이처럼 그 나름의 사정과 논리와 명분에서 생겨난 것이 웰빙 문화이지만, 다음의 몇 가지 문제점을 내포하고 있는 것으로 보인다.

첫째, 웰빙 문화는 '가진 자'들의 전유물로 자리매김되어 가고 있다는 점이다.

단적인 예로, 호텔에서 내놓은 유기농 식사, 피트니스, 마사지 등이 포함된 '웰빙 패키지'는 코스에 따라 20-80만 원을 호가한다. 서민의 한 달치 생계비를 하루 저녁의 '웰빙'이 잡아먹는 것이다. 이렇게 웰빙 문화는 웰빙 비즈니스와 맞물려 왜곡된 귀족 문화로 자리 잡고 있다. 여기에서의 웰빙은 더 이상 자신에게 충실한 긍정적 가치가 아니라 자신을 과시하기 위한 욕망의 표출에 지나지 않는다.

둘째, 웰빙이 추구하는 '몸 가꾸기'는 우리의 시선을 이 세상에 붙들어 매어 그 너머의 세계를 보지 못하게 한다는 점이다.

물론 웰빙에서도 '마음의 평화' 및 '영성'에 대하여 말한다. 그러나 웰빙은 지나치게 자연주의적인 또는 내재적인 영성으로만 치닫는다. 그 결과 초월적인 영성에 이르지 못한다. 곧 존재의 궁극적인 근거인 하느님을 발견하지 못하고 만다.

2) 요청되는 가톨리시즘

웰빙 문화를 주도하고 있는 세대는 20-30대로 알려져 있다. 공교롭게도 최근 가톨릭교회의 교세 통계에서 이 연령대는 마이너스(-) 성장을 하고 있는 것으로 나타났다. 점점 많은 젊은 층이 가톨릭교회를 이탈하여 웰빙 열풍에 동참하고 있다는 것을 쉽게 유추할 수 있는 대목이다. 가톨릭교회가 이에 대하여 대안을 마련하지 못하면 가톨릭교회는 가치·영성적으로 및 수적으로 심각한 타격을 입게 될 것이 뻔하다. 우선적으로 급한 세 가지만 언급해 둔다.

첫째, 가톨릭적 웰빙 문화를 창도하는 것이다.

막는 것은 최선책이 못 된다. 방향 전환 또는 보완을 꾀하는 것이 상책이다. 웰빙을 추구하는 것은 인간의 당연한 본능이다. 그러므로 가톨릭교회가 가톨릭적 대안을 확보해 둘 필요가 있다.

웰빙 문화가 상업주의에 끌려다니지 않도록 서민형, 공동체형 웰빙 문화를 개발하는 것도 그 한 방법일 수 있다. 이미 하고 있던 자연 친화적 먹거리 운동, 환경 운동 등을 통하여 가톨릭교회는 돈 많은 사람만 누리는 '개인주의적 먹거리 문화'가 아니라 모두가 함께 누릴 수 있는 '생태주의적 먹거리 문화'를 선도하는 것도 그 한 방안이다.

둘째, 성서적 인간관에 입각한 영육합일체靈肉合一體의 영성을 견지하는 것이다.

몸으로만 사는 것은 '반'의 삶을 사는 것이 아니라 '죽은' 삶을 사는 셈이다. 왜냐하면 몸은 질료이고 영혼은 형상이기에 이 양자의 통일체만을 비로소 인간 행위의 원천으로 볼 수 있기 때문이다. 하느님이 없는 '몸으로만의 영성'은 죽은 영성이다. 살아 있고 행복한 것 같지만 그것은 감각의 속임일 따름이다. 사도 바오로는 하느님 나라가 몸으로만의 '먹고 마시는 일'을 넘어서는 것이라고 했다. "하느님의 나라는 먹고 마시는 일이 아니라, 성령 안에서 누리는 의로움과 평화와 기쁨입니다"(로마 14,17). 영으로 하느님을 만나지 못한 인간, 곧 성령을 누리지 못하는 인간은 존재의 근거와 의미를 잃어버린 상태에 있음을 잊어서는 안 된다.

셋째, 일상성 혁명을 주도하는 것이다.

미래학자들은 21세기 소비문화의 한복판에서 점점 많은 사람이 이른바 '일상성 혁명'을 일으킬 것으로 내다본다. 일상성 혁명이란 다람쥐 쳇바퀴 돌듯한 소비 생활에서 불현듯 의미에 대한 물음을 제기하고, 강제에 의한 소비를 떠나 일상의 평범한 요소들에서 새로운 삶의 의미를 찾는 혁명적인 관점의 전환을 말한다. 실제로 현대 사회의 일상은 상업적 소비주의에 물들어 있다. 우리의 일상적 삶의 세계는 광고, 미디어, 언론에 포위되고, 범세계적으로 표준화된 생활양식(코카콜라, 맥도날드 등)을 강요받는다. 결과적으로 점점 더 많은 사람들이 소비적 일상에 대한 공허감, 소외감, 무력감을 호소하고 있다. 바로 이 지점에서 우리는 하나의 근본적인 질문을 던지게 된다. "그래서 과연 우리는 과거보다 더 의미 있는 삶을 살고 있는가?" 이런 맥락에서 소비 사회에 환멸과 염증을 느끼기 시작하는 선각자들을 주축으로 해서 '일상성 혁명'이 일어날 것이라는 예측이다. 지식과 정보, 자본과 권력을 통제하는 상업주의 프로그램에 의해 조작되는 소비적 일상을 거부하고 스스로 주체가 되어 의미 충만한 일상을 만들어 감으로써 행복한 삶을 영위하고자 하는 일상성 혁명이 일어날 것이며 이미 일어나고 있다.

무차별한 웰빙 문화가 넘실대는 현실 속에서 교회는 더 많이 소유하고, 더 많이 소비하는 만족한 돼지가 되기보다는 적게 소유하고 덜 소비하지만 더 의미 있는 삶을 사는 인간이 되도록 도와줄 필요가 있다.

일상성 혁명은 소비 문명으로부터 강요된 질서에 순응하는 수동적 삶을 거부하고 자신의 삶 자체를 하나의 예술 작품으로 만들어 나가는 창조적 작업이다.

마. 고령화

인구 '고령화' 현상은 향후 교회에 미칠 영향이 대단히 클 것으로 예상되는 까닭에 비교적 상세히 취급할 필요가 있다.

1) 현상

우리는 고령화 현상을 다음의 두 가지 차원에서 살펴볼 수 있다.

첫째, 한국 사회가 급속도로 고령화되고 있다.

노인들의 사회는 전속력으로 달려오고 있다. 유엔이 정한 기준에 의하면, 65세 이상의 노인층의 비율이 총인구의 7%가 넘으면 '고령화 사회'aging society가 되고 14%가 넘으면 '고령 사회'aged society 그리고 20%가 넘으면 '초고령 사회'super-aged society가 된다. 이 기준을 따를 때 한국은 이미

2000년 이 수치가 7.2%에 달하여 '고령화 사회'에 들어섰다. 통계청은 2003년도에 발간한 보고서 『한국의 인구 1』에서, 65세 이상 노인 인구가 2010년에 전체 인구의 9.9%, 2019년에는 14%, 그리고 2026년에는 20%를 넘어서리라고 예측했다. 실제로 2019년에 한국 사회는 이미 '고령 사회'에 진입했고, 2026년에는 '초고령 사회'에 진입할 것이라는 얘기가 된다.

주목할 것은 '고령화' 현상이 점점 가속화되고 있다는 사실이다. 1966년에 전체 인구의 3.3%였던 노인 비율의 증가세는 매우 완만하여 30여 년이 흐른 2000년에는 7.3% 수준이었지만, 이것이 14%에 이르기까지는 19년이 걸리고, 14%에서 20%에 이르는 시간은 불과 7년밖에 걸리지 않을 것이라는 예상이 이를 여실히 뒷받침해 주고 있다.

사실, 인구 고령화 현상은 이미 선진국에서 한 세대 이전부터 골머리를 앓던 사회 문제였다. 하지만 한국 인구의 고령화 현상은 속도 면에서 압도적으로 세계 기록을 경신할 전망이다. '고령화 사회'에서 '고령 사회'로 이행하는 데 걸린 기간은 그동안 세계 기록이었던 일본의 24년을 5년 정도 앞당길 것이고, '초고령 사회'로 진입하는데 걸리는 기간 역시 일본의 12년보다 5년 단축할 것으로 예상되고 있는 것이다.

인구 고령화를 가속화하는 요인으로서 한편으로는 평균수명의 연장, 다른 한편으로는 출산율의 감소가 동시에 꼽힌다. 1970년 62세 수준이었던 평균수명은 2003년 75세에 달하고 있으며, 2020년에 83세를 돌파했다. 반면에 출산율은 2021년 현재 0.92명으로 세계 최저 기록을 유지하고 있다고 한다.

'평균수명'이 연장된다고 하는데 반갑지 않은 사람이 어디 있을까? 그러나 정치·사회의 측면에서 볼 때 '고령화' 현상은 쉽게 해결할 수 없는 골칫거리에 해당한다. 전문가들은 하나같이 국가 경제의 측면에서 부양 부담이 크게 증대할 것이라는 문제점을 우선적으로 꼽는다. 특히 자력으로 '노후'를 담보할 경제력 축적이 없는 한국 사회의 현실을 감안할 때 부양 부담(복지비용, 의료비, 여가활동비 지원 포함)은 상대적으로 더욱 무거워질 것으로 전망한다. 앞으로 20-30년 동안 늘어나는 노인 관련 비용을 지불하기 위해서는 국내총생산액에서 9-16%의 비용을 추가로 지불해야 할 것이라고 한다. 이는 결과적으로 국민의 조세 부담률을 높일 수밖에 없을 것이고 그 반작용으로 상당한 조세 저항과 정치적인 갈등을 야기하게 될 것이라는 예측으로 이어진다. 두 자리 숫자의 소득 연령층이 1명의 무소득 노인을 부양하던 사회에서 불과 3-5명의 소득 연령층이 1명의 무소득 노인을 부양하는 사회로 이행하고 있는, 이 피할 수 없는 현상은 체계적인 중장기 대비책을 요구하는 도전임이 틀림없다.

둘째, 한국 가톨릭교회가 사회보다 더 빠르게 고령화되고 있다.

교세 통계를 보면 교회가 한국 사회보다 더 빠르게 고령화되고 있는 것으로 나타난다. 2012년도 평균 신자 증가율이 1.6%였음에 비할 때 60세 이상 7.4%, 80세 이상 8.3%의 신자 증가율은 가히 폭발적인 수준이라고 말할 수 있을 것이다. 이와는 대조적으로 40세 이전 전 연령층에서는 신자 수가 마이너스(-) 성장세를 보이고 있다. 결과적으로 사회 차원에서의 자연적인 고령화에다가 인위적인 고령화(고 연령층 신자 증가, 저 연령층 신자 감소)라는 요인이 교회 차원에서의 고령화를 강하게 부채질하고 있다는 이야기가 된다.

이러한 가톨릭교회의 신자 고령화 현상은 불행하게도 개신교보다 심각할 만큼 빠르게 진행되고 있는 것으로 나타나고 있다. 근래 한국갤럽의 조사에 의하면, 종교 내 청년 인구(18-30세) 비율에서 개신교는 46%대에 육박하고 있으나 천주교는 19%대에 그치고 있다(한국갤럽, 『한국인의 종교와 종교의식』 참조). 참고로 불교는 33%대로 나타났다. 이는 향후 몇십 년 후의 종교인 분포에서 가톨릭 신자 비율이 개신교 및 불교와 비교할 때 오늘날의 상황보다 훨씬 악화될 것임을 그대로 예시해 주는 불길한 숫자가 아닐 수 없다.

그런데 교회 현장에서 관찰되는 신자 활동의 실제 현황은 통계보다 더욱 심각한 것으로 나타난다. 미사 참례 신자의 분포를 봐도 그렇고 단체 활동 신자 숫자를 비교해도 고령자 비율이 눈에 띄게 부쩍 늘고 있는 추세이다. 게다가 유아 영세율의 저조, 첫영성체율의 급격한 하락, 초중고 주일학교 운영난, 두 쌍 중 한 쌍에 이르는 신혼부부의 이혼율에 기인한 조당자 급증 등은 40대 미만의 활동 신자가 어느 정도 급감하고 있는지를 여실히 드러내 주고 있다.

우리는 여기서 잠깐 '고령화' 현상이 어떤 것인지 경각심을 갖기 위하여 서구 교회의 고령화 현상에 눈을 돌릴 필요가 있다. 서구 교회는 수십 년 전부터 고령화라는 중병에 시달리고 있다. 주일 미사에 오는 신자 가운데 대부분이 고령자들이다. 60대 신자는 팔팔하게 일해야 할 '젊은 층'에 속한다. 사제들의 연령층 역시 역삼각형으로 분포되어 극소수의 젊은 층이 교회의 미래를 떠받치고 있는 실정이다. 수녀원은 대부분 수녀님들을 위한 '양로원'으로 쇠락하고 있다. 한마디로 고령 신자들이 빠지면 유럽 및 미국 교회는 더 이상 할 일이 없어질 판이다. 아예 교회 자체가 초고령화되어 '골다공증'과 '무기력증'에 시달리고 있다. 심지어 어떤 이들은 교회 자체의 죽음과 장례식을 언급하기도 한다. 무에서 유를 창조하셨고 죽음에서 소생하는 부활의 기적을 이루신 하느님께 대한 전폭적인 믿음이 없이는 아무도 교회의 미래를 낙관하지 못하는 것이 오늘날 고령화된 서구 교회의 모습이다.

2) 요청되는 가톨리시즘

고령 사회는 10년, 20년 후의 피할 수 없는 현재이다. 그동안 한국 사회에는 부모에 대한 효孝나 노인 공경恭敬의 전통이 강하게 남아 있어서 고령 사회의 문제를 개인이나 가정의 차원에서 무마해 온 면이 없지 않다. 하지만 오늘날 고령 사회의 문제는 서구 선진국들의 선례를 따라 점점 국가 차원의 경제·사회·문화 정책으로 풀어야 할 과제로 인식되고 있다.

교회는 이런 시대적 상황을 고려하면서 가톨릭적 대안을 모색해야 한다는 요청에 직면해 있다. 이와 관련하여 크게 세 가지를 언급할 수 있다.

첫째, '젊은 피'를 수혈하는 데에 총력을 기울이는 것이다.

자연의 법칙은 냉엄하다. 그 어떤 것도 생로병사의 자연적 과정 안으로 들어가면 예외가 되지 않는다. 일단 노화의 과정에 진입하면 그다음 순서는 병들고 죽는 것이다. 교회 구성원의 고령화 현상 역시 이 법칙에서 자유롭지 못하다. 우리는 교회 안에서의 젊은 층의 비율이 사회 안에서의 젊은 층의 비율보다 훨씬 뒤떨어지고 있고 나아가 그 감소세가 더욱 심해지고 있다는 사실을 보았다. 통계 수치도 그러하거니와 실제 활동 신자의 연령대별 분포가 가히 위기를 말해야 할 만큼 악화되고 있다는 점은 아무리 반복해서 말하더라도 지나치지 않다. 우리는 이 점을 결코 대수롭지 않게 넘겨서는 안 될 것이다. 이대로 진행되면 그다음 우리가 기다려야 할 것은 '죽음'밖에 없다.

파국을 막을 수 있는 유일한 길은 시급히 '젊은 피'를 수혈할 대책을 강구하는 것이다. 구체적인 방안은 이런 문제의식을 공유한 모든 '착한 목자들'의 거룩한 실험적 접근에 맡기고 그 원리만 언급해 본다.

그 원리란 다름 아닌 '신앙의 대물림' 원리이다. 유다교는 민족 종교라는 특성상 전도를 할 수 없다. 그럼에도 불구하고 수천 년 동안 사멸되지 않고 끄떡없이 버텨 왔다. 신앙을 대물림하는 비법이 있었기 때문이다. 그 비법은 다름 아닌 '셰마 이스라엘'(너 이스라엘아 들어라)을 목숨처럼 여기고 문자 그대로 실행하는 것이었다.

이스라엘아, 들어라! 주 우리 하느님은 한 분이신 주님이시다. 너희는 마음을 다하고 목숨을 다하고 힘을 다하여 주 너희 하느님을 사랑해야 한다. 오늘 내가 너희에게 명령하는 이 말을 마음에 새겨 두어라. 너희는 집에 앉아 있을 때나 길을 갈 때나, 누워 있을 때나 일어나 있을 때나, 이 말을 너희 자녀에게 거듭 들려주고 일러 주어라. 또한 이 말을 너희 손에 표징으로 묶고 이마에 표지로 붙여라. 그리고 너희 집 문설주와 대문에도 써 놓아라.(신명 6,4-9)

박해 시대 가톨릭교회가 존속할 수 있었던 원동력도 바로 신앙의 대물림이었다. 오늘날 가톨릭교회의 위기는 교회가 신자들에게 이 원리의 중요성을 각인시키는 데 실패했기 때문이다. 간혹 "부모들이 가정에서 자녀의 신앙 교육을 소홀히 하는 것이 문제 중의 문제다."라고 말하는 사목자들을 만난다. 옳은 말이다. 하지만 교회(사목자)에도 책임이 있다. 신자들에게 그러한 사명을 지속적으로 일깨우지 못했기 때문이다. 따라서 1차 책임은 교회에 있고 2차 책임은 신자들에게 있다고 말하는 것이 더 맞을 것이다.

모세가 엄마 요케벳의 젖을 먹으며 받았던 몇 년간의 히브리 종교 교육은 그의 핏속에 이후 약 40년에 이르는 이집트 궁중 교육의 효력을 부정할 만큼 강력하게 히브리인으로서의 신앙 정체성을 심어 주었다. 개신교에서는 '모유전도법'이라는 이름하에 엄마 품에서의 신앙 교육의 중요성을 강조하여 실효를 거두고 있다. 가톨릭교회는 "개신교를 모방하고 싶지는 않다."라며 쓸데없이 자존심을 내세우지 말아야 한다. 이 원리는 하느님께서 가르쳐 주신, 심지어 명령하시기까지 한, 탁월한 신앙 교육의 지혜이기 때문이다.

유아세례, 첫영성체, 주일학교, 견진성사 등을 꼬박 챙겨 주는 것은 '신앙 대물림' 교육 원리를 터득한 다음의 구체적인 방안일 따름이다. 그리고 결국 20-30대 신앙의 양상은 신앙 대물림 교육의 성패에 따른 결과에 지나지 않은 것이다.

둘째, 노년기의 종교적 욕구를 복음화의 기회로 삼는 것이다.

누구나 노년기에 접어들면 자연스럽게 미구에 맞이해야 할 '죽음'을 내다보면서 생生의 의미를 묻고 자신의 정체성을 재확인하는 과정을 밟는다고 한다. 그리고 여기서 종교에 대한 관심이 더욱 강해진다고 한다. 이른바 종교적 욕구가 새삼스럽게 발동되는 것이다. 교회는 이를 '복음화'를 위한 마지막 기회로 삼을 줄 알아야 할 것이다.

'복음화'는 노인들에게 구원의 선물을 제공함과 동시에 여생餘生을 행복하게 사는 데 큰 도움을 줄 수 있다. 노후란 반드시 '쉬는 것'을 뜻하지는 않는다. 더구나 과거에 비해서 10-20년 정도 더 여분의 세월이 주어지기 때문에 인생의 2모작 내지 3모작을 준비할 기회로서의 의미가 더욱 커졌다고 볼 수도 있다. 이런 가능성 앞에서 가톨릭교회는 노인들이 복음 안에서 그 동기를 발견하도록 다양하게 학습 기회를 제공하는 것이 바람직하다.

이를테면 노인대학의 커리큘럼을 보다 진취적으로 재편성할 수도 있다. 현재 교회 안에서 실시하고 있는 여러 가지 노인학교 프로그램들(예: 건강상담과 진료, 오락 프로그램, 관광, 견학, 운동, 교양 강좌 등)이 사회의 그것들과 차별성 없이 진행되고 있는 것은 반드시 복음적인 접근으로 보완될 필요가 있다. 노인들의 실존적 욕구 특히, 궁극적인 죽음과 내세에 관한 물음, 자신의 일생 경험을 통합하는 과제 등을 복음의 빛으로 조명해 줄 수 있는 프로그램이 개발·시행되어야 할 것이다.

물론, 고령자들을 복음화의 대상으로만 여기지 않고 교회 사도직의 주체가 되도록 조직화해 주는 것도 필요한 일이다. 사회에서는 은퇴가 있을

지 모르나 하느님의 사업에는 은퇴가 없다. 오히려 인생의 연륜이 복음화의 역군이 되는데 밑천이 될 수 있다. 교회는 이 무한한 잠재 역량을 활용할 방안을 모색해야 한다.

셋째, 실버 복지 사업을 더욱 확장해야 한다.

기존의 규모나 방식을 한 단계 높여서 체계성과 효율성을 갖춘 실버 복지 사업을 추진할 수 있어야 한다. 이를 위해 이미 유럽의 교회에서 다양하게 시행하고 있는 모델들을 연구할 필요가 있다. 이는 특히 전문가적인 접근을 필요로 하는 것이다.

끝으로, 노령 사회에 대한 가톨릭교회의 대안을 모색하는 데 자극이 될 만한 개신교회의 성공 사례 하나를 소개한다. 평택 소재 고덕중앙교회의 임석영 목사는 노인들을 대상으로 한 '효도 프로그램'과 '장례 문화'에 큰 관심을 가졌다. 초기 때부터 이 두 가지에만 전념한 결과 지역 주민들의 큰 호응을 얻어 10년 안에 자립하는 데 성공했다. 그 결과 신자 300명이 합심하여 2,000평 대지 위에 교회를 세웠고, 선교 단체에 매달 500만 원씩 후원하는 열심을 보인다고 한다. 굳이 이 사례를 소개하는 데는 이유가 있다. 가톨릭교회에 비교하면 신자 300명은 '고작'의 수준에 해당한다. 구성원도 대부분 노인이다. 그런데 그들이 해낸 일, 그리고 현재 하는 일은 고수익의 가톨릭 신자 3,000명으로도 해내지 못하는 규모이다. 필자에게는 하도 신선한 감동으로 다가와서 혹시 공감할 가톨릭 신자가 없을까 하여 소개하는 것이다.

1.3. 다원 문화[60]

1.3.1. 도올과 추기경

수년 전 故 김수환 추기경은 KBS에서 도올 김용옥이 맡고 있는 논어 강의 프로에 초대 손님으로 출연하셨다. 그때 『가톨릭신문』은 이를 이렇게 보도했다.

> 김수환 추기경이 그리스도교의 인간관과 공자의 인간관에 대해 2시간 동안 국민들에게 강연했다. 김 추기경은 4월 24일 오후 4시 서울 여의도 KBS 본관에서 공개 녹화로 진행된 '도올의 논어 이야기'에 특별 출연해 "공자는 하느님이 계시고 그하느님의 뜻인 천명을 알 때에 비로소 이상적 인간인 군자가 될 수 있다고 보았다."고 지적하고 "공자는 하느님을 떠난 인간은 있을 수 없고 하느님을 부정한 인간관도 있을 수 없다고 생각했다. 이 점에서 그리스도교의 인간관과 공자의 인간관은 충분히 서로를 이해할 수 있다."고 설명했다.[61]

여기서 인용된 추기경의 말씀을 잘 이해하기 위해서는 전후 맥락을 알아 둘 필요가 있다. 위 내용은 도올 김용옥의 질문에 대한 답변이었다. 도올은 다음과 같은 질문으로 추기경의 답변을 유도했다.

> 나도 신神을 믿습니다. 그러나 그 신이 인격신人格神이라는 점에서는 회의적입니다. 추기경님께서는 이 문제에 대해서 어떻게 생각하시는지 말씀을 듣고 싶습니다.

짧은 질문이었지만 숨은 의도가 깔린 질문이었다. 인격신에 대해 회의한다는 것은 유일신, 나아가 삼위일체 하느님을 인정하지 않는다는 것이며, 따라서 창조주 하느님을 부정한다는 말과 다르지 않다. 결국 도올은 이 말을 통해 이 세상은 창조된 것이 아니라 그냥 있는 것이며, 신은 따로 존재하는 분이 아니라 우주 안에 편만하게 존재하는 신성神性일 따름이라고 주장한 셈이다.

추기경께서는 이 물음에 우회적으로 답하셨다. 추기경께서는 그리스도교에서 인간의 최종 목표는 하느님과 하나가 되는 것이며 이런 점에서 공자의 천인합일 사상과 연결된다고 말씀하셨다. 또 그 일치에 이르는 길이 그리스도교에서는 '사랑'이라 하고 유교에서는 '인'仁으로 보기 때문에 서로 통하는 점이 있다고 말씀하셨다.

이러한 답변은 얼핏 들으면 도올의 질문에서 비껴간 듯이 들리지만, 실제로는 도올이 평소 주장하던 바를 포괄적으로 반박하는 논지였다. 그 까닭은 이렇다. 평소 도올은 『논어』論語 속에 분명히 형이상학적形而上學的 진술이 있음에도 일부러 이를 거부하거나 외면해 왔다. 그래서 천명天命이나 천인합일天人合一을 위한 군자君子의 노력, 그 일환으로서의 인仁의 형이상학적 의미에 대해서는 아예 일고의 가치도 없는 것으로 폄훼하였다. 자기 마음에 드는 내용만 과장되게 부각하면서 논어 전체의 틀을 왜곡한 것이다. 그런데 김 추기경님은 도올이 의도적으로 회피하던 천天, 천명天命, 인간 존엄의 천부성天賦性 등을 명백하게 언급하셨던 것이다. 이는 결국 도올의 사상에 대한 포괄적인 비판인 동시에 인격천人格天에 대한 설파인 셈이었다.

요컨대, 추기경께서는 서슬 퍼런 범신론적 무신론의 칼을 들고 빈틈을 노리던 저 논객論客을 매정하게 되받아치지 않고 포용하시면서 논박하셨다. 그리고 하느님의 대자대비하신 구원 섭리에 대한 확신에서 "인간으로서 참되게 사는 사람은 '하느님'께서 다 구원해 주신다!"라는 맺음말을 하셨다. 필자가 이해하기로 이 마지막 진술에는 분명 칼 라너의 '익명의 그리스도인' 사상이 깔려 있었다. 즉, 표면상으로는 예수를 믿지 않더라도 내용적으로 곧 삶으로 예수를 믿는 이는 누구든지 '익명의 그리스도인'이라 불릴 수 있으며, 이런 사람은 구원에서 제외되지 않을 수 있다는 사상이 바닥에 흐르고 있었다.

1.3.2. 추기경과 개신교

그런데 재미있는 것은 추기경의 이 발언을 두고 개신교계에서 두 가지 극단적으로 상반된 반응이 일었다는 사실이다.

성균관대학교에서 유학을 전공한 배요한 목사(당시 예장통합 군목)는 100분간의 토론에서 추기경께서 원숙하게 도올을 상대하셨던 점을 높이 평가하였다.

> 79세의 노령임에도 불구하고 동양고전에 대한 나름대로의 구
> 성적인 이해와 이 사회의 문제, 신앙의 문제를 연관해서 말하
> 는 그의 태도는 사회의 어른으로서의 원숙함과 진지함이 담겨
> 있었다고 평가하고 싶다.[62]

배 목사는 도올은 "이 사회에서 존경받는 어른 중의 한 사람인 김 추기경을 내세워" 자신의 이미지 관리를 하려 했던 반면에, 김 추기경께서는 "차분하고 조리 있게 그리고 때로는 유머도 섞어 가면서" 도올의 저의를 "참담한 실패"로 돌렸다고 결론지었다.

이에 반하여 일부(제발 그러기를!) 개신교 신자들은 도올과 추기경의 전체 대화에 관심을 두기보다는 추기경의 마지막 발언만 뚝 떼어 내어 이를 종교다원주의religious pluralism로 매도하였다. 이런 관점은 의학박사 차한의 『성

경으로 세상보기』(도서출판 건생, 2004)에 잘 소개되어 있다. 추기경의 발언에 대한 비판은 여기에서 그치지 않는다. 차한은 한 걸음 더 나아가 알렉산더 히슬롭의 『두 개의 바빌론』The Two Babylons을 인용하며 추기경의 종교다원주의적 발언이 단지 바빌론 신비 종교와 혼합하여 사탄의 하수인이 된 가톨릭교회의 공식 입장을 재확인한 것에 지나지 않는다고 못 박는다.

여기서 우리는 오늘날 한국 종교 문화의 한 단면을 만난다. 곧 세 가지 다른 입장이 팽팽한 긴장 속에서 공존하고 있음을 본다. 도올의 범신론적 무신론, 김 추기경 및 배요한 목사의 포괄주의적 유일신 신앙(분명히 추기경의 진술은 이 입장이다! 그리고 개신교에도 이 입장을 취하는 신학자들이 많이 있다!), 추기경의 관점을 종교다원주의로 매도하는 일부 개신교인의 배타주의적 신앙이 그것이다.

1.4. 21세기 영성 대안[63]

지금까지 '이것이 가톨릭이다'라는 제하에 취급할 수 있는 주제들을 다루었다. 하지만 이는 거대한 산맥山脈 가운데 몇몇 산, 숲, 나무들만 둘러본 격에 지나지 않는다. 마저 발을 디뎌 봐야 할 지대地帶들이 아쉬움의 눈빛을 보내오고 있다. 언젠가 또 기회가 있으려니 하는 미련을 품으면서 이제 행낭을 추슬러야 할 시점에 와 있다.

이렇게 머지않아 있을 작별을 예감하면서 마지막 행보의 발 머리를 '21세기 영성'이라는 봉우리를 향해 돌려 보고자 한다.

가. 메시지가 있다

2004년 갤럽조사에 따르면 1998년부터 2004년까지 각 종교별 교세 성장률에서 불교가 3.2%, 개신교가 0.9%, 가톨릭이 0.7%를 기록한 것으로 나와 있다. 1970년대 말 이후 줄곧 선두권을 유지해 왔음에 비할 때, 실망스런 결과라고 볼 수 있다.[64] 이런 현실 앞에서 우리는 낙심할 것이 아니라 얼른 메시지를 읽을 줄 알아야 한다. 도대체 이런 사태의 원인과 의미는 무엇인가? 그 답을 찾을 줄 알아야 한다. 곧 이런 현상 속에서 무엇보다도 먼저 심신의 안정을 갈구하는 현대인의 갈구를 읽을 수 있어야 한다는 것이다.

현대인은 한마디로 불확실한 미래를 담보받기 위하여 치열한 생존 경쟁을 하며 극도의 스트레스 속에서 살고 있다. 베트남 출신 승려 틱낫한[Thich Nhat Hanh]은 이런 현대인의 삶의 조건을 통찰하기라도 한 듯이 『화』[anger]와 『힘』[power]이라는 책 두 권을 써서 일약 세계적인 베스트셀러 작가가 되었다. 그는 『화』라는 책에서 '스트레스'에 대한 불교적 대안을, 그리고 '힘'이라는 책에서 '생존 경쟁'에 대한 불교적 대안을 제시하여, 결국 불교를 대대적으로 홍보하는 데 공헌하였던 것이다. 또 근래에 불교에서는 '사찰 체험'[temple stay]을 통하여 대중을 끌어들이는 데 많은 공을 들이고 있는 것으로 알려져 있다. 이처럼 불교 측에서는 이미 현대인의 심리적 욕구를 읽어 내어 이를 포교布敎의 계기로 삼고 있는 것이다.

심리적인 안정을 갈구하기는 가톨릭 신자들도 마찬가지이다. 그러기에 그들은 어딘가 용한 '답'이 있다는 소문이 퍼지면 이것저것 가리지 않고 그 주변을 기웃거리게 된다. 점을 치고, 무당을 찾고, 신흥 영성에도 기웃거려 보고, 명상이나 수련법도 배워 본다. 이렇게 그저 소박하게 낯선 지역에 발을 들여놨다가 마침내는 종교적 일탈로 이어지는 불행한 일이 발생하기도 한다.

그런데, 가톨릭교회는 이런 식의 신앙적 외도나 일탈을 "그러면 안 된다."라는 금령으로만 일관해 왔다. 그들이 과연 무엇을 갈구하고 있는지, 어떤 고통과 불안을 안고서 그 '해답'을 찾아 여기저기 방황하고 있는지에 대해서는 별로 헤아려 주지 못했던 것이 사실이다. 또 설령 신자들의 심리적 욕구 내지 영적 갈증을 파악하기는 했다고 해도 그에 대한 가톨릭적 해법을 명쾌하게 제공하지 못했던 것이 실제다.

이러함에 가톨릭교회의 한 사제로서 필자에게는 에제키엘 예언자를 통해 토로하시는 하느님의 애절한 음성이 매일 환청처럼 들려온다.

> 그들은 목자가 없어서 흩어져야 했다. 흩어진 채 온갖 들짐승의 먹이가 되었다. 산마다, 높은 언덕마다 내 양 떼가 길을 잃고 헤매었다. 내 양 떼가 온 세상에 흩어졌는데, 찾아보는 자도 없고 찾아오는 자도 없다. [...] 나의 양 떼는 목자가 없어서 약탈당하고, 나의 양 떼는 온갖 들짐승의 먹이가 되었는데, 나의 목자들은 내 양 떼를 찾아보지도 않았다.(에제 34,5-8)

이는 그저 2500년 전의 신탁神託이 아니다. 오늘 이 시대의 사목자들을 향한 하느님의 처절한 절규이다. 그렇다. 사목자들은 현대인들이 얼마나 영적으로 목말라 하는지 예민하게 느낄 수 있어야 한다. 교회에서 얻지 못한 치유, 위로, 평화, 행복을 찾아 '산'과 '언덕'을 헤매는 양들의 속사정을 헤아릴 수 있어야 한다. 그리고 더러 '야수'와 '들짐승'에게 물려가 이리저리 찢긴 처참한 영혼의 사정을 안타까워할 줄 알아야 한다.

나. 5가지 우선적 선택

다시 큰 그림으로 돌아가 보자. 20세기 하반기 물질의 풍요와 성공을 추구해 온 현대인들은 이것들에서 만족과 행복을 얻지 못하고 오히려 타락과 고갈을 체험했다. 현대인의 정신적 황폐 증상, 인간의 존엄성 실추, 그리고 환경 파괴 등 이 시대의 심각한 문제들이 물질의 추구로 해결되기는커녕 오히려 더 조장되었다는 사실을 뒤늦게 깨닫기 시작했다. 그래서 원하던 행복을 얻기는커녕 오히려 상처투성이인 채 정신적 공허에 시달리며 갈증만 더 심해져 갔다. 물질과 감각 생활에 대한 반작용으로 영성에 대한 굶주림을 갖게 된 것이다.

승전보를 기약하며 도도하게 전쟁터에 나갔던 용사들이 저마다들의 상처들을 안고 지친 영육靈肉을 질질 끌면서 치유와 안식, 심기일전과 재충전을 꿈꾸며 고향으로 돌아오는 모습, 그 모습이 바로 신앙생활에 기대어 보려고 교회를 찾고 있는 현대인의 모습이다.

그렇다면 가톨릭교회는 이런 처지에 있는 21세기 사람들에게 어떤 영성적 대안을 제시하는 것이 바람직할까? 관점에 따라 여러 답이 가능할 것이다. 필자에게는 다음과 같은 5가지를 우선적으로 선택하는 것이 시대의 요청이라고 보인다.

첫째, 복음 영성이다.

예수 그리스도께서 선포하시고 이루신 것은 복음으로 압축될 수 있다. 복음에서 우리는 구원, 치유, 해방, 행복 등을 만난다. 현대인의 영적 갈증에 대한 해결책은 의외로 간단하다. 복음 하나면 되는 것이다. 복음을 제대로 받아들이면, 신앙생활은 '의무'에 시달리는 부담스러운 것이 아니라 '은총' 넘치는 신나는 것이 될 수 있다.

둘째, 성체 영성이다.

예수님께서는 당신의 전 생애를 복음으로 '압축'하셨을 뿐 아니라 나아가 성체에 '담아' 주셨다. 이로써 예수님은 몸소 우리 안으로 들어오셔서 피와 살이 되어 주실 수 있게 되었다. 그러므로 성체성사를 거행하고 공경하고 관상하는 것은 시대를 초월하여 모든 그리스도인이 누려야 할 특권이라 할 수 있다.

셋째, 증거 영성이다.

열두 사도에게 증거할 수 있는 사명과 능력의 원천은 '성령'이었고, 증거의 내용은 '복음'이었으며, 증거의 완수 방식은 '순교'였다. 이 세 가지가 증거 영성의 핵심이라고 할 수 있다.

넷째, 생태 영성이다.

그리스도인 영성의 지평은 피조계 전체, 곧 우주적 생태이다. 그러기에 그리스도교 영성은 의당 생태 영성일 필요가 있다. 이는 오늘날 자연 영성을 갈구하는 현대인의 욕구에 대한 그리스도교적 대안이 되기도 한다.

다섯째, 통전 영성이다.

치우치면 결함과 왜곡에 빠지게 된다. 그러므로 지知·정情·의意·대아對我·대인對人·대신對神 등의 전반을 아우르는 영성을 지향할 줄 알아야 한다.

1.4.1. 영성 대안 – 복음 영성

가. 우도, 장발장 그리고 키에르케고르

역사 이래 최고의 횡재를 만난 사람을 꼽으라면 반드시 우도가 몇 손가락 안에 꼽혀야 할 것이다. 아니 참으로 무엇이 귀한 것인지를 볼 줄 아는 사람에게라면 의당 첫 번째로 꼽혀야 할 것이다. 촌각이 급한 상황에서 '툭' 던진 말 한마디로 천국을 약속받은 사람이 되었으니 말이다. 그는 극도의 두려움 속에서 간청했다. "예수님, 선생님의 나라에 들어가실 때 저를 기억해 주십시오"(루카 23,42). 이에 예수님께서는 누구도 예상치 않은 약속을 선언하셨다. "너는 오늘 나와 함께 낙원에 있을 것이다"(루카 23,43).

이는 인간적인 판단으로는 도저히 이해할 수 없는 용서의 선언이었으며 그런 의미에서 충격이요 파격이었다. 살인강도에게 선언된 이 파격적인 특은에 대하여 성 요한 크리소스토모^{Joannes Chrysostomus, 347~407}는 이렇게 묵상했다.

> 이 도둑이 드디어 낙원을 훔쳤구나! 이 사람보다 앞선 사람들도 일찍이 아무도 그런 약속을 받은 사람은 없었다. 아브라함도, 이사악도, 야곱도, 모세를 비롯하여 많은 예언자들과 사도들 가운데에도 그러한 약속을 받은 사람은 아무도 없었다. 그런데 이 도둑은 그들을 모두 제치고 앞서고 말았구나!

그는 하느님의 자비심이라는 틈새를 기어들어가 천국을 훔친 희대의 도둑이었던 것이다.

빅토르 위고^{V.M. Hugo}의 『레미제라블』^{Les Miserables}은 또 하나의 감동적인 이야기를 소재로 하고 있다. 빵을 훔친 죄로 19년간 중노동을 선고받은 장발장은 감옥에서 출소한 후 길을 헤매다 한 신부의 자비로 성당에서 하룻밤을 묵게 된다. 그러나 장발장은 신부가 잠든 사이 은잔을 훔쳐 어둠 속으로 달아났고, 곧 경찰에 의해 붙잡혀 성당으로 끌려온다. 그러나 신부의 반응은 누구도 예상치 못한 것이었다. "다시 오셨군요!" 신부는 장발장에게 큰소리로 말한다. "참 다행입니다. 제가 촛대까지 드렸던 것을 잊으신 모양이죠? 그것도 은이라서 족히 200프랑은 나갈 겁니다. 깜박 잊고 놓고 가셨나요?"

과오도 인정하지 않은 장발장을 용서한 이 감동적인 장면은 모두에게 잊히지 않는 장면일 것이다. 이후 촛대를 은총의 소중한 상징물로 간직한 그는 어려운 이들을 돕는 데 여생을 바친다.

두 이야기에서 우리는 무조건적인 용서의 강력한 파장에 공명하게 된다. 키에르케고르는 이 무조건적인 용서를 베풀기 위해 예수님께서 얼마나 멀고 먼 길을 오셨는지 다음과 같이 증언한다.

> 죄인에 대한 문제라면 하느님은 그냥 팔을 벌리고 서서 "이리 오라."고 단지 말씀만 하시지 않는다. 줄곧 서서 기다리신다. 탕자의 아버지가 그랬던 것처럼. / 아니다. 그분은 서서 기다리시지 않는다. 찾아 나서신다. 마치 목자가 잃은 양을, 여인이 잃어버린 동전을 찾아 나선 것처럼 그분은 찾아가신다. / 아니다. 그분은 이미 가셨다. 그 어떤 목자나 여인보다 무한히 먼 길을, 진정 그분은 하느님 신분에서 인간 신분이 되기까지 무한히 먼 길을 내려오셨다. 그렇게 죄인들을 찾아오신 것이다.

나. 복음

복음은 말뜻 그대로 '기쁜 소식', '희소식', '복된 소식'을 말한다. 복음이 진정으로 '기쁜 소식'이 되기 위해서는 '슬픈 현실'에 대한 분명한 인식이 있어야 한다. 그런데 그 슬픈 현실이란 다른 것이 아니고 죄, 그리고 그것으로 초래된 현실적 불행(고통과 죽음)에 대한 인간의 무능력을 가리킨다.

동서를 막론하고 죄인에게는 응분의 벌이 기다리고 있으며 죄인에게 미래는 곧 심판의 때요 좌절의 때일 수밖에 없다는 것이 기성 종교들의 신념이었다. 힌두교와 불교의 업보 사상이나 유다교의 상선벌악에 대한 믿음은 죄인들에게는 철퇴와 같은 것이었다. 바로 이런 슬픈 현실에서 예수님의 복음이 선포된 것이었다. "때가 차서 하느님의 나라가 가까이 왔다. 회개하고 복음을 믿어라"(마르 1,15). 복음의 의미를 분명히 하기 위하여 예수님은 선언하셨다. "나는 의인이 아니라 죄인을 부르러 왔다"(마르 2,17). 마침내 예수님은 십자가 제사를 통하여 이 복음을 온전히 구현하셨다.

그런데 복음은 은총이라는 말과 일맥상통한다. 복음은 하느님에게서 '공짜'로 주어지는 용서와 구원을 의미하는데 바로 이처럼 공짜로 주어지는 선물을 '은총'이라고 말하기 때문이다. 이를테면, 바로 복음이며 은총의 선포인 것이다.

> 목마른 자들아, 모두 물가로 오너라. 돈이 없는 자들도 와서
> 사 먹어라. 와서 돈 없이 값 없이 술과 젖을 사라.(이사 55,1)

그렇다. '돈 없이', '값 없이' 누리는 구원의 선물, 이것을 온전히 성취하기 위해서 예수님이 십자가에서 자신의 살과 피로 값을 지불하였던 것이다(1베드 2,24 참조). 이 소식을 우리는 복음이라 부른다. 이 사실 자체를 우리는 은총이라고 부른다.

다. 복음 영성

복음 영성을 우리는 복음을 누리고 복음을 나르는 영적 생활이라고 요약할 수 있을 것이다.

우선, 복음 영성은 복음을 '누리는' 삶을 말한다. 말 그대로 거저 받은 용서, 공짜로 받은 은총을 누리는 삶을 말한다. 스스로에게 정직해 볼 때, 가톨릭교회는 복음을 소홀히 여겨 왔던 것이 사실이다. 그동안 우리는 '복음화'를 말하면서 복음을 왕따시켰다. 정작 '기쁜 소식'을 전해야 할 때 의무 조항 투성이인 교리를 가르쳤고, 복음서를 윤리 도덕책으로 전락시켰고, 복음을 선포해야 하는 강론 대에서 성경 말씀보다 오히려 불경이나 논어를 인용하기를 좋아했다. 영적 상담의 자리에서는 심리학으로 복음을 대체했고, 성경 공부의 현장에서는 성경 주변 지식으로 복음 묵상을 몰아냈다. 우리는 성경보다 교회 문헌 인용하기를 더 좋아했다.

이제부터라도 복음 중심으로 살자. 그러면 신앙생활이 홀가분해지고 기쁘고 신나게 될 것이다.

다음으로 복음 영성은 복음을 '나르는' 삶을 말한다. 복음을 나르려면 오늘 이 시대를 사는 사람들의 슬픈 현실을 볼 줄 알아야 한다. 요즈음 도처에서 신음이 들려온다. 노숙자들, 실직자들, 성격파탄자들, 절망 속에서 마지막 탈출구로 죽음의 길을 찾는 이들, 착취당하는 외국인 노동자들, 탈북자들 등등 울부짖는 이들의 소리가 하늘을 찌른다. 영적 목마름의 탄식 또한 애절하다. 신자건 비신자건 평화를 갈구하고 하느님 체험을 목말라하면서 엉뚱한 곳을 헤맨다. 이들에게 필요한 것은 복음, 기쁜 소식, Good News이다. 딱딱한 교리, 읽지 않는 성경책이 아니라 만능 해결사 예수 그리스도이다. 그들이 원하는 것은 바로 해방자, 치유자, 착한 목자, 선생님, 회장님으로서 예수 그리스도이다.

이제부터라도 실존을 부축해 주는 복음을 나르자. 그러면 복음이 더욱 매력을 발산할 것이고 복음을 찾는 이들 때문에 즐거운 비명을 지르게 될 것이다.

1.4.2. 영성 대안 – 성체 영성

앞에서 '성찬의 원리', '성사', '가톨릭교회의 보고' 등의 측면에서 성체를 여러 차례 언급했었다. 이제 그 종합으로써 성체 영성에 대해 생각해 보고자 한다.

가. 성체의 원적외선 효과

좀 무리가 있을지 모르겠으나 필자는 성체조배의 은총을 원적외선 효과에 비유하기를 좋아한다. 많은 신자가 성체조배의 요령을 몰라서 별별 수를 다 쓰면서 30분이고 1시간이고를 뒤척이거나 부스럭거리는 것을 보고 좋은 대안을 찾고 있을 때 얼른 떠올랐던 영감이었다. 이후 필자는 신자들에게 이렇게 설명해 왔다.

여러분, 찜질방에 가 보신 적 있으시죠? 거기서 원적외선을 쬐며 땀을 뺄 때, 무슨 요령 같은 것이 필요합니까? 아니죠. 그냥 쬐기만 하면 되는 것이죠. 성체조배도 마찬가지입니다. '성체조배를 어떻게 하면 잘할 수 있을까?' 이런 것 고민하지 마세요. 그냥 성체 앞에 앉아 있는 겁니다. 졸음이 오면 졸면서 그냥 시간을 보내는 겁니다. 다만 딴전을 부리면 안 됩니다. 예수님이 바로 눈앞에, 코앞에 계신데 성경책 같은 거 펴 들고 책을 읽는 것은 효과적이지 못합니다. 집중이 잘 안 되어도 좋고 아무것도 안 해도 좋으니까 그냥 예수님과 함께 앉아 있다가 나온다는 심정으로 시간을 버텨 보세요. 그러면 어느새 자신의 육신, 마음, 영혼에 예수님의 현존이 삼투하게 되는 것입니다. 그러다 보면 예수 성심과 나의 마음이 하나가 되기도 하고, 상상하지 못했던 좋은 일들이 여러 가지 형태로 발생하게 될 것입니다.

그랬더니 어느 교우가 강의 끝에 남아서 필자에게 증언을 해 주었다. 그의 요지는 이랬다. 그는 어느 사제의 형이다. 여러 해 전 그는 사업 실패로 위기를 맞이하였다. 기도를 하기 위해 성당을 찾았다. 하지만 기도가 되지 않았다. 무엇을 어떻게 말해야 할지 한마디도 할 수가 없었다. 그래서 그냥 1시간가량 앉았다가 집으로 왔다. 다음 날도 또 기도해 볼 요량으로 성당을 찾았다. 그날도 무슨 힘에 압도당한 듯 입을 열지 못했다. 오기가 생겼다. 그래서 뭔가 감이 올 때까지 매일 1시간씩 성당을 찾기로 작정하였다. 이렇게 하기를 여러 해, 용케도 잘 버텨서 오늘에 이르렀다. 그런데 강의를 들으면서 돌이켜 보니, 자신이 해 왔던 것이 바로 '성체조배'라는 것이었다. 놀랍게도 기도하고 싶었던 지향이 오늘에 와서 생각하니 그대로 현실로 이루어졌다. 자신의 청원 기도는 실패했지만 어느새 그보다 더 깊은 기도인 성체조배를 몸에 익혔다는 것이 더없이 은혜로운 일이었다.

그의 말은 사실이다. 단지 1시간씩 성체가 모셔져 있는 감실 앞에 앉아 있는 것만으로도 우리의 신앙과 삶에 엄청난 변화가 생긴다.

> 어떠한 눈도 본 적이 없고 어떠한 귀도 들은 적이 없으며 사람의 마음에도 떠오른 적이 없는 것들을 하느님께서는 당신을 사랑하는 이들을 위하여 마련해 두셨다.(1코린 2,9)

나. 육화된 말씀, 성체

문득 이런 질문이 떠오른다.

> 왜 예수님께서는 성체성사를 제정하셨을까? (복음)말씀을 주셨으면 되었지, 왜 그것에 더하여 성체까지 선물로 주셨을까? 말씀으로는 족하지 않다는 예지에서였을까?

개신교회에는 이른바 카리스마 넘치는 목사님들의 설교가 있다. 신도들에게는 말씀의 은혜가 넘친다. 말씀에 대한 열정이 부족한 우리에게는 부럽기만 한 현실이다. 분명 이는 가톨릭교회에 분발을 촉구하는 저들의 장점이다.

그런데 어느 날 필자에게 깨달음이 왔다. 곧 성체가 말씀의 육화肉化요 성취成就요 구현具現이라는 사실에 불현듯 마음이 열렸던 것이다. 아무리 말씀이 좋아도 말씀은 이해를 해야 은총이 된다. 그래서 말씀의 은총은 사람마다 달리 누린다. 참으로 안타까운 일이지만 말씀이 은총이 되기 위해서는 최소한의 지능을 필요로 한다. 하지만 성체는 이미 '살'이 되고 '피'

가 된 말씀이다. 그래서 그냥 영領하기만 하면 이해력에 상관없이 우리의 살이 되고 피가 된다. 언젠가 언급했듯이 란치아노의 성체 기적은 성체가 예수님의 심장조직으로 되어 있다는 사실을 드러내 주었다. 이는 성체가 우리의 마음이 예수 성심聖心을 닮도록 해 주는 매체가 되어 준다는 점을 시사해 주고도 남는다.

그뿐만 아니라 성체는 신비한 주님의 현존이시기에 몸에 모시지 않고 그냥 그 앞에 앉아 있기만 해도 우리를 주님의 현존으로 휘감아 주신다. 그래서 필자는 이를 성체의 원적외선 효과라고 비유적으로 표현하였던 것이다.

한마디로, 성체를 통해서 우리는 육화된 (복음)말씀을 자신 안에 모시게 된다. 성체 조배를 통해서 우리는 육화된 말씀의 현존에 휘감기게 된다. 결국 성체는 말씀의 완성인 셈이다. 이는 예수님 생애에서도 드러났고 오늘 우리 안에서도 체험되는 현실이다. 예수님의 (복음)말씀은 파스카 제사('몸'과 '피'의 제헌)로 완성되었고 그 파스카 제사를 송두리째 현재적으로 담고 있는 것이 성체인 것이다. 그러기에 다음의 예수님 말씀은 그대로 우리 안에서 사실로 체험된다.

> 내 살을 먹고 내 피를 마시는 사람은 내 안에 머무르고, 나도
> 그 사람 안에 머무른다.(요한 6,56)

다. 성체의 삶

미사 끝에 사제는 "미사가 끝났으니 가서 복음을 전합시다." 또는 "주님과 함께 가서 복음을 전합시다."라고 하며 신자들을 파견한다. 이것은 단순한 끝맺음이 아니라 파견이다. 그래서 미사 전례를 통해 우리는 주님께서 제정하신 성체성사에 50% 참여하는 것이며, 성당을 나와서 내 생명을 내어 놓는 우리 사랑의 구체적 행위가 이루어질 때 나머지 50%가 완수되

는 것이라 할 수 있다.

그리스도께서 우리를 위해 생명을 내놓으셨다면 우리도 형제들을 위해
서 생명을 내놓을 수 있어야 한다. 새로운 인간으로서 또 하느님의 자녀
로서 하느님과의 결합은 형제적 인간의 결합으로 연결되어야 한다. 이 순
환적 흐름을 우리는 성체 영성이라 부를 수 있다. 이에 대하여 교회는 다
음과 같이 가르친다.

> 성체성사는 가난한 이들을 위하여 투신하게 한다. 우리를 위해
> 내어 주신 그리스도의 몸과 피를 참되게 받기 위해서는 그분
> 의 형제들인 가장 가난한 사람들 안에서 그리스도를 알아보아
> 야 한다.[65]

이러한 당위를 몸소 실행했던 이가 성녀 마더 데레사[Mother Teresa, 1910–1997]
다. 그녀 안에서 우리는 성체 영성의 전형을 만난다. 마더 데레사는 우리
에게 권고한다.

> 일할 수 있고 볼 수 있고 사랑할 수 있기 위해선 예수님과의
> 그리고 (가장 가난한 사람들과의) 성체성사적 일치가 필요합니다.

1.4.3. 영성 대안 – 증거 영성

가. 신바람 신앙이 되어야

2000년대에 들어와서 젊은 층 신자들의 교회 이탈 현상은 심각한 수준
에 이르고 있다. 2003년 말 기준 한국 가톨릭교회 교세 통계를 보면 전
년 대비 신자 연령별 증감 현황에서 40세 미만의 연령대는 모두 충격적인

수치를 드러내고 있다. 6세 이하 연령대의 신자 증감률은 −18.4%, 7−19세 연령대는 −9.1%, 20대 청년층은 −7.7%를 보였다. 특히 가장 왕성하게 활동을 해야 할 30대 청년층이 −7.2%를 기록했다. 2019년『한국 천주교회 통계』자료를 보게 되면, 2010년과 2019년의 연령별 신자 비율의 비교 상황을 살펴볼 수 있다. 0−4세의 신자 수 증감률은 −26.7%, 5−9세는 −10.8%, 10−14세는 −34.3%, 15−19세는 −35.4%, 20−24세는 1.6%, 25−29세는 7.6%, 30−34세는 −5.6%, 35−39세는 8%, 40−44세는 −6.8%를 기록했다.[66]

이러한 추세가 몇 년간 누적되면서 빚어진 결과는 참담하다. 2005년 한국갤럽 조사(한미준 한국갤럽,『한국교회 미래리포트』, 2005)에 의하면, 종교 내 청년 인구(18−29세) 비율에서 개신교는 44.1%, 불교는 35.1%를 기록하고 있으나 가톨릭교회는 16%대에 그치고 있다. 이를 절대 수치로 환산하면 청년 신자 비율은 가톨릭 1명당 개신교 7.26명, 불교 7.14명으로 나타난다. 이는 전 국민에 대한 신자 비율이 가톨릭 8.2%, 개신교 21.6%, 불교 26.7%임에 비할 때 대단히 저조한 수치인 것이다.

왜 이렇게 되었을까? 이러한 이탈 현상은 기존 가톨릭교회의 '의무' 신앙에 대한 포스트모던 세대의 노골적인 불만 표출로 해석할 수 있다. 즉, 40대 미만 층의 가치관에 비추어 볼 때 가톨릭교회가 '재미없고'(전례), '고리타분하고'(교리), '부담스럽기'(교회법) 때문에 기피한다고 보면 된다. 오늘날 소비자의 구미는 까다롭고 냉정하다. 실망하면 물건을 가차 없이 바꾼다. 더 좋은 것을 만나면 옛것을 미련 없이 버린다. 설마 설마 했다가는 큰코다친다.

그렇다면 어떻게 해야 이런 현상을 극복할 수 있을까? 필자는 가톨릭교회가 '의무' 신앙의 이미지를 벗고 '신바람' 신앙의 이미지를 구축해야 한다고 본다. 그동안 젊은이들에게는 '가톨릭'이나 '성당' 하면 먼저 떠오르는 단어가 '부담', '엄격함', '딱딱함' 등등일 것은 부인할 수 없는 사실이었다. 그러므로 가톨릭교회가 미래에 살아남고자 한다면 이런 이미지가 획기적으로 바뀌어야 한다. 이제는 '성당' 하면 생각나는 단어가 '신바람 나는', '즐거운', '웃음이 가득한'이라는 이미지가 되어야 한다. 결론적으로 종래의 '의무' 신앙이 '신바람' 신앙으로 틀 바꿈, 탈바꿈을 해야 한다.

나. 교리에서 성경으로

어떻게 해야 신바람 신앙을 일으킬 수 있을까? 여러 가지가 있겠지만 신바람 신앙은 교리 중심의 신앙 교육에서 성경 중심의 신앙 교육으로 전환될 때 비로소 형성된다고 본다. 교리 중심의 신앙 교육은 '믿을 도리'와 '지킬 계명' 등등의 방식으로 전개되기 때문에 아무래도 '의무' 지향적이었다. 하지만 성경 중심의 신앙 교육은 숱한 선배 신앙인들의 하느님 체험과 예수님 체험을 매개해 준다.

이는 하나의 주장이 아니라 현상에 대한 증언이다. 필자는 미래 한국 천주교회의 사활은 예비자 교리 교육과 신자 재교육을 위한 신바람 나는 프로그램에 달려 있다고 보고 나름대로 대안을 제시해 왔다. 이것이 과분하게도 많은 신부님, 수녀님, 교리교사들, 그리고 예비자 및 교우들에게 공감을 얻었다. 교리를 완전히 배제하지 않으면서 성경 중심 교육을 지향했더니, 형식적이고 무미건조한, 마치 엄격한 윤리 도덕을 지키듯이 신앙생활을 해 왔던 이들이 "주님은 정말 살아 계셨군요. 참으로 좋으신 분이시군요." 하고 기뻐하는 모습을 보게 된다. 또 "신앙생활이 무엇인지 이제야 알겠어요." 하고 흥분을 감추지 못하는 이들이 점점 늘어가고 있다.

다. 증거(martyria) 영성

성경은 체험의 기록이다. 그리스도교는 체험의 종교, 만남의 종교이다.

뜨거운 감동이 있는 종교이다.

욥이 환난을 겪고 있을 때 개념槪念의 하느님은 도움이 되지 않았다. 욥을 구했던 것은 체험體驗의 하느님이었다. "당신에 대하여 귀로만 들어 왔던 이 몸, 이제는 제 눈이 당신을 뵈었습니다"(욥기 42,5). 욥은 사람들에게서 하느님은 이러저러한 분이라는 것을 들어서 잘 알고 있었다. 그냥 객관적으로 '하느님' 또는 '그분'으로만 알고 있었다. 그러나 욥은 모진 고통을 겪으면서 이 하느님을 직접 만났고 체험했다. 마침내 하느님을 나의 '당신'으로 보고 느끼게 되었던 것이다. 엠마오로 가는 길에서 두 제자는 주님을 만나 뵙고 가슴 뜨거워짐을 체험하였다.

> 길에서 우리에게 말씀하실 때나 성경을 풀이해 주실 때 속에서 우리 마음이 타오르지 않았던가!(루카 24,32)

복음을 전하지 말라며 박해하던 유다인 원로회의 앞에서 베드로와 요한 사도는 다음과 같이 말하였다.

> 우리로서는 보고 들은 것을 말하지 않을 수 없습니다.(사도 4,20)

보고 들은 것이 있으니까 증거하는 것이다. 그러므로 증거는 체험을 전제로 한다. 칠삭둥이 같은 자신에게 무한한 은총을 베푸신 예수님의 사랑에 감읍한 사도 바오로는 다음과 같이 고백했다. "내가 복음을 선포하지 않는다면 나는 참으로 불행할 것입니다"(1코린 9,16). 누린 만큼 증거해야 한다는 논리인 것이다.

증거Martyria는 본래 순교를 뜻하기도 한다. 그러므로 복음 증거의 사명(마태 28,19-20 참조)은 마르티리아의 언어적 의미 그대로 고난을 견뎌 내며 기꺼이 순교하기까지 복음을 전하는 것을 의미한다. 여기서 복음은 개념이 아니고 체험을 의미한다. 따라서 복음 선포는 주장이 아니고 증언이다. 곧 예수를 그리스도로 먼저 체험한 이들이 다른 이들을 그 체험으로 초대하는 증거인 것이다.

결론적으로 증거 영성은 자신의 전 실존이 먼저 예수를 그리스도로 체험하고 그 체험을 이웃에게 나누는 영성을 의미한다. 곧 먼저 자신의 모든 의문, 문제, 욕구에 대한 답을 예수님 안에서 만나고 그 예수님을 다른 이에게 소개하는 영성을 말한다.

요즈음 많은 이들이 삶의 어려움으로 울부짖고 있다. 영적 목마름의 탄식 또한 애절하다. 신자건 비신자건 평화를 갈구하고 하느님 체험을 목말라하면서 엉뚱한 곳을 헤맨다. 이들에게 진정으로 필요한 것은 복음, 곧 기쁜 소식이다. 딱딱한 교리, 읽지 않는 성경책이 아니라 만능 해결사 예수 그리스도이다. 우리는 예수님을 해방자(루카 4,16-21)로서, 때로는 치유자(마르 1,40-42)로서, 때로는 착한 목자(요한 10,1-6.10-16)로서 증언할 수 있어야 한다.

아직도 죄와 죽음과 어둠 속에 살고 있는 세상 사람들이 기쁜 소식을 접하여 새로운 삶을 살 수 있도록 뜨거운 열정으로 복음을 증거하는 것, 이것은 시대를 초월하는 그리스도인의 본분이다.

1.4.4. 영성 대안 – 생태 영성

가. 생태가 웰빙이다

21세기 들어 전 세계적으로 불고 있는 '웰빙well-being 열풍'은 그 내용을 파고들어 가 보면 "파괴된 자연 속에서의 '자연'의 상품화"라고 압축할 수 있다. 웰빙의 주 상품들은 하나같이 무공해, 천연소재, 여유 등을 지향한다. 한마디로 자연이 최고의 상품인 것이다. 공기청정기, 정수기 등으로 대변되는 웰빙 가전제품들이 생산해 내는 것들도 말이 첨단이지 사실은 자연이 살아 있었을 때는 누구나 누리던 맑은 공기와 청정수에는 비길 수 없는 것들이다. 과거에는 가난한 이들 모두의 주거였던 황토방과 귀틀집이 오늘날에는 부자들만 누릴 수 있는 특권이 되었다는 사실이 웰빙 문화가 지니고 있는 역설이다.

요컨대, 현대인이 누리는 웰빙은 파괴된 생태에 대한 차선적인 대안이라고 할 수 있다. 진정한 웰빙은 원시 생태의 복원이라는 말이다. 곧 생태 보전이 인류의 미래를 위한 최선의 대안이요 최고의 웰빙이다.

나. 왜 생태 영성이어야 하는가?

생태 보전의 중요성을 인식한 한국 가톨릭교회는 지난 수십 년간 다각도로 환경 운동을 전개해 오면서 오늘에 이르렀다.

과거 한국천주교주교회의 정의평화위원회 산하에 환경소위원회가 있었으나, 2016년 주교회의에서 환경 문제의 시급한 현안을 고려하여 생태환경위원회를 신설하였다. 또한 전국 교구의 환경과 생태 영성 운동 단체들 대부분이 참여한 천주교 환경연대 역시 다양한 활동을 전개하고 있다. 가톨릭 환경 운동과 생태 영성 운동은 현재 전국의 거의 모든 교구에서 펼쳐지고 있다.[67]

그런데 원주교구 이동훈 신부는 이러한 가톨릭 환경 운동의 현주소를 다음과 같이 진단하고 있다.

> 지난 20여 년간의 환경 운동에도 불구하고 […] 단순히 사회운동의 부문운동 정도로 인식되는 것은 안타까운 일이다. 하느님의 피조물인 자연환경에 대한 소중함에 대해서 교회의 지도자나 신자들의 인식이 매우 부족한 것이다. […] 환경보전의 임

무가 신앙인의 본질적인 부분이라는 의식에는 크게 못 미치고 있으며, 대안을 제시하지 못한 채 생활 속의 실천에만 그치고 있는 현실이다. [...] 교회만이 가질 수 있는 특별한 영성으로 드러나는 운동이 없었다. [...] 가톨릭 환경 운동은 환경 운동을 신앙인의 본분으로 인식하는 창조 영성, 생태 영성을 진작시키는 데까지 이르게 하지 못하고 사회 환경단체의 활동과 차별성을 구현해 내지 못하였다고 할 수 있다.[68]

　이동훈 신부의 요지는 실천과 운동만 있었지 신학과 영성이 없었다는 것이다. 이런 한계는 각 교구의 환경 교육 대부분이 올바른 먹거리, 재활용, 개발 사업의 부당성 등의 실천적인 부분에만 머물렀다는 사실에서 여실히 드러난다. 결과적으로 가톨릭교회 내에서의 환경 운동은 그리스도교적이며 가톨릭적인 독특성을 갖추지 못한 채, 사회 환경단체들과 대동소이한 활동을 하는 가운데 오히려 전문성과 지속성에서 낙후된 모습을 보이며 그들에게 종속적인 처지를 면치 못하게 되었다.

　이런 상황에서 교회 내부에서는 환경과 생태 운동을 위한 신학적 성찰이 제공되고 있기는 하지만, 이것이 여전히 인간중심주의를 극복하지 못한 윤리 신학적 차원에 머무는 한계를 드러내고 있는 것이 현실이다. 이런 이유로 이동훈 신부는 '가톨릭 환경 운동의 방향'은 기본적으로 '생태 영성 운동'이 되어야 한다고 주장한다.

다. 생태 영성의 지평

　그러면 우리는 어떤 지평에서 생태 영성을 도모하여야 할까? 한마디로 요약한다면 생태 영성은 환경 문제를 우주 차원의 하느님의 집안 인식에 근거한 "하느님의 생명 공동체의 연대와 구원"의 전망에서 접근하는 것을 요청한다.

주교회의 정의평화위원회 위원장이었던 故 최기산 주교는 2005년 6월 5일 환경의 날을 맞아 발표한 담화에서 시의적절하게 생태 영성의 중요성과 방향에 대하여 언급했다. 담화문을 따르면 생태 영성은 먹거리 문화에서부터 국가 농업 및 환경 정책 그리고 그리스도인의 생활양식을 아우르는 통전적 지평을 견지해야 한다. 이런 맥락에서 우리는 생태 영성이 포괄해야 할 과제를 다음과 같이 요약할 수 있다.

첫째, 생태 영성은 그리스도교 영성 전통 안에서 생태 영성의 역동성을 확인하는 일이다.

곧 구약성경과 신약성경, 그리고 2000년 가톨릭 역사에서 형성된 영성과 신학과 사목 전통들을 존중하면서 한국 교회의 역사와 그 속에서 펼쳐진 노력을 바르게 인식하여 이를 자기의 생태 복음화 사명에 역동적으로 통합할 안목이 필요하다. 예컨대, 우리는 생태 영성을 삼위일체적으로 이해할 수 있다.

① 생태 복음화의 영성적 기초는 하느님이 하신 모든 일에 대한 신뢰이다. 하느님의 손길이 닿은 것에 생명 있고, 축복 있고, 선이 있다(창세 1장 참조).
② 그리스도인은 예수를 "생명의 영도자"(사도 3,15)로 고백한다.
③ 성령께서는 만물 안에서 구원을 향하여 역사하신다. "우리는 모든 피조물이 지금까지 다 함께 탄식하며 진통을 겪고 있음을 알고 있습니다"(로마 8,22).

둘째, 생태 영성의 일환으로 정의 구현을 위해 최선을 다하는 일이다.

생태 영성과 정의 구현은 불가분의 관계에 있다. 무공해를 찾고 이른바

'구매'할 능력을 가진 이들은 지금까지 선두에서 공해를 유발한 주역들이기 십상이다. 단적으로 말해서, 생태와 정의의 분리는 오히려 생태 정의를 왜곡시킨다. 공해 발생 주역은 자본을 축적하여 생태계를 계속해서 파괴할 자본력을 확보하는 가운데 공해를 피하여 휴가를 취할 가능성을 갖는다. 이에 비해서 공해 피해를 직접 겪는 서민은 계속해서 공해의 현실을 떠안고 살아가게 된다. 그러므로 생태 영성은 반드시 정의 구현으로 이어질 수밖에 없다.

셋째, '소박한 삶'의 실천에 앞장서는 일이다.

무절제한 소비문화가 생태 파괴의 주범임을 우리는 안다. 그러므로 그 해결책은 소박한 삶simple life이어야 한다. 이를 위한 방법은 무궁무진하다. 최근 범종교적으로 실시하는 음식물 쓰레기 안 남기기 운동은 그 한 가지 예에 지나지 않는다.

생태 영성의 알파요 오메가인 명제는 생명이다. "나는 양들이 생명을 얻고 또 얻어 넘치게 하려고 왔다"(요한 10,10).

1.4.5. 영성 대안 – 통전 영성

가. 정의 구현 사제단과 사제 다락방 기도모임

근래 한국 가톨릭교회를 대표하는 것 가운데 '정의 구현 사제단'이 꼽히지 않는다면 그것은 정의롭지 못한 일일 것이다. 정의 구현 사제단이 1970년대부터 오늘에 이르기까지 정치적-사회적 민주화를 위해서 기여한 공로를 우리는 결코 과소평가할 수 없다. 이 시대의 젊은이들은 자신들이 만끽하고 있는 자유가 '당연히' 주어져 있는 것으로 여기겠지만, 이런 자유를 획득하기까지는 정의 구현 사제단을 위시한 민주화 인사들의 의로운 투신과 희생이 중추적인 역할을 해 왔음을 기억해야 한다.

그런데 우리는 같은 시기에 '사제 다락방 기도모임'이라는 것이 있었음을 별로 인식하지 못한다. 이 모임은 '마리아 사제운동' 회원 사제들이 교구 단위로 모여서 사제 성화 및 인류(특히 죄인들)의 구원을 위해 기도·희생·보속을 대신 바쳐 주는 것을 주된 목적으로 삼는다.

여기서 진지한 물음이 하나 생긴다. 그렇다면 두 모임은 전혀 색깔이 다른 단체라고 보아야 할까? 정반대 노선을 가고 있다고 보아야 할까? 만일 그렇게 본다면 우리의 영성은 아직 '반쪽' 영성에 지나지 않을 것이다. 우리는 두 단체가 서로 유기적으로 연결되어 있으면서 상호 보완하고 있음을 볼 줄 알아야 한다. 정의 구현 사제단의 활동에서 영험한 권위가 묻어 나올 수 있던 데에는 뒤에서 기도해 준 사제 다락방 기도모임의 내조內助가 있었기 때문이다. 역으로 사제 다락방 기도모임의 기도 지향이 성취되는 과정에는 정의 구현 사제단의 외조外助가 필요하다.

그러므로 우리는 전체를 볼 줄 알아야 한다. 사목에서도 그렇고 영성생활에서도 그렇다. 곧 우리에게는 통전적 안목integral perspective이 필요하다.

나. 영성(spirituality)에 대한 올바른 이해

오늘날 그리스도인들이 '영적이다'spiritual라고 말할 때, 이 단어는 불행한 결과를 가져올 수 있는 몇 가지 함의를 지니고 있는 것으로 이해된다. 곧 '영적인'이라는 말은 흔히 '세속적인'mundane, '물질적인'material, 또는 '육체적인'embodied의 반대말, 나아가 '현세적인'temporary의 반대말로 사용되는 경향이 있다. 그래서 영성spirituality은 거룩하고, 비물질적—비육체적이며, 내세 지향적인 태도로 하느님께 접근해 나가는 것을 의미하는 것으로 치부되고 만다.

하지만 성경은 '영적이다'라는 말을 보다 폭넓게 이해한다. 즉, '영적이다'라는 말은 성령이 내주內住하는 사람으로 사는 것(로마 8,9; 1코린 2,14-15 참조)을 의미한다. 이 말은 성령께서 모든 피조물 안에서 신음하고 계시며(로마 8,22 참조) 인간 실존의 심층에서 "양심"(로마 9,1)안에 살아계시며 말할 수 없이 '깊은 탄식'으로 기도해 주신다(로마 8,26 참조)는 사실을 상기할 때 매우 폭넓은 지평을 얻게 된다.

결론적으로 우리는 영성을 '성령을 통해 우리 안과 우리 주변에서 실제적으로 임재하시는 삼위일체 하느님을 경험하고 그에 대해 응답하기 위하여 삶을 영위하는 태도'라고 정의할 수 있겠다. 그러므로 올바른 영성은 안과 밖, 영과 육, 성聖과 속俗, 현세와 내세를 구별 없이 아우를 때 가능해지는 것이라 할 수 있다.

그렇다고 여기서 우리는 단일론Monism에 빠져서는 안 된다. 성령께서 무소부재ubiquitous한 것은 사실이지만 모든 것이 성령의 역사로 동일시되어서는 안 된다는 말이다. 성령께서 에너지 또는 기氣의 양태로 삼라만상 안에 서려 있지만 모든 '에너지'와 모든 '기'가 성령인 것은 아니라는 말이다.

다. 통전 영성의 성찰 도구

과연 우리는 어떻게 우리의 영성을 통전적으로 꾸려 나갈 수 있을까? 미국 가톨릭교회 단체인 '영성과 정의 센터'의 아이너 쉐어Einor Shea와 존 모스틴John Mostyn이 이를 돕는 훌륭한 성찰 도구를 제공해 주고 있다. 이들은 이를 '경험 도해'Experience Cycle라 부른다.[69]

이 경험 도해는 세 개의 동심원들이 정확히 네 영역으로 나뉘어 사분원四分圓을 이루는 형태로 그려져 있다. 여기서 사분된 영역은 인간 존재의 네 차원을 나타낸다. 곧 내면적intrapersonal 차원, 인간 상호 간의interpersonal 차원, 구조적인systemic 차원, 그리고 환경적인environmental 차원을 표시한다. 그리고 네 개의 동심원들은 영적 식별의 여러 차원을 나타낸다. 그림의 중

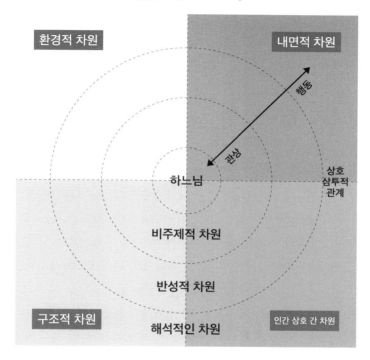

〈경험 도해experience cycle〉

환경적 차원

내면적 차원

영향

관상

하느님

상호 삼투적 관계

비주제적 차원

반성적 차원

구조적 차원

해석적인 차원

인간 상호 간 차원

심에 하느님이 있고 안에서부터 밖으로 나오면서 비주제적인non-thematic 차원, 반성적인reflective 차원, 해석적인interpretive 차원 등이 배속되어 있다.

이 도해를 유익하게 활용하려면 다음을 유념할 필요가 있다.

① 하느님은 모든 경험의 깊이이기 때문에 이 그림의 중심에 존재한다.
② 영성의 목표는 우리가 성령(그리스도 안에 있는 하느님의 생명)의 현존과 활동을 인식하고 그에 응답하도록 하는 데 있다.
③ 이 도해에서는 기본적으로 칼 라너의 '동시성의 원리'라는 신학적 입장을 따라 인간 존재의 여러 차원이 서로 삼투하면서 통해 있다고 본다. 이들은 따로따로 독립된 차원으로 존재하지 않고 상호 연관되어

있는 방식으로 존재한다는 것이다. 그런데 모든 인간은 이 네 가지 차원 안에 동시에 존재하지만, 우리의 의식은 본성적으로 어느 한 시점, 한 차원에 묶여 있을 수밖에 없다는 것이다. 그러므로 인간 삶 속에 역사하시는 성령의 활동을 식별할 때는 한두 차원에 초점을 맞추는 것이 바람직하다는 얘기다.

④ 각 존재의 차원에서 이루어지는 체험에 대한 식별은 '비주제적인' 것 (깊은 경험을 할수록 주제화하기가 어렵다!)에서 시작한다. 우리가 이 경험에 관심을 기울이고 그것에 이름을 붙이고 반성해 보는 순간 우리는 새로운 차원의 의식, 곧 '반성적' 의식에 도달한다. 마침내 우리는 그것이 우리 삶에 제공하는 의미를 발견함으로써 '해석적' 의식에 도달하고 이제 이와 관련된 모종의 결단을 내리며 적절한 행동을 취하게 된다. 이 일련의 과정을 우리는 영성 형성spiritual formation이라 부른다.

좀 생경한 개념들이지만 가만히 짚어 보면 이들은 우리가 통전 영성을 영위하는데 탁월한 성찰 도구가 되어 주고 있다. 요컨대, 이 도해는 인간 삶의 네 차원 모두에서 일어나는 성령의 활동에 관한 동시적 경험을 통해서 인간 경험의 비주제적 차원, 반성적 차원, 해석적인 차원을 구조적으로 파악할 수 있도록 한 데서 가치를 지닌다.

예컨대, 이 도해에 준할 때, 서두에서 언급된 정의 구현 사제단의 활동이 인간 존재의 '구조적' 내지 '환경적' 차원에서의 하느님 뜻의 구현으로 해석될 수 있다면 사제 다락방 기도모임의 활동은 '내면적' 내지 '인간 상호 간'의 차원에 중심을 둔 하느님 뜻의 구현으로 해석될 수 있고, 이들은 서로 독립된 활동이 아니라 상호 관통하는 동시적인 관련성 안에서 통전 영성을 형성하는 중요한 계기가 된다.

2. 본당 활성화 방안 EP-1234[70]

일반적으로 많은 본당에선 어느 본당에서 어떤 방법(프로그램)을 사용했더니 좋은 성과가 나왔더라는 소문을 들으면 그것을 곧바로 도입하려 한다. 하지만 이 접근법은 성과를 가져올 때도 있지만 보통은 성과를 전혀 가져오지 못할 때가 많다. 본당 주임신부 역량이나 신자들 자질 부족 때문이 아니다. 사목 상황이 다르기 때문이다.

실제로 한 본당에서 성공한 활성화 모델이 다른 본당에 적용될 경우 어느 경우에는 통하고 어느 경우에는 통하지 않는다는 것이 일반적 경험이다. 방법적 접근이 지니는 한계 때문이다. 방법적 차원만 흉내 내서는 진정한 본당 활성화란 불가능하다는 것이 전문가들 진단이다. 각 본당 성공 사례에 깔려 있는 그 원리들을 파악하는 것이 중요하다는 지적이라 하겠다. 이제 본당 활성화를 가능하게 하는 원인들을 분석할 때다.

2.1. EP-1234의 개념

역사적으로 성공한 교회들이 있었고 실패한 교회들이 있었다. 성공한 교회들에는 비밀이 있다. 바로 'EP-1234'다. EP-1234는 본당 활성화를 위한 마스터플랜이다. 여기서 EP는 사목 전체를 총괄하는 사목 비전을 말하고, 1234는 교회 유기체ecclesiastical organic body의 각 기관organ에 배속되는 열 가지 본당 활성화 인자factor를 말한다. EP-1234는 단순히 공허한 이론적 기획이 아니다. EP-1234는 역사적으로 그리고 세계적으로 성공한 교회들의 성공 비결을 원리적으로 종합한 사목 모델이다. 덧붙이자면 일선 사목 현장(본당 사목)에서 열매를 맺는 것으로 검증된 인자(본당 활성화를 가능하게 하는 요소들)들만을 체계적으로 집성한 모델이다.

2.2. EP-1234의 구성

EP는 복음적 사목Evangelical Pastoral의 약어다. 사목 전체를 총괄하는 사목 비전을 의미한다. 복음적 사목은 앞으로 설명될 열 가지 본당 활성화 인자들 하나하나를 복음의 원리에 의존하여 '사목적으로 돌보는 것'pastoral care 을 말한다. 그런데 이 사목적 돌봄 가운데 핵심적인 것이 복음적 비전 교육이라고 할 수 있다. 즉, 열 가지 활성화 인자들 각각을 위한 비전을 복음에서 찾아내고, 그 비전을 교육하는 것을 말한다.

1234는 교회 유기체의 각 기관에 배속되는 열 가지 본당 활성화 인자를 말하는 것으로, 크게 '토양'에 배속되는 것 하나(1), '뿌리'에 배속되는 것 둘(2), '줄기'에 배속되는 것 셋(3), '가지'에 배속되는 것 넷(4)으로 나뉜다.

구체적으로,

- ▲ 1: 교회 토양(교회 활성화를 위한 동력원)에 속하는 한 가지 요소(성령)
- ▲ 2: 교회 뿌리(영적 인프라)에 속하는 두 가지 요소(기도 영성·전 신자 은사 계발)
- ▲ 3: 교회 줄기(시스템 및 조직)에 속하는 세 가지 요소(소공동체·기능적 조직· 뉴 리더십)
- ▲ 4: 교회 가지(사명 및 열매)에 속하는 네 가지 요소(수요 중심 선포·은총의 축제·고감도 사랑·토털 서비스)를 각각 의미한다.

그래서 1234에 속하는 요소를 모두 모으면 열 가지 본당 활성화 인자가 된다. 이 인자들은 전체 교회의 유기체적 질서(토양-뿌리-줄기-가지) 안에서 서로 지원하고 열매 맺는 관계를 형성하고 있다. 결국 EP-1234는 열 가지 활성화 인자를 교회 전체 차원에서 인식하고 연결할 때 본당 활성화가 자연스럽게 따라올 수 있다는 제안이다.

이 인자들을 종합하면 교회 활성화를 위한 10계명이 제시된다.

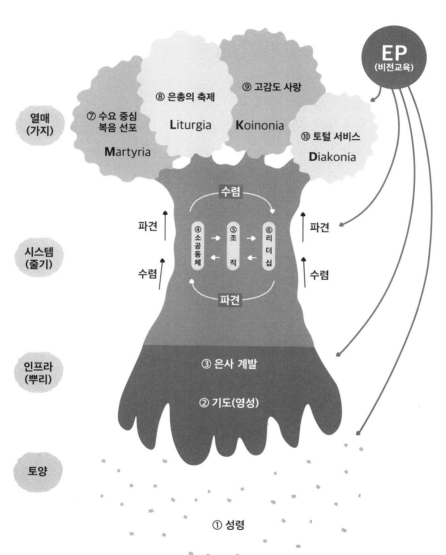

EP-1234
(본당 활성화 방안: Evangelical Pastoral)

EP
(비전교육)

열매
(가지)

⑦ 수요 중심
복음 선포
Martyria

⑧ 은총의 축제
Liturgia

⑨ 고감도 사랑
Koinonia

⑩ 토털 서비스
Diakonia

수렴

파견

파견

④ 소공동체 → ⑤ 조직 → ⑥ 리더십

시스템
(줄기)

수렴

수렴

파견

인프라
(뿌리)

③ 은사 계발

② 기도(영성)

토양

① 성령

▲ 1계명: 성령이 현동하게 한다.

▲ 2계명: 합심하여 기도한다.

▲ 3계명: 전 신자의 은사를 일깨운다.

▲ 4계명: 소공동체를 세포 조직으로 만든다.

▲ 5계명: 조직의 기능을 최적화한다.

▲ 6계명: 뉴 리더십을 발휘한다.

▲ 7계명: 수요 중심으로 복음을 증거한다.

▲ 8계명: 은총의 축제로 전례를 행한다.

▲ 9계명: 고감도 사랑의 친교를 이룬다.

▲ 10계명: 토털 서비스로 섬긴다.

2.3. EP-1234의 원리

2.3.1. EP(복음적 사목)

가. EP(복음적 사목)의 두 가지 원리

1) EP는 복음적인 것을 지향한다

EP(복음적 사목)가 견지해야 할 첫째 원리는 그 비전이 반드시 복음적이어야 한다는 것이다. 복음적이라는 말은 '예수님의 사목 정신'을 손상 없이 계승해야 한다는 말이다. EP는 '예수님의 사목'을 사목의 모범으로 삼는다. 이는 사목의 직무와 권한이 바로 예수님에 의해서 교회에 위임된 것이기 때문이다. 그래서 오늘날 교회의 사목을 성찰하고 새로운 사목적 시도를 꾀하고자 할 때 우리가 항상 반복해서 점검해야 할 것이 있다. 곧 "이것이 과연 예수님의 사목 원리에 부합하는가?" 또는 "예수님이라면 이 경우 어떻게 하셨을까?"이다.

이미 예수님은 우리에게 분명한 사목 원리를 가르쳐 주셨다. 다만 우리가 잊거나 소홀히 여겼을 따름이다. 공동체를 개척하는 원리, 공동체를 성장시키는 원리, 문제가 생겼을 때 해결하는 원리 등을 확실하게 그리고 부족함 없이 가르쳐 주셨다.

사도들은 예수님에게서 배운 대로, 예수님의 원리를 따라 교회를 세우고 사목직ministry을 수행하였다. 그들은 이를 증거Martyria, 전례Liturgia, 친교Koinonia, 섬김Diakonia으로 구별하여 통전적으로 완수하고자 하였다. 이를 우리는 그리스도인의 4대 사명이라 부른다.

제2차 바티칸 공의회는 이를 받아들이면서 그 수행하는 주체가 단지 성직자나 수도자가 아닌 '하느님 백성' 모두이어야 한다고 천명하였다. 우선 공의회는 교회를 "성부와 성자와 성령의 일치로 모인 백성"(『교회 헌장』, 4항)이라고 규정하면서 구약의 하느님 백성과의 연속성을 가진 인격적이고 역사적인 실재로서 파악한다. 따라서 하느님 백성으로서의 교회가 가진 인격성은 교회 안에 주체와 객체의 이분화된 관계가 아니라 모든 이가 주체로서 인정되는 참여와 책임의 일원적 구조를 갖고 있다. 이런 전망 속에서는 평신도, 수도자, 성직자 모두가 "사제들의 나라가 되고 거룩한 민족"(탈출 19,6)으로서 세상의 구원을 위하여 자격과 책임을 갖는다. 모든 그리스도인들은 세례를 통하여 예외 없이 함께 그리스도가 남겨 준 구원 직무(그리스도인 3직 및 4대 사명)를 책임 있게 수행해야 할 의무를 지니는 것이다.

EP는 이처럼 예수님의 사목 비전에서 출발하여 2000년 교회사를 통해 면면히 이어 온 사목적 전승에 입각하여 사목의 내용과 사목의 주제를 통전적으로 아우르고자 한다.

2) EP는 교육에 중점을 둔다

EP에서 가장 중요하게 여기는 것은 교육이다. EP는 구체적으로 복음적 비전 교육을 통하여 이루어진다. 방안 그림에서 보듯이 결국 교회 유기체는 이 교육을 통하여 생육하고 성장한다고 말할 수 있다. 그러기에 교육은 EP의 핵심이다. EP는 1234의 열 가지에 대해 체크 포인트^{check point}를 만들어, 수시로 점검하고 교육하고 반복하는 과정이다.

특히 교회가 살아남을 유일한 길은 교육이다. 교회는 재정의 열악함을 호소하며 교육비용을 아껴서는 안 된다. 교육에 투자한 것은 반드시 기하학적인 열매를 맺어 준다는 사실을 잊지 말아야 한다.

복음에 충실한 신나는 비전 교육이 제대로 이루어질 때 신자들은 교회를 떠나라고 해도 떠나지 않는다. 가만히 있으라고 해도 거리로 뛰쳐나가 복음을 외치게 되며, 사도들처럼 복음을 전하지 않으면 안 되는 충동이 일어나 복음을 전하게 된다. "우리로서는 보고 들은 것을 말하지 않을 수 없습니다"(사도 4,20).

나아가 교육을 받게 된 신자들은 복음을 전하는 기쁨에 모든 것을 봉헌하고 헌신할 줄 안다. 물론, 이 비전 교육은 교회 생활의 다른 영역을 위해서도 투신하도록 신자들에게 동기부여를 해 준다. 이런 의미에서 복음적 비전 교육 자체가 복음적 사목의 관건이며 전부라고도 말할 수 있다.

나. 공유 비전으로서 EP-1234

EP에서 비전 교육은 전 신자가 동의하는 '공유 비전'이 될 때까지 실시된다. 공유 비전이란 많은 사람들이 진실로 합의한 비전으로 구성원의 개인적 비전을 무시하지 않고 반영한다. 이러한 공유 비전은 한 개인이나 소집단이 조직에 부여한 비전, 즉 하향식으로 복종을 요구하는 비전과는 다르다. 공유 비전이 본질적인 것이거나 긍정적일 경우 사람들의 열정은 더욱 커진다.

사목자와 신자가 함께 일한다는 공동체 의식을 갖기 위해서는 먼저 반드시 공유 비전을 형성해야 한다. 지도자(=사목자)가 아무리 독려하고 노력한다 해도 추종자(=신자)들의 자발적인 참여를 이끌어 낼 수 없다면 일시적으로는 성과를 이룬다 해도 곧 한계를 드러내고 만다.

공유 비전은 다음과 같은 효과를 가져온다.

첫째, 추종자들이 용기를 낸다.

어떤 단체나 조직에서 지도자와 구성원들 간에 공유 비전이 형성되면 구성원들은 결정적인 순간에 용기를 발휘하게 된다. 지도자와 추종자 사이에 확고한 공유 비전이 형성되면 위기상황이나 결단의 순간에 모두가 두려움을 이겨내고 벽을 부술 수 있는 용기를 낼 수 있다.

둘째, 추종자들에게 동기부여를 해 준다.

어떤 조직에서 공유 비전이 형성되면 추종자 개개인에게 동기를 부여하게 된다. 그저 수동적으로 남아 있던 추종자에게 뚜렷한 목표가 생기는 것이다. 그래서 추종자는 현재의 자신이 공유 비전을 실현하는 데 어떤 역할을 할 수 있는지 되돌아보게 된다. 만약 자신의 사고방식이나 행동이 공유 비전에 동참하는 자세에서 벗어나 있다면 그는 기꺼이 기존의 사고방식과 행동 양식을 바꾸고자 노력한다. 또한 이런 자기 성찰이 공유 비전이라는 현실로 열매 맺을 때까지 지속적으로 자신을 점검하고 수정해 나간다. 그리고 더 나아가 추종자 개개인은 자신의 단점뿐 아니라 조직의 단점까지도 정확하게 파악할 수 있을 정도로 시야가 넓어질 것이다. 그렇게 되면 추종자 개인의 발전뿐이 아니라 조직의 발전으로 연결되어 조직의 역량은 더욱 강화될 것이 분명하다.

셋째, 지도자에 대한 충성심이 커진다.

추종자가 자신이 몸담고 있는 조직의 지도자를 진심으로 존경하게 되면 충성심은 저절로 우러나게 된다. 이렇게 되면 추종자는 지도자와 조직이 나아가고자 하는 방향으로 적극 따르게 된다. 그런 의미에서 공유 비전은 추종자로 하여금 지도자에 대한 충성심을 고취시킨다. 공유 비전에 동의하고 그것의 달성을 위해 노력할 마음의 준비가 되어 있기 때문에 자신들을 이끌어 갈 지도자에 대한 신뢰와 충성심은 당연히 커질 수밖에 없다.

넷째, 조직에 대한 자부심이 커진다.

어떤 조직에서나 구성원들은 자부심을 가지고 있어야 한다. 실제로 일류 기업에 다니는 직원들은 자신이 맡고 있는 일이 거창한 것이 아니더라도 일류 기업 직원으로서의 자부심을 가지고 있다.

공유 비전이 형성되면 조직원들의 자부심은 더욱 커진다. 자신들이 동의한 목표에 대한 자부심이 조직원으로서의 자부심을 증진시키는 것이다. 이런 자부심은 결국 자신감으로 이어져 능률이 더욱 극대화되는 것은 당연한 결과이다.

다섯째, 모두 일체감을 가진다.

공유 비전이 조직의 모든 구성원으로 하여금 일체감을 가지게 한다는 것은 너무나도 당연한 것이다. 결국 공유 비전이 가져다주는 일체감은 공동의 목표가 타당하다는 논리적이고 이성적인 면보다는, '우리는 하나'라는 감정적인 유대감에서 오는 일체감이기에 더욱 끈끈하고 강력한 것이라 할 수 있다.

그러므로 EP-1234는 공유 비전이 될 때까지 반복적·지속적으로 교육될 필요가 있다. 복음적 사목(EP)에서 강조하는 교육 내용은 EP 자체의 개념 그리고 1234의 개념들이 되어야 하며, 이는 반드시 모든 신자가 동의하는 공유 비전이 될 때까지 교육되어야 한다.

2.3.2. 열 가지 본당 활성화 인자: 본당 활성화 십계명

> **동력원 - 토양(EP-1)**
> 성령은 무한한 가능성의 원천이다. 예수님의 모든 구원 활동이 성령의 감도
> 를 받아 이루어진 것처럼 교회 안에서 이루어지는 모든 사목 활동도 성령의
> 현동 속에서 이루어지는 것이다. 성령은 그리스도의 구원 사건을 지금 여기
> 우리 안에서 구체화시키고 실현시키시는 분이다. 곧 그리스도의 사목을 오
> 늘의 교회에서 현재화시키시는 분인 것이다.

가. 제1계명: 성령이 현동(現動)하게 한다

복음적 사목(EP)에 있어서 교회 활성화를 위한 동력원, 즉 토양(EP-1)을 이루는 가장 중요한 요소가 있다. 그것은 바로 성령이다. 예수님의 모든 구원 활동이 성령의 감도를 받아 이루어진 것처럼 교회 안의 모든 사목 활동도 성령의 현동現動 속에서 이루어진다.

아무리 최첨단 장비를 갖춘 공장이라도 전원이 끊기면 가동되지 않는다. 교회에도 성령이 끊기면 그 순간부터 작동하지 않는다. 또 교회는 생동력의 원천인 성령으로 말미암아 탄생하고 성장하고 쇄신된다. 마치 뿌리가 없으면 나무도 설 수 없듯 성령은 교회를 이루는 뿌리다. 나무뿌리가 눈에 보이지 않듯 성령도 실제로 작용하고 있지만 포착할 수 없다. 인간이 호흡하는 공기처럼 필수적이고 바람이나 폭풍처럼 역동적이며 볼 수는 없으나 강력한 그 무엇이 바로 성령이다.

교회는 다락방에서 이 성령의 강림을 통해 탄생했다. 그리고 이 성령은 계속 교회를 세우고 교회를 수호한다. 또 교회를 성장시키는 주체가 삼위일체이신 하느님이다. 하느님은 교회 안에서 성령을 통해 활동하신다. 교회의 지속도 하느님의 영인 성령으로 보장된다. 쇄신 또한 성령의 감도로

이루어진다.

성령을 본당에서 현동하게 하는 것이 본당 활성화의 가장 기본이 되는 것도 이 때문이다. 관건은 성령께 주도권을 드리는 것이다. 이미 신자들에게는 세례와 견진을 통해 성령의 은사가 주어져 있다. 하지만 사람이 스스로 힘으로 일하려 하고 성령께 기회를 드리지 않으면 성령은 역사하시지 않는다. 이 숨어 있는 특은을 되살려야 한다. 성령의 은사를 신자 개개인이 스스로 발견하고 발휘하도록 할 때 본당 활성화를 이룰 수 있는 기초가 세워지는 것이다.

사목자 입장에서는 신자들이 그 은사를 발견하도록 도와주고 발휘하도록 독려하고 활용할 기회와 장을 마련해 줄 수 있어야 한다. 가지고 있는 성령의 씨앗이 꽃으로 필 수 있게 하는 것이다. 그 지휘봉은 사목자들에게 맡겨져 있다. 소홀히 여기면 고사하고, 귀하게 여기고 가꾸면 만개한다.

그것은 권세나 힘으로 될 일이 아니라 주님의 영을 받아야 가능한 일이다(즈카 4,6 참조). 교회의 존속과 성장에 관한 한 이 말씀은 부인할 수 없는 진실이다.

영적 인프라 – 뿌리(EP-2)
성령의 무한한 은사는 '영적 인프라'요 '뿌리'격인 '기도'를 통해서 '전全 신자 은사 계발'로 드러나게 된다. '뿌리'는 성령의 은사가 교회 조직 안으로 흘러들게 하는 통로인 것이다.

나. 제2계명: 합심하여 기도한다

기도를 통하여 신자는 성부와 성자께 대한 신앙의 관계를 형성하고 성령의 현동을 체험하게 된다. 기도는 성령께서 우리 안에 역사하시도록 하는 통로다.

기도는 교회 조직체의 영적 인프라(기초 구조)에 속하며, 또한 교회를 생명 유기체에 비유할 때 그 '뿌리'에 속한다. 성령이 지니는 무한한 가능성은 '뿌리'인 기도(영성)를 통해서 우리 안에 흡수된다.

본당 공동체에 성령의 불씨를 살려 불길을 일으키는 데 필요한 통로는 바로 기도다. 기도는 성령을 수용하는 펌프다. 기도가 없다면 아무리 노력해도 성령의 불길을 일으킬 수 없다. 탁월한 본당 사목을 위해서는 하느님의 섭리를 기대하는 믿음이 있어야 하는데, 이러한 믿음은 기도에서부터 비롯된다. 그러므로 지도자는 물론이고 신자들도 모든 일에 앞서 기도로 준비하고 하느님께 도움을 청해야 한다.

따라서 본당 공동체가 활성화되기 위해 최우선적으로 필요한 것은 개인으로 그리고 공동으로 기도하는 일이다. 실제로 교회 매체들을 통해서 소개된 모범 사례나 성공 사례를 모아 보면 많은 본당들이 기도 하나만으로도 훌륭한 성과를 올리고 있음을 알 수 있다. 미국 가톨릭 본당협의회 연구팀이 조사한 탁월한 본당들도 기도하며 깨어 있는 자세를 교회 활성화 인자로 꼽았다. 기도는 이처럼 신자들 자신과 공동체를 변화시키고 하느님의 강력한 개입을 이끌어 내기에 가장 강력한 교회 활성화 인자라고 할 수 있다.

기도는 본당 공동체에 성령의 불씨를 살려 불길을 일으키는 데 필요한 통로로 성령을 수용하는 펌프다. 사도 바오로는 테살로니카 신자들에게 성령의 불을 끄지 말라고 당부했는데(1테살 5,19 참조) 성령의 불을 끄지 않도록 하려면 기도가 필수적이다. 기도가 없다면 아무리 노력해도 성령의 불길을 일으킬 수 없다. 기도하는 사람은 하느님께 믿음을 두는 사람이다. 마찬가지로 하느님께 믿음을 두는 공동체는 기도하는 공동체다.

기도가 성령이 활동하시는 통로임을 보여 주고 또 기도를 통해 활성화된 가장 대표적 사례로 예루살렘 교회를 꼽을 수 있다. 사도들은 한마음으로 기도에 전념하였고(사도 1,14 참조) 이렇게 기도하고 있을 때 사도들에게 성령이 내려오셨으며, 그 성령에 힘입어 3,000명이나 세례를 받은 것이다. 이렇게 형성된 예루살렘 공동체는 이후 교회의 모델이 되고 있는데, 이는 이 교회 공동체가 기도 위에 서 있었기 때문이다(사도 2,42-37 참조).

기도 없이는 본당이 활성화될 수 없다. 공동체는 "언제 어디서나 성령의 인도하심을 받고 있다는 사실을 기억"[71] 하면서 그분께 문을 열어 놓고 그분이 활동하실 공간을 내어 드려야 한다. 공동체는 성령께 귀를 기울이고 성령의 도우심을 청해야 한다. 기도하게 하시는 분도 성령이시며(로마 8,15 참조) 증거하게 하시는 분도 성령이신 까닭이다. "성령께서 너희에게 내리시면 너희는 힘을 받아 예루살렘과 온 유다와 사마리아, 그리고 땅끝에 이르기까지 나의 증인이 될 것이다"(사도 1,8).

특히 개인으로든 공동체로든 모든 일을 기도로 시작하고 기도로 마치는 자세가 필요하다. 우리 모두는 아침에 일어날 때부터 저녁에 잠자리에 들 때까지 기도로 꽉 차 있어야 한다. 기도는 우리의 영적 호흡이다. 기도하지 않으면 우리의 영적 삶은 죽은 것과 다름없다. 개인도 그렇고 본당도 그렇다.

다. 제3계명: 전 신자의 은사를 일깨운다

본당 활성화 십계명의 제3계명은 전 신자 은사 계발이다. 여기서 은사란 성령의 선물을 말한다. 곧 본당 공동체 전 구성원에게 성령께서 내려 주시는 다양한 은사들을 일깨움으로써 공동체를 활성화할 수 있다는 것이다. 그러나 이 제3계명은 제2계명의 연장선에서 추구된다. 합심하여 기도하는 제2계명을 소홀히 하고서는 전 신자 은사 계발은 거의 불가능하기 때문이다.

전 신자 은사 계발은 기도와 함께 교회라는 조직의 영적 인프라(기초 구조)를 이룬다. 본당 공동체를 나무라는 유기체에 비유할 때 은사 계발은 기도와 함께 뿌리에 해당하는 인자因子다. 토양인 성령이 기도를 통해 신자들 안에서 다양한 은사로 표출되는 것이다.

초대 교회 공동체는 성령의 은사가 통상적이었다. 사도 바오로에 의하면 하느님께서 각 사람에게 다양한 성령의 은사를 주시는데, 그 은사들은 곧 지혜의 은사, 지식의 은사, 믿음의 은사, 치유의 은사, 기적의 은사, 예언의 은사, 식별의 은사, 방언의 은사, 방언을 해석하는 은사이다(1코린 12,7-11 참조). 중요한 것은 이 은사들이 공동선을 위한 것 곧 교회의 유익과 성장을 위한 것이라는 사실이다(1코린 12,7; 14,1-13.22 참조).

초대 교회 공동체와 마찬가지로 오늘에도 교회 공동체가 성장하고 발전할 수 있으려면 성령의 다양한 은사들이 공동체 구성원들에게서 계발되어야 한다. 이는 참여 민주주의 또는 참여 사회라고 하는 시대적 분위기와도 맥을 같이 한다. 따라서 전 신자 은사 계발이란 신자들이 단순히 사목 대상으로 수동적으로 신앙생활을 하는 게 아니라 교회의 주체가 되어 능동적으로 활동하도록 하는 것이다.

스티브 코비의 『성공하는 사람들의 7가지 습관』에 인용된 리브스R.H. Reeves의 우화 '동물학교'The Animal School는 은사 계발이 왜 그리고 어떻게 이루어져야 하는지를 잘 보여 주고 있다. 그 이야기는 다음과 같다.

옛날 동물들이 신세계에서 직면하게 될 문제들을 해결하기 위해 학교를 열었다. 그들은 달리기·오르기·수영·날기 등으로 교과목을 짜고 동물들 모두가 똑같은 과목들을 수강토록 했다. 오리는 수영 과목은 교사보다 잘했고 날기도 꽤 훌륭했다. 그러나 달리기는 매우 부진했다. 그래서 방과 후에도 나머지 공부를 했고 나중에는 달리기 연습 때문에 수영 수업에도 빠지게 됐다. 그러다 보니 물갈퀴도 닳아서 약하게 됐고 수영에서도 평균 점수밖에 못 받게 됐다. 토끼는 달리기는 일등으로 시작했으나 수영에 많은 시간을 할애하느라 신경쇠약에 걸렸고 다람쥐는 오르기는 뛰어났지만 교사가 맨땅에서 날아오르도록 했기 때문에 좌절에 빠졌다. 학년 말이 되자 수영은 아주 잘하나 달리기·오르기·날기는 약간만 잘하는 이상하게 생긴 뱀장어가 가장 높은 평균 점수를 받아 졸업생 대표가 됐다.[72]

이 예화는 각자의 고유한 은사를 존중하지 않으면 교회 공동체 역시 이렇게 하향 평준화에 빠지는 비극을 겪을 수밖에 없음을 일깨워 준다.

전 신자 은사 계발이란 오리는 오리로, 토끼는 토끼로, 뱀장어는 뱀장어로서 타고난 자질을 키울 수 있도록 돕고 기를 살려 주며, 그 은사들을 활용할 공간과 여지를 마련해 주는 것이다.

또한 잘하는 사목은 사목자의 특출난 능력으로 신자들을 훌륭하게 돌보는 것만을 의미하지 않는다. 정말로 잘하는 사목은 '전 신자'가 각자의 은사를 발휘하도록 깨우치고 돕고 기회를 주는 것이다.

시스템 – 줄기(EP-3)

기도(영성)를 통해 표출된 은사는 교회 조직을 통해서 통합될 필요가 있다. EP-1234에서 교회의 조직은 '시스템'으로 표기된다. 여기에는 '소공동체', '기능적 조직', '뉴 리더십' 등 세 가지 인자가 배속된다. 이들은 교회를 생명 유기체로 비유할 때 '줄기'에 해당하는 것들이다.

라. 제4계명: 소공동체를 세포 조직으로 만든다

1) 소공동체의 이해와 필요성

소공동체란 말을 모르는 신자는 거의 없다. 현재 신자들 사이에서 소공동체는 보통 반 모임 또는 구역 모임과 동일시된다.

소공동체는 다음을 지향한다.

① 규모 면에서 소수 사람들로 구성된 교회 공동체 즉 소수이기에 서로 친밀감을 느낄 수 있고 공동체에 속한 누구나 그 공동체의 주체로서

참여하게 한다.

② 단지 규모만 작은 것이 아니라 보잘것없는 이들 가난한 이들을 놓치지 않고 공동체 중심에 둔다.

③ 하느님 앞에 작은 자들 가난한 자들임을 고백하는 공동체다.

④ 가장 작은 단위 공동체 곧 가정 공동체와 이웃 공동체를 세포 조직으로 하여 이를 우선적으로 성장시킨다.

따라서 소공동체는 작고 보잘것없는 풀뿌리와 같은 이들을 공동체의 중심에 둔다는 의미를 지니며, 각자가 가진 다양한 은사에 따라 누구나 인격적 주체며 책임자로서 참여해야 하는 교회 구조라는 의미를 지닌다. 이것은 "제2차 바티칸 공의회의 교회 헌장이 제시하는 교회의 이상적인 모습을 향해 나아가기 위한 하나의 기초적인 방법론이고 과정"이라고 볼 수 있다. 이런 점에서 소공동체는 "교회의 외적인 조직보다 내적인 체질의 개선"을 위해서 요구되는 것이며, 따라서 "한국 교회가 활성화하려고 애쓰는 소공동체는 그런 교회 역사의 본류의 중심을 함께 살아가는 흐름"[73]이라고 말할 수 있는 것이다

요컨대 소공동체는 개인적이고 형식적이며 본당 중심적이고 의무 중심적 신앙생활을 공동체적이며 역동적이고 현장 중심적이며 복음 중심적 신앙생활로 변화시키는 것을 지향한다.

특히 한 가지 분명히 해 둘 것은 소공동체는 전략이 아니라 생존이라는 사실이다. 전략은 여러 가지 대안 가운데 한 가지를 선택할 수 있지만, 생존은 선택 문제가 아니라 필수적으로 가야 하는 것이다. 중대형 본당으로는 복음적 교회 공동체 모습을 구현하기가 역부족이기 때문이다.

2) 소공동체의 기능

소공동체는 세포 조직으로서 본당 조직 및 뉴 리더십과 함께 교회 유기

체의 '줄기'를 형성한다. 이 '줄기'는 '뿌리'로부터 기도(영성) 및 은사를 수렴하여 이것을 통합·조정한 후, 다시 '가지'로 분배하는 역할을 담당한다. 이 흐름 안에서 소공동체의 역할은 분명해진다.

첫째는 수렴기능이다. 곧 신자들의 기도(영성) 및 은사를 수렴하여 본당의 사목역량으로 통합시키는 일이다.

둘째는 파견 사명의 실행기능이다. 곧 사목(협조)자들에 의해 통합·조정된 본당의 사목역량을 분배·파견받아 교회의 4대 사명을 실행하는 결실을 맺는 일이다.

한마디로, 소공동체는 신자들의 영성 및 은사를 '수렴'하고 '발휘'시키는 최일선의 조직이요 세포 조직이라 말할 수 있는 것이다. 따라서 소공동체가 제대로 기능을 발휘하지 못하면 본당 공동체는 활력을 잃게 되어 있다.

그러나 소공동체는 단순히 수렴하고 전달하는 기능으로 그치지 않는다. 소공동체는 통합하는 기능도 수행한다.

우선 소공동체는 필요한 은총을 자급자족하는 기능을 담당한다. 믿음이 약한 사람은 믿음이 강한 사람들을 통해 자라나게 된다. 예수님의 약속에 대한 확신을 갖는다면, 신자들은 자신들의 문제와 소원을 소공동체에 가져와 함께 기도해 주기를 청할 것이다. 이것이 서로의 신뢰와 사랑속에서, 그리고 굳건한 믿음 속에서 이루어진다면, 소공동체가 영적 은총을 자급자족하는 장이 되는 것은 결코 이상理想이 아니라 현실現實로 나타날 것이다.

나아가 소공동체는 자율적 교육의 장으로서 하느님 말씀을 배우고 나누고 적용하고 실천하게 해 주는 탁월한 장이 될 수 있다. 또한 소공동체는 사명을 깨닫고 수행하도록 돕는 장으로서의 기능을 담당한다.

3) 소공동체의 조직화

그렇다면 소공동체를 어떻게 조직화하는 것이 바람직할까? 사실 소공동체는 평신도들의 자발적인 참여를 목표로 하기 때문에 아래로부터 자생적으로 생겨나는 것이 이상적이다. 하지만 마냥 기다린다고 생겨나는 것이 아니다. 따라서 공동체 내부에서 자발적으로 움직이도록 영감을 불어넣고 방향을 설정해 주는 조직화 과정이 필요하다. 그러므로 본당을 소공동체 중심의 구조로 만들려면, 위로부터의 적극적인 지원과 교육이 이루어져서, 아래로부터의 자율성의 기반을 마련하여 생장生長할 수 있는 분위기를 조성하는 것이 필요하다. 물론 위로부터의 개입 정도는 공동체를 이루어 나가는 구성원들의 신앙 비전 교육의 수준에 따라서 수위를 조절하는 것이 바람직할 것이다.

마. 제5계명: 조직의 기능을 최적화한다

소공동체와 사목(협조)자 사이에서 조직적인 중개 역할을 담당하는 것이 본당의 '기능적 조직'이다. 교회 유기체가 왕성한 생명력을 유지하려면 본당 조직이 효율적인 기능을 발휘할 수 있어야 한다. 하지만 많은 본당들이 기능적 조직의 문제를 심각하게 받아들이지 않는다. 기능을 수행하지 못하는 조직은 폐지하거나 개선해야 하며 본당 공동체에 필요한 기능을 수행할 조직을 계속 개발해 나가야 한다. 조직이 기능을 효과적으로 발휘하도록 구성되어야 그 조직에 필요한 은사를 가진 평신도 지도자들의 발굴이 가능하고, 지도력의 위임도 가능해진다. 본당 공동체의 조직 구조는 가능한 본당의 목표 달성을 돕는 구조가 되어야 하기 때문이다.

1) 기능 조직의 의미

조직은 세 가지 형태로 나눌 수 있다.

① 직계 조직의 형태: 직계 조직의 명령 체계는 상부에서 하부로 내려 간다. 권한과 책임이 위에서 아래로 주어지며, 각자가 직속상관의 명령을 받는 유일한 명령 계통을 갖는다. 대개 이런 형태의 조직에 서는 행동하는 사람과 생각하며 기획하는 사람, 이렇게 두 종류의 구성원이 있다.

② 구조 조직의 형태: 구조 조직 형태의 명령 체계는 상부에서 하부로 각 분과와 부서에 내려오지만, 각 분과와 부서 안에는 서로 연합하 여 팀워크teamwork를 이룰 수 있는 특성이 있다. 여기서는 각 분과와 부서 간의 상호관계를 중히 여긴다.

③ 기능 조직의 형태: 기능 조직 형태는 구조 조직 형태에서 한 단계 더 나아간 조직 형태다. 여기서는 각 단위와 분과에 자율적인 기획과 수행 권한이 어느 정도 위임되어 있다. 그러기에 구성원들이 자신들 의 목표가 무엇인지 안다. 또한 맡은 업무의 책임과 권한의 한계가 분명하다. 원하면 자체적으로 필요한 분야의 인재를 훈련시켜 일을 시킬 수 있다.

2) 기능 조직의 요건

확실히 본당 조직은 직계 조직도 아니고 구조 조직도 아니고 기능 조직 에 속한다. 이는 나중에 언급될 것이지만 교회의 조직 운영이 '교계 원리', '협의체 원리', 그리고 '보조성 원리'에 의해 이루어진다는 사실과도 합치 한다. 곧 교계 원리 일변도로 가면 직계 조직이 되고, 교계 원리와 협의체 원리만 적용하면 구조 조직이 되지만, 여기에 보조성 원리가 가세될 때는 기능 조직이 되는 것이다.

① 교계 원리: 교회의 구조 원리로서 근간을 이루는 가장 우선적인 원리다. 그런데 중세를 거쳐 제1차 바티칸 공의회 때 확립된 교계제도는 확실히 일방향적으로 질서 잡혀 있었다. 여기서는 교계직무가 신자들에게 성사 집전을 통해 구원 은총을 베푸는 일방향적인 시혜자施惠者로서 자리매김되어 있었다. 교회 공동체 안의 동등한 형제로서 '봉사'와 '섬김'은 도무지 기대할 수 없는 구조였다.

이를 다시 회복시켜 준 것이 제2차 바티칸 공의회의 교계직무관이라고 할 수 있다. 곧 이 공의회는 평신도들도 '사제직'에 불림 받았음을 명백히 천명하고 이를 '보편 사제직'이라 이름 붙였던 것이다. 이를 통해 비로소 평신도가 사제직무의 '대상'만이 아닌 '주체'로서 재천명되었다. 또한 공의회는 교계직무의 본연의 역할은 본디 교회 공동체를 위한 봉사와 섬김이라는 점을 재확인하였다. 이는 교계직무가 빠지기 쉬운 상명하복上命下服의 관행 곧 권위주의의 오류를 시정해 주는 적절한 관점의 전환이었다.

② 협의체 원리: 협의체 원리는 한마디로 신자들의 역량을 결집하여 발휘시키는 원리라고 말할 수 있다. 협의체 원리는 두 가지 차원에서 요청된다.

첫째, 협의체 원리는 '신학적으로' 요청되며 담보된다.

제2차 바티칸 공의회는 평신도를 능동적인 소명 수행의 주체로 인정하는 언급을 여러 차례 하였다.[74] 또한 1983년 『교회법전』은 다음과 같이 협의체 원리의 근거를 선언하고 있다: "모든 이들에게 개인적으로 관련되는 것은 모든 이들에게서 승인되어야 한다"quod autem omnes uti singlos tangit, ab omnibus approbari debet(제119조). 여기서 일컫는 '모든 이'는 다름 아닌 관련된 '신자 전체'를 말한다.[75] 이런 선언들은 평신도가 교회 공공 기관과 조직에 참여할 수 있다는 구체적인 언급으로 이어진다.

　둘째, 협의체 원리는 '실용적'인 요청이다.
　협의체 원리는 '참여'가 지니는 괴력 때문에도 요청된다. 참여는 두 가지 유용한 결과를 가져다준다. 우선, 참여를 통하여 공동체와의 일체감이 증대된다. 참여를 하게 되면 공동체의 일이 바로 나의 일로 다가온다. 말하자면 참여는 공동체 의식을 강화시킨다.[76] 다음으로, 참여는 '힘의 안배'를 가져온다. 공동체가 구성원의 공동 책임으로 운영될 때 공동체 직무의 책임과 임무는 각 구성원에게 고루 분배되기 때문이다. 그런데, '참여'에도 '잘못된 참여'가 있다. 자신들의 의사와 무관하게 결정된 일의 실행에만 초대되는 참여가 바로 '잘못된 참여'의 본보기다. 그러므로 과거 '형식적인 통합'은 이제 '통합적인 참여'로 일신될 필요가 있다.[77] 통합적인 참여는 공동체의 모든 성원이 교회의 유익을 위해 의견의 개진뿐 아니라 결정 과정에도 참여할 권리와 의무를 갖는다는 것을 의미한다.

③ 보조성 원리: 집단의 횡포에서 개인을, 나아가 상위 집단의 전횡에서 하위 집단을 존중하고 보호해야 한다는 가르침이다. '보조성 원리'라는 용어는 20세기 중반부터 사회윤리학자들에 의해 비로소 빈번히 사용되었지만, 이 원리는 내용적으로 오랜 그리스도교 전통에 속한다. 교황 비오 11세는 보조성 원리를 다음과 같이 언급하였다.

　개인의 창의와 노력으로 완수될 수 있는 것을 개인에게서 빼앗아 사회에 맡길 수 없다는 것은 확고부동한 사회 철학의 근본 원리이다. 따라서 한층 더 작은 하위의 조직체가 수행할 수

있는 기능과 역할을 더 큰 상위의 집단으로 옮기는 것은 불의
이고 중대한 해악이며, 올바른 질서를 교란시키는 것이다. 모
든 사회 활동은 본질적으로 사회 구성체의 성원을 돕는 것이
므로 그 성원들을 파괴하거나 흡수해서는 안 된다.[78]

보조성 원리는 관료주의적 지휘 계통과 조합주의적 독점을 바탕으로 하
는 사회적 형태와 구조를 배척하며, 언제나 하위 집단과 중간 집단의 기
본적 권리와 역할을 강조한다.[79] 종합하면, 보조성 원리는 본래 개인이나
하위 조직의 자율적인 존재 성취를 위한 권리를 보장하고 집단이나 상위
조직에 대해서는 이를 '보조적'으로 지원해 주어야 한다는 의무를 규정하
는 원리다. 교회 조직 및 운영의 차원에서 말한다면 어떻게 교계 원리가
협의체 원리를 인정하고 지원할 것이냐에 초점을 두고 있다는 것이다.

그러나 여기서 한 걸음 더 나아가 보면 개인이나 하위 조직이 자신의 자
율적 존재 성취 권리를 인정받는 가운데 집단이나 상위 조직에서 보조적
인 지원을 받는 것을 기대하고 받아들인다는 것은 집단이나 상위 조직이
갖는 위계적 권위를 인정하는 것을 전제했기 때문이다. 그러므로 보조성
원리는 교계 원리의 협의체 원리에 대한 하향적 영향력을 규정할 뿐만 아
니라 협의체 원리의 교계 원리에 대한 상향적 영향력도 규정한다고 볼 수
있다. 이런 이유로 보조성 원리는 교계 원리와 협의체 원리의 매개 원리
가 된다고 할 수 있는 것이다.

3) 어떻게 기능 조직을 최적화할 것인가

교회 구조 원리의 세 가지가 무리 없이 조화를 이루도록 하려면 보조성
원리가 제대로 기능을 해야 한다. 소공동체 운영에서 본당신부가 주의 깊
게 배려할 일은 자신과 소공동체, 사목협의회와 소공동체 사이에 보조성
원리가 잘 반영되도록 하는 일이다. 즉 지시, 명령, 훈계 등의 하향식 사

목을 지양하고 보고, 결재 등에 치중한 업무 추진 방식으로 불필요한 간섭을 하지 않도록 사목협의회를 이끌어 줄 필요가 있다. 이를 위해서 다음과 같은 실행 원칙들이 존중되어야 할 것이다.

① 단위 소공동체의 자율권을 가급적이면 충분히 보장한다. 소공동체는 자치 교회로서 인정받을 필요가 있다. 본당 공동체와 연대성을 유지(=교계 원리에 충실)하는 선에서 재정, 활동 계획, 선출 등에 자치권을 행사할 수 있도록 지원해 주어야 한다.

② 반, 구역, 지역, 공동체 분과, 사목협의회 등 각각의 차원에서 협의체적으로 수렴되고 결정된 사안을 각각의 상위 조직 차원에서 잘 수용할 수 있도록 대변·중재하는 기능이 올바로 발휘되어야 한다. 이를 위해 제도적인 의사소통 장치를 마련해야 한다.

③ 범본당 차원의 결정(교계 원리)을 간섭이나 지시로 오해하지 않도록 구역·반조직의 중재가 효율적으로 이루어져야 한다.

바. 제6계명: 뉴 리더십을 발휘한다

본당 조직에 가장 결정적인 영향을 끼치는 것은 사목자이고 그 영향력을 극대화해 주는 것이 '리더십'이다. 교구에 따라 사제 1인당 1,300명에서 1,800여 명(2019년 말 기준)의 신자들이 달려 있는 한국 천주교회 거의 모든 본당의 사활은 사제의 리더십에 달려 있다.

이 시대가 원하는 사목자는 독불장군으로 혼자 열심히 일하는 사목자가 아니다. 평신도들의 영적 잠재력을 발견하고 비전을 주고, 할 일을 주고, 적절한 권한을 위임하는 사목자다. 그러므로 사목자에게 리더십은 필수적이다.

EP-1234에서 요청되는 리더십은 '뉴 리더십'이다. 이는 '새로운 리더십'이라는 의미로서보다는 과거 리더십과 차별화되는 전문용어로서 '신개념 리더십'이라는 의미가 더 크다. 여기서는 그냥 '뉴 리더십'으로 명명하기로 한다. '뉴 리더십'은 '소공동체', '기능 조직'과 함께 교회 생명 유기체의 '줄기'에 배속된다.

1) 뉴 리더십의 정의

새 시대가 요청하는 뉴 리더십은 다음의 세 가지로 정리된다.

① '공동참여형 리더십'이어야 한다. 지도자가 스스로를 '동반자'로 여기며 자신의 리더십을 분담하려는 의지를 지녀서 주체 의식과 참여 욕구가 높은 공동체 구성원들과 함께 공유 비전을 추구하는 리더가 되어야 한다. 그리하여 교회 조직을 협의체적으로 관리·운영할 수 있어야 한다.

② '조정자형 리더십'이어야 한다. 다원적 사고와 개성이 강한 새로운 세대의 의식 구조 성향을 지닌 교회 구성원들과 함께 공동체를 꾸려 나가기 위해서 교회 지도층은 다양한 이해관계와 사고방식의 중재자요 조정자로서 지도역량을 발휘할 수 있어야 한다.

③ '개척자형 리더십'이어야 한다. 급변하는 시대 상황에서 지도자가 새 시대 변화에 유연하게 대응할 줄 아는 개척적인 리더가 되어야 한다는 것이다. 시대의 흐름 속에서 신자들의 파견 소명과 은사를 일깨우고 독려 내지 조산助産해 주는 역할을 수행할 수 있어야 한다.

여기서 우리가 짚고 넘어가야 할 것은 흔히 말하는 '민주화'의 절대 논리에 빠져서도 안 된다는 점이다. 교회는 그것보다 더 상위 개념인 시노드synodus의 길을 가야한다. 즉, 교회 지도층에 대한 존중(교계 원리), 신자 참여권의 존중(협의체 원리), 이 양자의 원활한 조화(보조성 원리)가 어우러진 동반 여정의 길을 가야 하는 것이다.

2) 뉴 리더십의 역할
뉴 리더십을 지닌 사목자는 두 가지 역할을 수행한다.

① 구심적 리더십
본당신부는 일치의 표상이 되어야 한다. 본당신부는 스승이요 사제요 목자인 자신들에게 맡겨진 신자들과 본당 공동체가 "교구와 전체 교회의 일원임을 스스로 느낄 수 있도록"(『주교 교령』, 30항) 첫째로 주교와의 긴밀한 연결과 동료 사제들과의 유대 관계로 교계 원리(수직적 콤무니오)를 통한 일치를 표상적으로 드러내야 하고, 둘째로 신자들끼리의 일치를 위해서도 힘을 씀으로써 협의체 원리(수평적 콤무니오)를 통한 일치를 이루어야 한다. 이런 의미에서 요청되는 본당신부는 '일치의 중재자'다.

본당신부는 신자들의 은사를 조직적으로 수렴하여 통합·조정해야 한다. 특히 소공동체와 기능적으로 가동하는 본당 조직을 활용하여 이 임무를 원활히 수행할 수 있어야 한다. 이런 의미에서 요청되는 본당신부는 전 신자 은사 계발을 위한 '격려자'요 '수렴자'요 '조정자'다.

아울러 본당신부는 최종 책임권자로서 공동체에 지도력을 행사해야 하는 직무를 맡는다. 교회의 조직·관리·운영은 사목직무의 아주 중요한 부분이다. 이런 의미에서 요청되는 본당신부는 '지도자'요 '통솔자'다.

② 원심적 리더십

신자들이 능동적으로 파견 사명을 다할 수 있도록 독려해 주는 역할이다. 이것은 본당이 지역 사회를 중심으로 활동하여 수행해야 하는 4대 사명과 관련된다. 이런 의미에서 요청되는 본당신부는 파견 사명의 '독려자'요 '추진자'다.

신자들이 사회 속에서 그리스도인답게 살아갈 수 있도록 신앙 역량을 함양시켜 주는 역할이다. 이런 의미에서 요청되는 본당신부는 '교육자'다.

신자들이 다양한 카리스마를 발휘할 수 있도록 격려하는 역할이다. 사제는 신자들에게 일을 지시하거나 맡기지만 말고 그들이 각자의 카리스마(재능)를 발휘할 수 있도록 자유를 허용하고 장場을 마련해 주는 한편, 이들이 다른 이들과 공조를 이루면서 자발적이고 주도적으로 일을 추진할 수 있도록 용기를 주는 것도 필요하다(「교회 헌장」, 37항 참조). 이런 의미에서 직무자는 신자들을 위한 '산파'요 '격려자'다.

3) 교회의 리더에게 필요한 3C

교회의 리더는 다른 영역의 리더와 비교할 때 특별한 자질을 필요로 한다. 교회는 군대나 회사와는 전혀 다른 사회 형태에 속한다. 교회는 이익사회Gesellschaft가 아닌 공동사회Gemeinde다. 동시에 교회는 내재성Immanenz을 넘어서는 초월성Transzendenz을 지니고 있기도 하다. 이런 고유성에 부합하는 리더가 되기 위해서는 다음의 3C가 요청된다.

① Character(인격)

교회의 리더는 세상의 리더와는 다르다. 그래서 지배보다는 섬김, 명령보다는 모범을 요구받는다. "여러분에게 맡겨진 이들을 위에서 지배하려고 하지 말고, 양 떼의 모범이 되십시오"(1베드 5,3). 따라서 '인격'을 갖추지 못하면 교회의 리더가 될 수 없다. 성경이 꼽는 교회 지도자의 인격은 성실, 열정적 신앙, 겸손, 온유, 인내와 사랑 등이다. 이러한 인격은 하느님께 대한 강한 믿음에서 우러난다.

② Charisma(은사)

교회에서의 리더십 자체도 성령의 은사이다. 왜냐하면, 교회의 여러 직책들이 모두 성령의 은사이고 그것을 수행할 능력은 철저히 성령에게서 오는 것이라 할 수 있기 때문이다.

따라서 교회 안에서의 리더십은 다분히 영성과 관련이 있다고 말할 수 있다. 결국, 교회에서의 리더십을 강화하기 위해서는 훈련보다도 기도를 더 필요로 한다는 얘기가 된다. 누구든지 훌륭한 리더가 되려면 기도하는 사람이 되어야 한다.

③ Competence(능력)

교회의 리더 역시 일반적인 리더에게 요구되는 자질을 갖추고 있어야 한다. 리더에게는 결정력decisive competence, 조직력organized competence, 비전력visionary competence, 고무력inspiring competence 등이 요청된다.

EP-1234 모형도에서 뉴 리더십은 생명 유기체의 기둥 중심에 위치한다. 뿌리로부터 양분(성령, 은사)이 흡수되면 이는 소공동체와 본당 조직을 통해 뉴 리더십에로 수렴·통합되고 이는 다시 역순으로 해서 가지에로 분배·파견되어 열매를 맺게 된다. 바로 여기서 뉴 리더십의 중요성이 크게 부각된다. 뉴 리더십이 기능을 상실하고 정체되면 거의 모든 것이 작동을 멈추게 된다. 그만큼 영향력이 크다고 말할 수 있다.

> **열매(가지)(EP-4)**
>
> 소공동체, 기능적 조직, 뉴 리더십의 세 가지 조직의 요소에 의해 수렴, 통합, 조정된 전 신자들의 기도(영성)와 은사들이 이제 사목일선에 분배되고 파견되어 열매를 맺는 단계에 이른다. 교회 차원의 성령 은사의 열매는 복음 선포 Martyria, 전례Liturgia, 친교Koinonia, 섬김Diakonia 네 가지로 결실을 맺는다. 21세기 시대적 여건 속에, 21세기형에 맞게 우리는 이 네 가지 결실을 다음과 같이 이름을 붙여 취급할 수 있다. 바로 수요 중심 복음 선포, 은총의 축제, 고감도 사랑, 토털 서비스다.
>
> 여기서 신자들은 각자 받은 은사에 따라 네 가지 사명을 수행하는 주체로 파견받게 된다. 곧 각자의 은사에 맞게 신자들은 선교일선으로, 혹은 전례로, 혹은 친교로, 혹은 봉사로 불림 받게 된다. 물론, 이를 총괄적으로 지휘하는 것은 소공동체-본당 조직-뉴 리더십 라인이다.

사. 제7계명: 수요 중심으로 복음을 증거 한다

전 신자의 은사를 통합·조정하여 분배·파견하게 될 때 맺어야 할 첫 번째 결실로 복음 선포의 사명이 꼽힌다. 성공적인 복음 선포를 떠나서는 교회 공동체의 성장이나 활성화를 논할 수 없다. 이는 시대를 막론하고 교회의 존재 목적에 속하는 것이기 때문이다. 이제 '수요 중심 복음 선포'를 원리적으로 알아보도록 하자.

1) 복음 증거Martyria의 사명

복음 증거는 본래 순교, 증거를 뜻하는 용어다. 사도들이 복음 증거를 교회의 첫 번째 사명으로 꼽은 것은 복음 증거가 예수님의 지상 명령이기 때문이다(마태 28,18-20 참조). 또한 복음 증거는 '그리스도인'으로 불리게 된 이유가 말해 주듯이(사도 11장 참조), 그리스도인의 정체성의 '기원'이고, 다른 모든 사명의 '시발점'이다. 따라서 우리는 아직도 죄와 죽음과 어둠 속에 살고 있는 세상 사람들이 기쁜 소식을 접하여 새로운 삶을 살 수 있도록 뜨거운 열정으로 복음을 전해야 한다.

그런데 복음을 증거할 때 교황 바오로 6세가 1975년『현대의 복음 선교』에서 표명한 통전적인 전망을 놓쳐서는 안 될 것이다.

> 교회는 복음화가 인류의 모든 계층에까지 기쁜 소식을 전해 주며, "보라 내가 모든 것을 새롭게 만든다."(묵시 21,5; 2코린 5,17; 갈라 6,15 참조)고 하신 것과 같이 복음의 힘으로 인류를 내부로부터 변화시켜 새롭게 하는 것이라고 생각한다. [...] 교회로 볼 때 이는 단순히 지리적으로 더욱 넓은 지역이나 더욱 많은 사람에게 복음을 선포하는 것만이 아니라, 하느님의 말씀과 구원 계획에 상반되는 인간의 판단 기준, 가치관, 관심 사항, 사고방식, 영감의 원천, 생활양식 등에 복음의 힘으로 영향을 미쳐 그것들을 변화시키고 바로잡는 것이기도 하다.(18–19항)

이 의미에 충실할 때, 복음 증거는 문화복음화, 남북화해 및 민족복음화, 환경복음화 운동 등을 모두 포괄하는 통전적인 전망을 지닌다는 사실을 확인하게 된다.

2) 수요자 중심 복음 선포

복음 증거는 시대마다 그 접근법을 달리해 왔다. 순교를 불사하고 말 그대로 증거하던 시대가 있었고, 신자들을 회심으로 이끌던 시대가 있었고, 십자군 전쟁의 형태로 선포하던 시대가 있었고, 선교사를 식민지에 파견하던 식민 선교의 방식이 있었다. 하지만 21세기는 '수요 중심 복음 선포'를 표방해야 할 시대로 보인다. 경제 분야에서 생산자 중심에서 소비자 중심으로 바뀌고 있는 시대적 추세를 반영한 것이 바로 수요 중심 복음 선포인 것이다. 수요 중심 복음 선포 원칙에 입각한 선교는 수용자의 입장을 먼저 생각한다. 곧 비신자들이 지니고 있는 의문, 문제, 욕구 등에 초점을 맞춘다.

3) 수요 중심 복음 선포의 요건

① 강생의 영성

강생의 영성은 '왜 하느님께서 사람이 되셨는지'를 깨닫고 그 안에 숨어 있는 눈높이 사랑의 원리를 사는 영성을 말한다. 왜 '오라'고 하지 않고 '가'야 하는지, 왜 '그들의 입장'이 되어 주어야 하는지, 왜 자신의 '권위'를 내세우지 말아야 하는지를 분명하게 깨닫고 실행하는 영성을 말한다.

② 시대 징표를 읽을 줄 아는 눈과 백성의 소리를 들을 줄 아는 귀가 있어야 한다.

시대의 징표를 읽을 줄 알아야 그 사회의 질병과 염원을 파악할 수 있고, 백성의 소리를 들어야 그들의 신음과 소원을 알아차릴 수 있다. 만일 이런 것들을 간과한다면 복음은 더 이상 복음이 아니고 오히려 신음하는 이들의 어깨에 "무겁고 힘겨운 짐을 묶어 다른 사람들 어깨에 올려놓고, 자기들은 그것을 나르는 일에 손가락 하나 까딱하려고 하지 않는"(마태 23,4) 율법주의자의 꼴이 될 수 있는 것이다.

③ 실질적 대안 제시 능력

이것은 곧 문제 해결 능력이다. 고통, 문제, 욕구를 보았으면 실질적으로 그에 상응하는 대책을 강구할 줄 알아야 한다. 물론 우리가 진실로 예수 그리스도를 믿는다면 "예수 그리스도가 해답입니다."라고 선포할 수 있고 이것이 정답이다. 그러나 당사자들이 예수 그리스도를 해답으로 체험하도록 중재하고 도와주는 것은 우리 교회의 몫이다.

4) 수요자 중심 복음 선포의 방법

미래사목연구소에서는 이상에서 언급한 원리들에 충실한 선교 훈련 시그마(Σ)코스[80]를 개발하였다. 시그마(Σ)코스는 선교원리와 기법 그리고 훈련과정을 통합한 단계별 선교 훈련과정이다.

'선교 동기 훈련' 단계에서는 '1. 복음 체험 성찰 훈련, 2. 복음 이해 훈련, 3. 선교 동기 확인 훈련', 이 세 가지를 통해 선교의 동기를 부여한다.

'선교 능력 훈련' 단계에서는 '1. 선교 영성 훈련, 2. 선교 언어 훈련, 3. 복음 전달 훈련', 이 세 가지를 통해 선교의 능력을 갖추게 한다.

'선교 전략 훈련' 단계에서는 '1. 개인 선교 전략 훈련, 2. 소공동체 선교 전략 훈련, 3. 팀 선교 전략 훈련', 이 세 가지를 통해 선교의 전략을 갖추게 한다.

아. 제8계명: 은총의 축제로 전례를 행한다

전 신자의 은사를 통합·조정하여 분배·파견하게 될 때 맺어야 할 두 번째 결실로 전례Liturgia의 사명이 꼽힌다. 전례는 하느님의 현존을 체험하는 것이기 때문에 신자들에게 기쁨을 주고, 그들의 삶을 변화시키며, 더 나아가 다른 이들이 참여할 수 있도록 이끄는 '은총의 축제'여야 한다. 만약 전례가 은총 어린 축제가 되고 신자들을 영적으로 감동시킨다면, 전례에서 아무것도 발견할 수 없는 지루함 때문에 사람들이 교회를 떠나는 일은 더 이상 일어나지 않을 것이다.

1) 전례Liturgia의 사명

리투르지아Liturgia의 근본정신은 이미 선포된 기쁜 소식, 곧 그리스도를 통하여 성취된 구원의 현실에 대한 감사다. 즉 찬양과 미사로써 하느님께 대한 감사를 표현하는 것을 전례라고 한다. 전례의 절정인 미사성제를 감사제^{Liturgia Eucaristica}라고 한 것은 바로 이 때문이다.

그리스도교적 전례 축제의 핵심은 anamnesis이다. 이 anamnesis는 기억과 참여 모두를 내포한다. 영어로 re-member란 다시^{re} 구성원^{member}으로 살아가는 참여^{participation}를 겨누고 있는 것이다. 곧 기억은 과거와 현재가 만나는 참여 자체인 것이다. 그렇다면 우리가 참여해야 할 그 과거는 무엇인가? 그것은 예수 그리스도가 선포하고 십자가 제사와 부활로써 구현한 하느님의 통치이다. 이 하느님의 통치는 그리스도를 통해 구현된 복음, 은총, 생명, 구원, 평화, 기쁨 등 모든 것을 내포한다. 그러므로 그리스도인은 실제로 구원의 축제^{Liturgia}를 통하여 이런 것들에 참여하도록 초대받는다.

2) 은총의 축제인 전례

① 전례에 성령의 감도感導가 깃들어 역동성이 살아나도록 해야 한다.

전례의 역동성은 공동체가 성령을 통해 나타나는 하느님 현존 안에서 감사와 기쁨의 축제를 드린다는 사실에서 발휘되는 것이다. 이렇게 되면 신자들은 전례 안에서 살아계신 하느님을 체험함으로써 감동받게 된다. 그리고 이 감동이 자연히 기쁨과 감사를 자아내게 된다. 이것을 우리는 '은총의 축제'로 부르고자 하는 것이다. 이는 방법적으로 철저한 준비, 기도, 적절한 성가의 선택, 신자들의 참여 등을 통해서 유도될 수 있다.

② 전례의 본질을 드러내야 한다.

특히 그 전례가 미사일 경우 미사의 본질을 극명하게 드러내야 한다. 미사는 하느님께 직접 말하고 하느님의 말씀을 들으며, 하느님의 거룩하심과 만나는 시간이다. 미사는 우리 안에서 '두려운 신비'^{mysterium tremendum}를 일으켜 하느님과 이웃과의 화해, 그분의 말씀과 영성체를 통한 신적 현존의 깨달음, 그리고 하느님 체험의 결과로써 삶의 변화를 일으키는 전례여야 한다. 그러나 미사를 음악이나 조명이나 기법에 의존해서 지나치게 축제적으로 만들려다가 미사의 본질을 해쳐서는 안 된다는 말이다.

③ 전례가 자신의 '재충전의 시간'이 되도록 해야 한다.

곧 안식일의 의미가 미사 전례 안에서 살아나야 한다는 것이다. 창조주 하느님의 품에 안겨 전인적으로 안식을 취하고 성령의 생기生氣로 충만한 전례가 될 수 있어야 하는 것이다. 이는 침묵(고요. 집중), 관상, 성령 충만한 성가 등을 통해서 극대화될 수 있다.

3) 전례가 은총의 축제가 되려면

전례가 은총의 축제가 되려면 미사 고유의 정신을 살리면서 축제, 체험, 감동을 좋아하는 21세기 사람들의 욕구를 충족시킬 수 있어야 한다. 실제로 전례를 은총의 축제로 거행하려면 적어도 다음의 요건들을 충족시켜야 한다.

① 하느님께 초점을 두어야 한다.

미사의 초점은 인간이 아니라 하느님이다. 신자들을 즐겁게 하려는 오락적 요소로 인해 미사의 초점이 흔들려서는 안 된다. "나의 구원이 그분에게서 오니, 내 영혼은 오직 하느님 품에서 안온하구나"(시편 62.1 공동번역).

② 전례의 형식과 자유의 균형을 살려야 한다.

미사에는 적절한 상징 및 의식이 필요하다. 하지만 그것이 딱딱한 의식으로 그쳐서는 안 된다. 형식도 필요하고 동시에 자유로움도 필요한 것이다. 그러므로 지나치게 전통과 의식만 강조되어서도 안 되고 또한 너무 영적인 것으로만 이해되어서도 안 된다.

③ 신자들이 동참하는 전례가 되게 해야 한다.

신자들은 참여를 원한다. 포스트모던 시대를 사는 우리에게 중요한 것은 미사를 통해 실제로 하느님을 만나고 느끼는 체험이다. 그러기에 '보는 미사'에서 '참여하는 미사'로 전환할 필요가 있다. 전통에 충실하면서, 기발하고 참신한 발상으로 신자들의 참여를 유도해야 한다.

④ 복음을 살리는 강론이 되어야 한다.

강론은 철저하게 복음 중심이 되어야 한다. 신자들이 정작 듣고 싶어 하는 것은 복음이다. 미사에 참석한 신자들은 멋진 강론이 아니라 바로 단순한 복음을 듣고 회개하며 기뻐한다. 복음은 말 그대로 '기쁜 소식'이다. 따라서 복음을 통해 질책과 단죄보다 용기와 위로를 주고, 복음을 현실에 쉽게 적용할 수 있게 안내해 주는 긍정적인 내용이어야 한다.

⑤ 성가를 통해 영적 감성을 터치한다.

미사를 통해 하느님을 만나고 느끼는 체험이 있어야 하는데 성가는 그 지름길이다. 성가는 성령께서 역사하시는 통로다. 아우구스티노 성인의 말처럼 성가를 부를 때 우리는 가사로서, 음악으로서 두 번 기도하는 게 된다.

자. 제9계명: 고감도 사랑의 친교를 이룬다

열매 맺어야 할 세 번째 교회 사명은 친교이다. 사랑의 친교 자체이신 삼위일체 하느님의 모상(창세 1,26 참조)을 지닌 인간은, 특히 그 가운데 하느님 백성으로 선택된 그리스도인은 이웃과 더불어 나눔과 친교의 삶을 살도록 불림을 받았다. 코이노니아는 인간의 기본 처지에 대한 공감에서 출발하여 복음의 체험을 통한 동료애 및 가족애, 나아가 인류의 공동 운명에 대한 연대 의식까지 포괄하는 개념이다.

1) 친교Koinonia의 사명

친교는 생활과 신앙의 차원에서 물질적인 것이든 정신적인 것이든 함께 나눔으로써 일치를 이루는 것을 의미한다. '아버지와 내가 하나가 된 것 같이 사람들도 그 안에서 하나가 되게 해 주십시오'(요한 17,21-22 참조). 친교가 교회의 기본 사명에 속하는 이유는 교회가 본질적으로 한 분이신 아버지, 곧 성부를 모시고 살아가는 가족 공동체이기 때문이다. 또한 친교는 삼위일체 신앙의 정수다. 삼위일체의 본질은 사랑이다. 따라서 삼위일체 하느님의 모상을 지닌 인간의 완성은 결국 사랑의 완성으로 가능해진다고 할 수 있다.

2) 여러 차원의 친교

친교는 여러 차원에서 요청된다.

① 신자들 사이의 내적 친교

교회의 공동화, 익명화 현상과 맞물려서 '소외의 보편화 현상'은 친교의 필요성을 강하게 드러내고 있다. 그러나 계층, 연령, 사고방식의 차이, 신념, 믿음의 방식, 생활양식의 차이 등이 높다란 벽이 되어 신자들 간의 친교를 가로막고 있다. 그러므로 교회는 신자들이 이러한 차이를 수용하고 열린 대화를 나눌 수 있는 장을 마련해 주거나 중재할 필요가 있으며, 소공동체 활성화를 통해 인격적인 나눔을 가능하게 해 주는 것도 필요하다.

② 종파나 종교를 달리하는 이들과의 외적 친교

친교의 영성은 개신교 신자들, 다른 종교 신자들과도 대화하도록 종용한다. 교황 회칙은 이를 '구원의 대화'[81]라고 부른다. 특히 다원종교현상이 두드러진 한국의 상황에서 이 요청은 종교 간의 화해와 대화를 지향하는 것이기에 더욱 큰 중요성을 지닌다.

③ 연대적 사랑의 친교

친교의 영성은 가난한 이들을 위한 우선적인 사랑과 원수들에 대한 사랑으로 이어지는 연대적 사랑으로 표출되기도 한다(교황 요한 바오로 2세, 회칙 『사회적 관심』 42항 참조).

이는 곧 친교가 궁극적으로는 섬김과 통할 수밖에 없다는 점을 깨우쳐 주는 대목이다.

3) 고감도 사랑의 친교

친교의 핵심은 사랑이다. 사랑은 다음과 같은 특성을 지닌다.

① 사랑의 절대성

사랑이 없는 행위는 아무런 의미가 없고 진정한 하느님의 뜻을 이룰 수 없다. 강한 믿음이 있고, 자신의 모든 것을 바쳐 구제하고, 순교하는 열정이 있어도 사랑이 없으면 소용이 없다. 그리스도인의 모든 행위의 바탕에는 사랑이 있어야 한다(1코린 13,13 참조).

② 사랑의 효력

사랑은 많은 죄를 덮는다. 사랑은 타인이 나와 다르다는 것을 인정하고 그의 다름과 잘못까지도 받아들이고 용납하는 것이다(로마 15,7 참조).

③ 사랑의 전염성

사랑은 옆에 있는 사람에게 전염되는 속성이 있다. 예수님은 제자들의 발을 씻기시는 모범을 보이시고 제자들에게도 같은 일을 명하셨다. 먼저 하느님의 사랑을 받은 사람만이 이웃과 신자들에게 사랑을 전파할 수 있다. 우리는 하느님의 사랑을 듬뿍 받고 있다. 그러므로 그 사랑을 주변에 옮겨야 한다.

4) 고감도 사랑과 소공동체

고감도 사랑은 규모가 작을수록 수월해진다. 공소 공동체는 규모나 시설이 열악하지만 사랑의 나눔과 친교의 공동체로서 모범이 될 수 있다. 그래서 고감도 사랑을 나누는 소공동체를 이루기 위해서는 적절한 규모가 중요하다. 단, 주의할 것은 끼리끼리 모임을 구성하지 말아야 한다.

차. 제10계명: 토털 서비스로 섬긴다

열매 맺어야 할 네 번째 교회 사명은 섬김^{Diakonia}이다. 디아코니아는 본래 '식탁에서 시중드는 것'을 가리키던 용어였으나 성경적인 의미로 남을 위해 봉사하고 섬기며 헌신하는 삶을 가리킨다. 하느님 보시기에 좋은 세상을 만들기 위해 소외된 이들의 편에 서서 그들을 대변하고 돕는 모든 활동을 말한다.

1) 섬김의 사명

섬김은 세상을 향한 교회의 사명이다. 예수님께서는 이 섬김의 사명에 대해 분명하게 말씀하신다. "너희도 알다시피 다른 민족들의 통치자라는 자들은 백성 위에 군림하고, 고관들은 백성에게 세도를 부린다. 그러나 너희는 그래서는 안 된다. 너희 가운데에서 높은 사람이 되려는 이는 너희를 섬기는 사람이 되어야 한다"(마르 10,42-43).

예수님께서는 최후의 만찬에서 바로 이런 섬김의 정신을 제자들의 발을 씻기는 본을 보여 주시면서까지 가르쳐 주셨다(요한 13,13-17 참조). 섬김은 바로 사랑의 구체적인 표현이다. "서로 사랑하여라. 내가 너희를 사랑한 것처럼 너희도 서로 사랑하여라. 너희가 서로 사랑하면, 모든 사람이 그 것을 보고 너희가 내 제자라는 것을 알게 될 것이다"(요한 13,34-35).

이처럼 그리스도의 삶에서 비롯되는 교회의 섬김은 자신의 울타리를 넘어서는 이웃 사랑의 실천 방법이자 철학이다. 제2차 바티칸 공의회는 교회의 봉사 개념을 한층 더 확장하여 설명하면서 섬김의 사명이 교회 안에만 적용되는 것을 거부하고 있다. 섬김은 단순한 양적 선교 전략의 차원을 넘어서는 교회의 본질적 사명이다.

2) 토털 서비스

현대 사회에서 섬김의 사명을 올바로 구현하는 길이 바로 '토털 서비스'이다. 오늘날 현대인들은 서비스 산업의 눈부신 발달로 토털 서비스에 익숙해져 있다. 이제 사람들은 한 장소에서 자기가 원하는 서비스 일체를 받고 싶어 한다. 서비스에 대한 이 같은 욕구는 종교 생활에서도 그대로 나타나고 있다. 이제 현대인들은 종교에서 영적 서비스뿐만 아니라 다양하고도 '종합적인 서비스'를 받기를 원하고 있다. 이러한 추세에 발맞춰 현재 종교 시설들에서는 법률 등 각종 상담 서비스는 물론 자녀 교육, 의료, 장의 등의 생활 서비스를 제공하고 있고, 그런 종교 시설일수록 많은 이들의 발길이 끊이지 않고 있다.

가톨릭교회는 전통적으로 세례, 견진, 혼인, 병자, 고해성사 등 성사를 통해 전 생애에 걸친 영적 서비스를 제공해 왔고, 이는 타 종교에 비해 강점으로 작용했다. 하지만 오늘날 신자들은 영적인 서비스뿐만 아니라 현세의 삶을 행복하고 안정적으로 살아가는 데 필요한 서비스도 교회로부터 종합적으로 제공받기를 원하고 있다. 가톨릭교회가 이를 충족시키지 못하고 다른 종교에서 이를 제공한다면 신자들이 언제라도 가톨릭교회를 떠날 가능성이 높아지고 있다는 점에 유의해야 한다. 특히 최근에 냉담 신자 비율이 우려할 만큼 증가하는 추세와 관련지어 이는 심각하게 고려되어야 할 문제다.

3) 토털 서비스 체계

토털 서비스 차원의 섬김이 구현되려면, 다변화^{多邊化}되고 전문화^{專門化}된 접근법이 취해져야 한다. 그리고 평생 동반 서비스 체계를 구축할 수 있어야 하며, 각 지역이 실제로 필요로 하는 사회봉사를 제공할 수 있어야 한다. 또한 주도적으로 공생운동(생명 문화, 공생 문화, 환경 운동)을 전개해야 한다.

2.3.3. EP-1234의 통전적 전망^{integral perspective}

우리는 EP-1234를 구현할 때 지나치게 광대한 거시적 지평에 집착하지 않으면서 동시에 지나치게 협소한 미시적 지평에 고착되지 않도록 유의할 필요가 있다. 왜냐하면 EP-1234는 미시적으로도 열려 있고 거시적으로도 열려 있어야 하기 때문이다.

EP-1234가 지향하는 통전적 전망을 여러 수준에서 정리해 보면 다음과 같다.

① EP-1234는 비전(=EP), 동력원(1), 영적 인프라(2), 조직(3) 및 사명(4)을 통전적으로 아우른다. 곧 생명 유기체에 비유할 때, '태양과 비', '토양', '뿌리', '줄기', '가지 및 열매' 등 모두를 포괄하여 돌본다.

② EP-1234의 비전은 예수님의 복음적 사목 비전 및 그에 기초한 제2차 바티칸 공의회, AsIPA, 한국 천주교회의 각 교구 시노드가 표방하는 '하느님 백성'(=참여)과 '꼼뮤니오'(=연대) 교회관을 핵심비전^{core vision}

으로 삼는다.

③ EP-1234는 교회 건설의 다이내믹을 동력원(1)과 영적 인프라(2)의 협동으로 보는 신인상보적 전망을 견지한다. 곧 교회 건설은 삼위일체 하느님의 주도하에 인간의 협력으로 이루어지는 것임에 열린 태도를 취한다.

④ EP-1234는 교회운영구조(3)로서 자발성을 바탕으로 사제, 수도자, 평신도가 나란히 함께 참여하는 공동 책임의 구조를 지향한다. 곧 소공동체, 본당 조직, 그리고 뉴 리더십, 이 세 가지의 조직적 연동에서, 교계 원리, 협의체 원리, 보조성 원리가 조화를 이루며 다양한 계층의 신자들이 자신들의 신앙감각^{sensus fidelium}에 따라 자율적으로 유지되도록 한다. 이러한 구조 원칙은 반-구역-본당-지역-교구로 이어지는 모든 라인에 적용되는 것이 바람직할 것이다.

⑤ EP-1234는 사명(4) 수행이 '보수'와 '진보'를 모두 아우르는 지평에서 이루어지기를 지향한다. 즉, 현재 교회 안팎에서 그리스도교 신앙의 이름으로 수행되는 모든 일들을 모두가 가치 있는 거룩한 직무로 간주한다는 것이다.

⑥ EP-1234는 가톨릭교회의 신원인 동시에 소명이기도 한 '가톨릭'의 이상理想을 구현하려는 전망을 갖는다. 곧 완전을 향한 질적 다이내믹과 전체를 향한 양적 다이내믹을 동시에 견지하려 한다.

'가톨릭'의 의미를 매우 적절하게 설명한 예루살렘의 성 치릴로의 말이 EP-1234가 지향하는 궁극적인 전망이다.

교회는 온 세계를 두루 아우르기 때문에 '가톨릭'이라 불린다. [...] 교회가 보편적으로 가르치되 모든 도리道理를 하나도 빠짐없이 가르치기 때문에 [...] 교회가 통치자나 백성들이나, 배운 사람이나 배우지 못한 사람이나 구별 없이 모든 계층의 사람들을 참된 신앙의 품으로 데려오기 때문에 그리고 교회가 어떤 죄악이라도 모두 돌보고 치유해 주기 때문에 [...] 그리고 교회가 온갖 덕목을 두루 갖추고 있기 때문에 [...] 그리고 모든 종류의 영적 은총을 갖추고 있기 때문에 '가톨릭'이라 불린다.(『예비신자 교리』, 18장 23항)

⑦ EP-1234는 역사적 변천에 대해서 통전적인 전망을 견지한다. 곧 끝없는 성찰과 쇄신에 열려 있다.

3. 4차 산업혁명과 미래 사목

　새로운 미래의 도래는 사회적으로, 종교적으로 설레는 감정을 유발하지만, 새로운 현상에 대한 정확한 인식과 의미 발견 그리고 사목적 전망을 준비하는 과제를 수반한다. 새롭게 다가오는 4차 산업혁명에 대한 많은 관심 속에서 과연 그것을 신학적으로 어떻게 받아들일지, 또 그것이 말하고자 하는 의미가 무엇인지를 고찰하는 것은 중요하다. 그래서 이번 장에서는 4차 산업혁명과 미래 사목에 대해 말하고자 한다.

3.1. '초지능 신New Type인류'는 아담의 후예인가?[83]

3.1.1. 싱귤래리티

　세계 바둑계 최강자 한국의 이세돌과 중국의 커제를 압도적으로 연파한 알파고! 이를 통해 대중이 비로소 인공지능AI의 가공할 잠재력에 경악하기 시작했다. 영화 〈터미네이터〉에 투사된 상상이 지구촌의 현실이 될 날이 지척에 와 있음도 직감된다. 이는 예고편일 뿐이다.

　오늘날 에디슨 이후 최대 발명가요 실리콘밸리의 거두라고 불리는 레이 커즈와일Ray Kurzweil은 그의 저서 『특이점이 온다』The Singularity is Near에서 인공지능이 인간의 지능을 넘어 스스로 진화하는 순간을 '싱귤래리티'라고 정의하고, 그 역사적 시점을 2045년으로 예언한다. 인간이 인공지능에 의해 지배당하는 파국을 초래할, 과학의 무모한 반란이랄까. 상상만으로도 소름 돋는다.

3.1.2. '초지능 신인류' 시대의 도래

과학자들의 저 예상은 30년 후의 일이니까 아직은 마냥 무덤덤하게만 느껴질지도 모르겠다. 하지만, 그 이전에 인공지능이 아닌 인간 자신에게 실현될 신기원적인 변화에 대한 예상은 저 느낌과는 사뭇 다른 경각심을 자극한다.

레이 커즈와일은 약 10년 후 그러니까 2030년을 전후하여 '초지능 신인류New Type'가 등장할 것이라고 예고하고 있다. 한마디로 이 신개념 인류는 인공지능을 탑재하여 초지능, 나아가 초생명을 구가하는 인류를 가리킨다.

빅데이터 수용 및 처리 능력을 지닌, 500세(낙관론자들의 기대치) 장수 인간!

이는 실제로 가능한 일인가? 그 개연성을 높여 주고 있는 것이 인간 두뇌의 신피질neocortex을 클라우드로 연결하는 기술, 나노로봇에 의한 망막(및 홍채)상 가상현실 구현 기술, 그리고 특수로봇에 의한 인간 장기 재생·복원 등에 대한 기대다.

실리콘밸리의 첨단 과학자들은 왜 이러한 인간을 꿈꿀까? 그들은 말한다.

"우리는 인류를 구원할 수 있다. 우리는 인류의 위대한 빛이 될 수 있다. 우리는 인류의 행복을 위하여 위대한 일을 하는 것이다."

하지만, '신인류'의 출현에 모든 역량을 쏟는 기업과 과학인재들에게 필히 돌아가야 할 물음이 있다.

"과연 이 명분은 옳으며, 이 기대는 낙관적인 결과만 가져올 것인가?"

3.1.3. 신인류는 신의 피조물인가?

'신인류'와 관련하여 교회는 중립적 입장에 있지 않다. 교회는 원론으로 돌아가 새삼스레 물어야 한다.

대저 '신인류'는 창조주 하느님의 피조물인가? 그리하여 아담의 후예인가?

혹시 '신인류'는 인류가 첨단 과학을 벽돌로 빚어 다시 쌓아 올려서 '하늘 꼭대기까지 닿은'(창세 11,4 참조) '바벨탑' 인류는 아닐까?

이런 회의가 지나친 기우라면, 우리는 최소한 사목적 물음이라도 던져야 한다.

'신인류'는 하느님을 공경할까?

그들에게도 예수 그리스도의 복음은 실로 굿뉴스가 될까?

그들은 교회를 잘 다닐까?

그들에게 성사는 어떤 의미를 지닐까?

생로병사는 그들에게 무엇을 의미하는가?

그들에게 하느님 나라는 무엇을 뜻할까?

사제들도 '신인류'의 스펙을 갖춰야 할까?

그 스펙은 경제력에 비례하여 성능 차이를 지닐 터인데, '가난한 이들'은 영영 신인류에서 소외되는 것인가?

[...]

교회는 정녕 존재 가치가 있는가?

그때가 되면 인공지능이 현재 교회의 모든 기능을 대신할 수 있는 심적·영적 서비스까지 제공할 수 있을 터인데, 도대체 교회는 무엇에서 그 존재 이유를 찾아야 할 것인가?

물음들은 논리를 초월하여 꼬리에 꼬리를 물고 떠오른다. 이것들은 하나같이 성급한 답변을 요구하지 않는다. 다만, 복음 진리의 시금석 위에서 면밀하게 숙고되고 신중하게 식별되어야 할 방치불허의 과제인 것이다.

3.2. 탐욕과 야심[84]

3.2.1. 인공지능[AI]의 급물살

앞에서 초지능 신인류의 출현에 의식의 축을 집중해 봤다. 이제 이 문제의 근원으로 시선을 옮겨 보자.

일반 대중이 '인공지능'에 주목하기 전, 인공지능 탑재 상품은 이미 우리 생활문화권을 잠식하고 있었다. 선구적 지성들이 4차 산업혁명의 향방과 위험 요인에 대하여 논쟁하기 전에, 그 요람인 실리콘밸리는 새로 불야성을 이루고 있었다.

되돌아온 실리콘밸리의 봄! 한때 한산했던 그곳이 발 빠른 기업가 및 고급 과학두뇌들로 다시 북적이고 있다. 4차 산업혁명의 핵심축인 인공지능 연구개발에 미래가 달려 있다고 여기기 때문이다. 정보융합의 선두 기업들은 실리콘밸리에 진즉 재진출하여 자율주행 자동차, 로봇, 의료 산업, 신개념 클라우드 등 스마트혁명에서 가시적인 성과들을 내고 있다.

이에 질세라 세계 경제패권을 장악하려는 국가적 야심을 품은 중국은 제2의 알리바바를 인큐베이팅하기 위하여 IT메카 선전에 4차 산업혁명 특구를 조성했다. 나아가 미래경제 승부처에서 우위를 점하기 위한 선제적 조치로서, 파격적인 혜택을 주며 세계적인 자본과 인재를 유치하기 위해 총력을 기울이고 있다.

바야흐로 인공지능 시대가 열렸다. 그것을 골간으로 한 4차 산업혁명은 막을 수 없는 급물살이다. 정치 분야에서는 몰라도, 경제 영역에서 '혁명'이라 명명된 현상이 단시일에 사양길에 들어선 예는 없었다. 그것이 선익을 가져올지 해악을 초래할지와 상관없이, 한 시대를 풍미하며 일정 기간 지속할 것이라는 얘기다.

3.2.2. 세계적 지성들이 직관한 시나리오

야심은 탐욕과 다른 것이다. 넘볼 수 없는 것에 과욕을 내는 것을 야심이라 하지 않는가.

인공지능 연구는 탐욕에서 출발했지만, 점점 야심으로 둔갑하고 있다는 것이 예견되는 비극이다.

이윤 추구를 윤리로 여기는 기업인들과 신기술개발을 위대한 공적으로 여기는 과학자들에게 인공지능 연구는 무제약의 가능성 지대일 뿐이다.

반면, 예지력 있는 지성들은 이에 대해 극단적인 우려를 표명한다.

대표적으로 영국의 세기적 물리학자 스티븐 호킹Stephen William Hawking 박사조차도, 무신론자로 자처하고 있지만, "인류는 100년 이내에 인공지능에 의해 끝장날 것이다."라고 지구의 종말을 예언했다.

그와 견해를 같이하는 전문가들의 기우가 줄을 잇고 있다.

필 토레스는 『디 엔드』The end이라는 제목의 책에서 폭주하는 과학기술이 만든 인류 '최후의 날'에 대해 10가지 정도의 시나리오를 제시하면서, 가장 유력한 가능성으로 초지능superintelligence을 꼽는다.

실리콘밸리의 데이터과학자 캐시 오닐은 저서 『대량살상 수학무기』 Weapons of Mass Destruction를 통해서 미래 인류를 통제할 알고리즘(즉 빅데이터 및 인공지능)의 가공할 힘에 대하여 경각심을 불러일으킨다.

이런 배경에서 바티칸 교황청 과학학술원Pontifical Academy of Sciences은 2016년 12월 4일 "인공지능의 힘과 한계"를 주제로 한 콘퍼런스를 주최하였다.

과학기술 분야의 세계적인 전문가들에 의해 개진된 식견들은 제반 분야에서 스마트혁명을 몰고 오고 있는 '약한 인공지능'의 빛과 그림자, 그리고 '강한 인공지능'에 내재된 지구 파멸의 위협에 관한 것들이었다. 결론은 가치 중립적인 인공지능의 남용 또는 악용으로 초래될 종말론적 파국을 저지하기 위해 어떻게 윤리적으로 통제해야 할지에 관한 것이었다.

이로써 바티칸 당국은 일단 인공지능과 관련하여 미리 짚어볼 것은 거칠게 다룬 셈이다. 원론적이다 싶지만, 현재로선 그 이상 나아가는 것도 사실상 녹록지 않은 일이다. 펼쳐지고 있는 변화 양상의 그림이 쉽게 그려지지도 않기 때문이다.

3.2.3. 식별의 가닥

인공지능의 저력은 빅데이터다. 빅데이터 활용의 기본은 알고리즘이다. 알고리즘은 존재하는 모든 경우의 수에서 최대공약수를 추려 최적의 선택을 하도록 이끌어 주는 일종의 데이터 기반 문제 해결 시스템이다. 알고리즘이 무서운 것은 빅데이터의 용량에 비례하여 기계적 학습 능력이 무제한으로 성장할 수 있다는 데 있다.

알고리즘은 이제 인간과 호혜 관계를 이루고 있다. 인간은 알고리즘에게 모델, 스승, 주인 역할을 하고 있고, 알고리즘은 자신이 주인인 인간의 '집단지성'을 극대화시킨다.

이 상승적 호혜 관계 이면에는 신적 존재가 되고 싶은 인간의 탐욕과 교만이 도사리고 있다. 하지만 인간은 착각하고 있다. 그사이에 신적 존재가 되고 있는 것은 알고리즘을 원용하여 작동하는 인공지능인 것이다.

이런 사유에 잠기다 보면, 예언자 에제키엘에게 내린 하느님의 경고 말씀이 또렷이 들리는 듯하다.

> 주 하느님이 이렇게 말한다. 너는 마음이 교만하여 '나는 신이다. 나는 신의 자리에, 바다 한가운데에 앉아 있다.' 하고 말한다. 너는 신이 아니라 사람이면서도 네 마음을 신의 마음에 비긴다. […] 그러므로 나 이제 이방인들을, 가장 잔혹한 민족들을 너에게 끌어들이리니 그들이 칼을 빼들어 네 지혜로 이룬 아

름다운 것들을 치고 너의 영화를 더럽히며 너를 구덩이로 내
던지리라. 그러면 너는 바다 한가운데에서 무참한 죽음을 맞이
하리라. 너를 학살하는 자 앞에서도 네가 감히 '나는 신이다.'
할 수 있겠느냐? 너는 너를 살해하는 자들의 손에 달린 사람
일 뿐이지 신이 아니다.(에제 28,2.7-9)

신이 되기를 꿈꾸는 인간!
기업인, 과학자 구분할 것 없이 영락없는 우리들의 모습이다.
'이방인', '잔혹한 민족들', '학살하는 자!'
감정 없는 '강한 인공 지능'의 다른 이름들이다.
그렇다고 이런 섬뜩한 미래 시나리오에 대하여 호들갑 떨 일도 아니다.
신앙인이라면 모름지기 어떤 비구원적 참상도 관통하시며 뜻을 펼치시는
하느님의 초월적 창조주권을 믿어야 마땅하다.
하느님이 어떤 분이신가?
인간이 한 걸음 다가가면, 그분은 열 걸음을 먼저 가시는 분.
인간이 뛰어 다가가면, 그분은 날아가시는 분.
인간이 날아서 다가가면, 그분은 급기야 덮치시는 분.
창조주권에 관한 한 도무지 범접을 허용치 않으시는 분 아니신가.
그러면, 뻔히 내다보이는 재앙을 방관만 하고 있을 노릇인가. 그것은
우리에게 허락된 몫이 아닐 것이다. 성령의 영감을 청하면서 뭔가 예방책
을 거시적으로 궁구해야 마땅하다.
겸허히 직감하거니와, 그 결정적인 해법은 '메타데이터'에 있다고 보인
다. 이에 대한 창조적 숙고는 우리에게 남아 있는 숙제다.

3.3. 혁신 요청[85]

3.3.1. 관점의 전환

교회의 미래는 어떠해야 할 것인가? 이는 교회의 소명자로서 자의식을 지닌 이들에게는 굳이 던지지 않아도 줄곧 솟아오르는 물음이다.

이와 관련하여 두 번에 걸쳐 4차 산업혁명이라는 "시대의 표징"(마태 16,3)에 관찰의 촉을 기울여 봤다. 과감히 요약하여 말하건대, 4차 산업혁명은 인류의 미래, 나아가 교회의 미래를 결정지을 여러 변수 가운데 하나가 아니다. 그 자체가 미래의 전부가 될 것이라는 얘기다.

무슨 근거로 이런 예단이 가능한가. 그 논거는 앞의 글들에서 제시된 정보들 속에 충분히 내재되어 있다. 확실한 것은 지금껏 인류가 체험해 보지 못한 전혀 딴판의 미래가 전개될 것이라는 사실이다.

이쯤 되면, 4차 산업혁명을 바라보는 교회의 시선은 '우려'에서 '혁신 요청'으로 바뀌지 않으면 안 된다는 결론에 이르게 된다.

교회는 이 요청을 비상한 역사적 감각으로 숙고해 보아야 한다. 무시하면 파국이, 실기하면 비극적인 사태가 도래할 수도 있다.

바야흐로 새 시대의 트렌드에 적절히 적응하여 생존하려는 접근법을 청산해야 할 카이로스를 우리는 직면하고 있다. 패러다임 전환급의 무엇인가가 취해져야 할 만큼 초읽기 국면으로 치닫고 있다.

3.3.2. 전설의 추억

신학도의 비애! 나아가 그리스도인의 무력감! 지난 두 차례, 인공지능 및 4차 산업혁명을 주제화하여 '시간의 소리'를 들어 보려는 의중으로 글을 쓰는 가운데 밀려온 소회다.

이젠 안타까움의 감각마저 점점 둔해져 가고 있음이 안타까운 일이지만, 최근 들어 점점 가속화되어 가는 4차 산업혁명 물결의 여파가 점점 유럽 유수 대학의 편제에까지 밀려들고 있다고 한다. 요컨대, 근래 유럽 대학의 인문학 관련 연구 지원비는 10분의 1로 대폭 감소한 반면, 4차 산업혁명을 이끌 데이터 사이언스Data Science에는 전폭적인 지원을 아끼지 않는다는 것이다. 가뜩이나 인문학의 사양길이니 위기니 하는 비명이 도처에서 들려오곤 했는데, 저런 비보를 접하니, 호들갑만 떨고 있을 노릇은 아닐 성싶다.

여기에 냉정을 기하여 성찰해 봐야 할 사실은, 요즘 젊은이들 아니 지성인들 머리에서 인문학의 범주에 신학을 포함시키는 경우가 얼마나 될까를 물어야 한다는 점이다.

듣기로 "철학은 신학의 시녀"라 표방하며 그리스도교가 호시절을 구가하던 때가 있었다. 당시 과학은 철학의 아랫것이었다. 불과 한 세기 전까지만 해도 신학은 여전히 신흥과학의 도도한 도전에 밀려나지 않겠다는 기백으로 막강 수비력을 과시했다. 그사이 철학은 철학대로 크게 신학에 대하여 우호적 노선들과 저항적 노선들로 갈린 채, 분화를 거듭하였다.

사실 신학, 철학, 과학, 이 셋은 학문science인 한에서 접점을 지니며, 근본적으로 인간 제 문제의 해결을 목표로 한다는 점에서 공통점을 지닌다. 그럼에도 이것들은 그 주체가 되는 인간의 경쟁적 성향으로 인하여 우열 다툼에서 자유롭지 못했다.

지금의 형국은 어떠한가? 물음 자체가 비루하게 여겨질 만큼 외견상의 현상은 너무도 뻔하다. 과학은 날고 있고, 철학은 기고 있고, 신학은 엉거주춤하는 꼴이다.

꼭 19세기 실증주의자 오귀스트 콩트가 도발적으로 예단한 바 그대로다. 당시 학문 서열에서 절대 '위계'hierarchy로 통하던 신학, 철학, 과학 순서의 자리매김을 거꾸로 뒤집어 제시할 때만 해도 그는 용납될 수 없는 이단아였으니, 그동안의 변화는 가히 천지개벽이었다 할 것이다.

3.3.3. 가톨릭 집단지성의 형성

다시 원점으로 돌아가 보자. 좋은 것이든 나쁜 것이든 앞의 글들에서 언급된 4차 산업혁명이 몰고 올 미래의 사태들에 대하여 가톨릭교회가 해야 할 일은 무엇이며 할 수 있는 일은 무엇인가?

결론부터 말하자면 속수무책이다. 진행되고 있는 기술 혁명은 불가역적인 행군이다. 설령 그것이 몇몇 선각자적 지성들이 경고하듯이 인류의 마지막 재앙으로 치닫는다고 해도, 인력으로는 못 막는다. 막을 명분도 약하고 막을 능력도 없다.

그나마 지난날 가톨릭교회가 그러해 왔듯이 변화의 메가트렌드 뒤꽁무니를 따라다니면서 겨우 제동을 걸거나 그 부작용을 뒤처리해 주었던 방식의 대응도 4차 산업혁명의 물결 앞에서는 의미를 잃고 만다. 그 연구 개발의 매트릭스가 점점 다변화·입체화되고 있기 때문이다.

더구나 오늘날 인간 존재를 '컨슈머', 곧 '유저'로 정의하고 이에 기반하여 모든 가치를 저울질하는 실용주의적 관점에서 봤을 때, 4차 산업혁명이 기약해 주는 신상품들은 소비자와 공급자 모두를 홀릴 만큼 매혹적이지 않은가.

그렇다면, 뒷짐만 지고 있을 노릇인가?

그럴 수는 없다. 그러기에 바로 위에서 '혁신 요청'이라는 구급 용어를 궁여지책으로 도입했다.

혁신 요청에는 관점의 전환과 더불어 구조 개혁까지 내포된다. 이를 전제로 일단 큰 그림을 그려 본다면 가장 우선적으로 요구되는 것이 '가톨릭 집단지성의 형성' 아닐까 싶다.

거인들의 시대는 끝났다. 미래는 위인들을 원하지 않는다.

지난날 가톨릭 신앙을 시대적 위기로부터 구해 냈던 교부들, 성인들, 신학자들의 위대함은 미래형 박해와 유혹들로부터 교회를 구해 내는 데 역부족이다.

왜? 좋은 것도 나쁜 것도 소통의 혁명에 힘입어 이른바 집단지성의 형태로 세를 규합하기 때문이다. 또한 역으로 이것이 힘을 발휘할 때는 다시 벌 떼처럼 흩어져 도처에서 윙윙대며 각개전투를 해 대기 때문이다.

그렇기 때문에 인류를 위협하는 긴급 현안에 대하여 최고 지성들과 전문가들로 구성된 위원회에 대안 모색을 위임하는 방식은 점점 효용성을 잃어가고 있는 형국이다.

그러므로 향후 교회의 존재 방식과 신앙 영위 방식도 변하지 않으면, 자연과학적인 용어로 '멸종'의 위기를 면하기 어려울 것이다. 한 자매 한 형제가 자기 방어력을 지니고, 또 필요시에는 영적 집단지성을 발휘하여 외부의 위협에 대처해야 할 것이다.

어떻게 해야 가톨릭 집단지성이 형성될 수 있을까?

이 물음에 대한 최적의 답을 찾는 과제는 현재 미흡한 대로 가톨릭교회에 잠재된 집단지성 요원들의 몫이라 하겠다.

3.4. 미래세대형 인간[86]

3.4.1. 4차 산업혁명 키즈kids

독일로 유학 간 조카 녀석이 엄마와 통화하다가 이런 말을 했단다.

"엄마, 여기는 그리스도가 죽었어! 그 큰 쾰른성당에 가 보면, 주일날도 텅 비어 있어. 노인들 몇 명만 듬성듬성 보이고, 청년들은 싹도 안 보여요!

집집마다 십자가도 걸려 있고, 성모상과 성경책은 보이는데, 성당에는 안 나가요."

극심한 문화쇼크에 과장을 가미한 얘기길 바란다. 허나 인정하지 않을 수 없게도 이것이 유럽 가톨릭교회의 보편적 민낯이라는 사실이다. 프란치스코 교황은 이를 일컬어 "100마리 양 가운데 99마리가 실종되고 단 한 마리만 남아 있는" 격이라 개탄했다. 그 중심에 미래세대의 라이프스타일이 비중 있는 변수로 작용하고 있다.

편의상 미래세대를 4차 산업혁명 키즈라 불러 보자. 4차 산업혁명이 키워낸 아이들! 이들은 과연 어떤 스타일의 삶을 살고 있는가? 겨우 그 초입을 지나고 있는 시점에서 빈틈없는 유비쿼터스 생활문화 실상을 예단하여 스케치한다는 것은 위험한 시도일지도 모르겠다.

그러므로 향후 전개 양상을 상상하면서 3차 산업혁명 말기 현상을 사실적으로 소묘해 보는 것도 차선의 작업이겠다. 이제 관찰 카메라를 돌려 보자.

자다가 인공 지능 로봇(지니, 샐리, 빅스비 등) 모닝콜 소리에 잠에서 깬다. 자동으로 스마트폰을 들고 화장실로 가서 용변을 보며 SNS를 하거나 뉴스를 체크한다. 때론 용변을 마친 줄도 모르고 몰입하기도 한다.

아침은 자주 거르지만, 출출하면 인스턴트 혼밥으로 때우면서 또 카카오톡이나 SNS를 하고 이따금 동영상을 보며 혼자 키득키득.

러시 아워rush hour를 전후하여 직장인은 직장으로, 학생은 학교로, 백수는 인근 발길 닿는 데로, 저마다 이어폰을 꽂고 쫓기듯 움직인다.

기상 후 이즈음까지 입술은 거의 침묵이다. 눈과 손가락, 그리고 귀만 바쁘다.

전철이나 버스 안에서는 상대방의 시선이 불편하여 고개를 푹 숙인 채 웹툰을 즐긴다. 남의 눈을 마주치는 것이 부담스럽기는 평소에도 마찬가지다.

직장에서는 일하는 내내 일과 스마트폰 게임 사이를 왕래한다. 자동 사냥 기능을 on 시켜 놓고 있다가 가끔 클릭만 해 주면 된다. 학생은 강의실에서 마찬가지로 강의와 게임 사이를 왕래한다.

오래간만에 친구를 만나도 대화는 반 토막으로 툭툭 끊기기 일쑤고, 상대가 말하는 동안 스마트폰 키를 눌러 대는 손은 따로 논다.

소셜 네트워크 친구들이 온갖 정보의 공급원이 되어 준다. 때로는 구입하거나 선물받은 물건의 진위를 가려 주는 판정단도 되어 준다.

인증샷을 위해 불필요하게 지출하는 일이 곧잘 있다.

명절이 되면 영상통화로 부모님께 인사를 대신 올리기도 한다.

이런 유의 증후군은 이루 다 열거할 수 없다. 새삼스럽지도 않다. 사실, 이에 대한 문제의식 자체도 해묵은 고민이다.

그렇다면 왜 굳이 주제로 삼았는가? 그 너머, 또는 그다음을 보기 위해서다. 보태지는 물음은 이것이다.

"4차 산업혁명 초입의 실태가 이러하다면, 그다음의 양상은 어떻게 변화할 것인가?"

비록 신통한 답변은 기대할 수 없더라도, 4차 산업혁명 키즈의 라이프스타일을 파악하기 위한 관망 포인트로서는 일정 기능을 발휘할 수 있다는 것이 이 물음이 지닌 의미일 터다.

3.4.2. 무늬만 인간

두말할 여지 없이, 미래세대의 가장 두드러진 특성이며 최대 취약점은 '대면 접촉의 결핍'이다. 이는 소통을 위해 존재하는 육체적 수단들을 퇴화시키는 결과로 이어진다. 손가락 촉각만 기민할 뿐, 귀는 어두운 데다 경청할 줄 몰라서 말을 못 알아듣고, 눈은 시선처리의 어려움으로 안절부절못하고, 입술은 둔하여 대화를 기피하는 꼴이다.

본디 건강한 소통은 사유력을 키워 주고 사유 지평을 넓혀 준다. 대면소통의 단절은 사유력의 쇠약은 물론, 논리력 저하와 함께 종합적으로 이성 능력의 퇴화를 초래한다. 결국, 강화되는 것은 감성 내지 본능이다. 인간이 타고난 세 가지 기본 능력을 지성, 감성, 의지라고 봤을 때, 한쪽으로의 쏠림은 변명할 여지 없는 인간성 왜곡 현상이다. 이는 '무늬만 인간'이라는 진단이 내려질 증상임이 분명하다.

'무늬만 인간' 징후는 인간학의 오랜 연구 결과로 언어화된 인간의 특성과 관련해서도 뚜렷하게 나타난다. 인간의 특성 가운데 대표적인 것으로 인격성, 관계성, 역사성 등이 꼽힌다. 그런데 미래세대에게 이것들은 미생未生에 머물러 있거나, 심각하게 훼손되어 있다. 하나하나 짚어 보자.

우선, 인격성에서 중심을 이루는 것이 자유의지인데, 이는 철저히 신기술에 의해 지배당하고 있다. 자신도 모르게 노예적 소비자로 전락하여 마치 신제품을 구매하지 않으면 시대에 뒤떨어져 죽기라도 하는 것인 양, 종속적으로 사는 형국이다.

관계성은 어떠한가? 공동체와 사회를 지향하는 관계성은 거의 항상 첨단기기에 의하여 매개되고 있다. 이는 연결의 역할을 함과 동시에 때로는 직접적 관계의 결정적 장애가 된다.

철학적으로 정의할 때 인간의 역사성은 삶의 의미와 지혜를 집적하면서 보다 나은 차원으로 진일보하려는 특성을 가리킨다. 이와 관련하여 4차 산업혁명은 꿈의 실현, 도약, 비상, 진화 등을 장밋빛 전망으로 내세운다. 하지만 결과로 남은 것은 기술만의 혁신이다. 이것이 반드시 삶의 의미와 지혜를 성장시켜 준다는 보장은 없다. 때로는 그 반대의 개연성이 더 높다.

'무늬만 인간' 시나리오에 무슨 논증이 더 필요하랴. 속도를 붙여 달려오는 미래의 환영에 그저 착잡해질 뿐이다.

3.4.3. 신앙은 모르는 외국어

사정이 저러하다면 미래세대에게 신앙은 어떤 의미일까? 미루어 짐작하건대 모르는 외국어 정도에 지나칠 공산이 짙다. 아니, 현재 이미 그런 지경에 와 있다.

"신을 믿느냐?"는 물음에 신념적으로 "없다."라고 답하는 젊은이들이 절대다수며, "있다."라고 답하는 젊은이들 가운데 실천적인 무신론자로 사는 이들이 다수다. 이는 정도의 차이는 있으되 여러 설문조사의 공통된 결과치다. 깊은 사고를 할 줄 모르는 미래세대는 이렇게 앞선 세대가 믿어 왔던 신을 용감히 생매장하고는 아무 일 없었던 듯 산다.

이런 마당에 신앙이 저들에게 무슨 의미가 있겠는가? 모르는 낱말, 자기 입술로 한 번도 발음해 본 적이 없는 외국어의 처지 아니랴.

그렇다면 성경, 십계명, 죄, 복음, 심지어 예수 그리스도의 신세라고 다르겠는가? 그렇지 않을 것이다. 한마디로, 이들 모두 "전설"로 치부된 형국을 면치 못하고 있다 해도 과언이 아니다. 이와 더불어 서구의 성당들은 진즉 "박물관" 신세로 몰락하다시피 했다.

바라건대 침소봉대하여 호들갑 떠는 과장이면 좋겠다. 슬프게도 그렇지 않다. 돌이켜 보자. 불과 10년 전만 해도 대한민국 가톨릭교회 여러 교구 신학교들은 호황을 누렸다. 오늘날 어떠한가? 지원자 부족으로 속속 문을 닫고 있는 판이다. "오늘은 나에게 내일은 너에게."ᴴᵒᵈⁱᵉ ᵐⁱʰⁱ, ᶜʳᵃˢ ᵗⁱᵇⁱ

10년은 짧은 세월일까 긴 세월일까. 오늘날의 스마트폰 형태가 출시된 지 10년이 지났다. 그동안 세상은 무서운 속도로 둔갑했다. 스마트폰의 첫 버전은 오늘의 우리에게 오래된 골동품 격이 되었다.

잠깐이다. 잠깐이면 그나마 은퇴 세대로 메워지다시피 하는 오늘의 주일 미사 전경이, 무서운 속도로 황폐해질 수도 있다.

비록 지금은 낯선 외국어일지언정 미래세대의 입술에 신앙이라는 낱말이 어떻게 해야 새로 익혀질 수 있을까를 진지하게 고민해 봐야 할 지점에 우리는 서 있다.

3.5. 4차 산업혁명에 대한 교회의 대칭 및 비대칭 방안[87]

3.5.1. 4차 산업혁명의 힘

이제 결론적으로 4차 산업혁명에 대한 가톨릭교회의 실효적 대비책에 대해 언급할 시점이다. 이를 위하여 4차 산업혁명의 가공할 잠재력에 마지막 시선을 모아 보자.

4차 산업혁명 특유의 힘은 요컨대, 초연결hyperconnection, 초지능hyperintelligence, 광역spectrum, 속도velocity, 충격량impact 등 5가지 특성에서 나온다. 앞의 글들에서 긍정적 측면과 부정적 측면을 두루 아우르면서 이미 4차 산업혁명이 몰고 올 변화들을 짚어봤거니와, 이들은 모두 방금 언급한 5가지 특성의 조합에 도출된다.

가톨릭교회와 신앙인 역시 4차 산업혁명이 몰고 올 문화적 변화를 미래 인류와 함께 수용해야 해야 할 것이다. 문화는 피한다고 피해지지 않고 외면한다고 외면당하지 않는 힘을 지니고 있다. 그러기에 로봇에 의존한 가사 자동화, 직업 변동, 통신수단 진화 등으로 교회의 관리 및 운용에도 엄청난 변화가 초래될 것이다.

한편 교회는 4차 산업혁명이 초래할 극단적 '죽음의 문화'에 대해서는 단호하고도 지혜로운 방어책을 강구해야 한다. 특히 인간 자신이 기계(인간)에 의해 사회 주역의 자리에서 주변인으로 밀려나는, 전혀 새로운 차원의 소외에 대해서는 심각한 위기의식을 가져야 하겠다.

인간성의 상실은 인간성의 핵심 속성인 영성의 상실을 의미하며 궁극적으로 신의 상실을 뜻한다. 이는 곧 종교의 종말을 시사한다. "그래도 인간 내면의 양심과 여기에서 기인하는 종교심은 그리 쉽게 사라지지 않는 법이다.”라는 식의 낙관론은 이론상 맞을지 몰라도, 현실적으로는 혹독한 대가를 치러야 할 것이다.

나아가 초연결, 초지능에 편승한 광역 충격이 가속도를 더해 가다가 어느 날 갑자기 괴물의 엄습으로 인식될 때는 이미 때를 놓치고 만 형국이 될 것이라는, 뻔한 시나리오에 우리는 어찌 대비해야 옳겠는가.

평소 오로지 천체 과학 현상 연구에만 골몰해 오다 ‘빅뱅이론’의 대가로 존경받아 온 스티븐 호킹 박사는 그의 이력에 비할 때 생뚱맞게도 인공지능(및 4차 산업혁명)이 지구 종말을 초래할 최대 인자로 꼽았다. 그는 타계했다. 그는 과연 참 예언자로 기억될 것인가, 아니면 거짓 예언자로 기억될 것인가.

이쯤에서 그동안의 논의를 과감히 봉합하고, 궁여지책으로 대칭 방안과 비대칭 방안에 대해 실마리만 만지작거려 볼 뿐이다.

3.5.2. 대칭 방안

대칭 방안은 모든 게임의 정석으로, “눈에는 눈, 이에는 이”라는 탈리오 법칙의 응용이라 하겠다.

앞에서 언급된 4차 산업의 5대 특성의 배지badge는 빅데이터다. 빅데이터라는 무한정보를 집단지성이 맘껏 활용하고 여기에 그 피조체인 AI가 합세하여 빅데이터와 집단지성의 규모를 무서운 가속도로 키워 나가기에 4차 산업혁명의 향배는 아무도 모른다고 하는 것이다.

저러하다면, 이에 대한 대칭 방안은 이미 윤곽이 잡힌 셈이다. 빅데이터와 집단지성에 대한 대칭 방안은 가톨릭 빅데이터와 가톨릭 집단지성밖에 없다.

미시적 접근은 차후의 과제로 삼고 거시적으로 언급하자면, 가톨릭 빅데이터는 성경(및 전승)이며, 가톨릭 집단 지성은 '콤무니오 상토룸'Communio sanctorum(성인들의 통교)이 아닐까 싶다. 이미 있었던 것들이다. 있었는데 왜 무력했을까? 활용의 지혜가 부족하여 보물창고에 쟁여 두었기 때문이다. 하지만, 누군가 예언자적·현자적 안목에서 활용하고자 한다면, 천하무적의 저력이 되어줄 것임에는 의심할 여지가 없다.

"그러므로 하늘 나라의 제자가 된 모든 율법 학자는 자기 곳간에서 새 것도 꺼내고 옛것도 꺼내는 집주인과 같다"(마태 13,52).

다른 각도에서 언급할 수 있는 또 한 가지는 직업의 미래와 관련하여 대응 방안을 생각해 두어야 한다는 사실이다.

크게 봤을 때 4차 산업의 흐름 속에서 대체 가능성이 높은 직업은 육체 활동이 많은 업무, 전형적이고 반복적인 생산직과 판매직으로 예상되고 있다. 이에 반해 대체 가능성이 낮은 직업은 감성과 지식 활동이 많은 서비스직과 연구직이 될 것으로 예측된다.

만일 가톨릭교회에서 이러한 미래 수요를 면밀히 분석하고 가톨릭교회가 가지고 있는 감성적, 심리적, 그리고 영성적 서비스 자산을 총동원하여 인재 양성에 앞장선다면 이것은 엄청난 기회 요인이 될 수 있다. 만일 이 기회마저도 다른 종교들의 경쟁력에 밀려서 제대로 살려 내지 못한다면 그야말로 참담한 쇠락의 전조가 될 것이다.

3.5.3. 비대칭 방안

대칭 방안을 넘어서는 가톨릭교회만의 역량으로 무엇을 꼽을 수 있을까. 단 하나라도 그것을 발굴할 수만 있다면 이는 최강의 비대칭 방안이 될 수 있을 터다.

정보의 바다를 종과 횡으로 둘러보건대, 어렴풋이 우뚝한 모습을 드러내는 것은 메타데이터metadata에서의 독보성이다. 어떻게 그런지 몇 가지만 확인해 보자.

- 성경은 우선적으로 계시의 말씀이지만, 이 말씀은 '우주라는 데이터' 를 읽어서 창조주 하느님을 발견하고 숭배하는 지혜를 일깨워 준다.
- 성경 가운데 신명기계 문헌은 '역사'를 읽어서 흥망성쇠의 법칙을 밝 혀내는 지혜를 과시하고 있다.
- 성경에서 가장 중요한 단어로 꼽히는 '메타노이아'^{metanoia}, 회개는 생 각을 바꾸는 것을 뜻하니, 신사고$^{new\ thinking}$의 효시로 보아도 무방할 것이다.
- 철학계에서 가톨릭의 우위성을 담보해 주는 '메타피직스'^{metaphysics}(형 이상학)가 '빅데이터'로부터 기껏 인문학적 통찰을 얻어 내기에도 급급 한 세상 학문의 현실에서 초월적(=형이상학적)통찰의 예지를 드러내 주 고 있으니, 이 또한 가톨릭교회의 추월 불가능한 지적 자산이라 할 것이다.

'메타'^{meta} 역량에서의 이런 비대칭적 우위성 내지 첨단성을 그간 가톨릭 교회는 저평가해 온 것이 사실이다. 자신의 손에 쥐고 있는 다이아몬드를 흔한 수정 정도로 여긴 꼴이라 할까. 만일 우리가 이 사실을 인식하기만 한다면, 빅데이터를 고작 지능^{intelligence}으로 읽어 내는 정도의 과학계 '메 타' 수준을 훌쩍 뛰어넘는, 지성의 빅데이터 해석 경지를 확고히 견지할 수 있을 것이다. 이 지성 능력에는 이른바 이성, 양심, 그리고 신앙심이 내포되어 있으니, 우리가 신구약 현자들이 이미 발굴하고 비축해 놓은 것 들만 제대로 발휘해도 진리, 윤리, 그리고 영성이 아우러진 선교적 역동 은 세세에 담보된 것이라 하겠다.

워낙 방대한 주제에 관한 소고의 결론이기에 이 정도에서 마감할 수밖 에 없다. 주님께서 현자의 슬기를 빌려 이 시대 가톨릭 지성의 사명을 독려하고 계심을 위로로 삼을 따름이다.

> 나는 하느님께서 하시는 모든 일이 영원히 지속됨을 알았다.
> 거기에 더 보탤 것도 없고
> 거기에서 더 뺄 것도 없다. [...]
> 있는 것은 이미 있었고
> 있을 것도 이미 있었다.
> 그리고 하느님께서는 사라진 것들을 찾아내신다.(코헬 3,14-15)

　지당한 말씀이다. "있는 것은 이미 있었고 있을 것도 이미 있었다."에 방점을 찍고 싶다.

　특히 마지막 문장 "그리고 하느님께서는 사라진 것들을 찾아내신다."라는 말씀에 우리의 궁극적 희망이 걸려 있지 않을까.

은총의 시대를 내다보며[88]

예수님께서는 다음과 같이 말씀하신다.

> 아침에는 '하늘이 붉고 흐리니 오늘은 날씨가 궂겠구나.' 한다.
> 너희는 하늘의 징조는 분별할 줄 알면서 시대의 표징은 분별
> 하지 못한다.(마태 16,3)

시대의 징조를 분별하여 거기에서 자신에게 요청되는 사명을 깨닫고 지
혜롭게 대처해야 한다는 뜻이다. 이는 신자 개인을 위한 말씀인 동시에
교회를 위한 말씀이다. 교황 요한 23세는 이 사명을 '아죠르나멘또'라고
이름하였다. 교회(사도직)의 현대적 적응, 이는 바로 예수님의 명령이다. 아
무리 고민해 봐도 포스트모던 시대에 그리스도교가 가야 할 길은 '은총'을
재발굴하고 중재해 주는 것이라고 생각된다. 은총은 하느님으로부터 '거
저', '공짜'로 주어진 영적 선물을 말한다. 이 은총이라는 개념은 그리스도
교 고유의 것이다. 물론 그 약속을 우리는 그리스도교의 모체 격인 유다
교의 경전 구약성경에서 발견한다.

> 자, 목마른 자들아, 모두 물가로 오너라. 돈이 없는 자들도 와
> 서 사 먹어라. 와서 돈 없이 값 없이 술과 젖을 사라.(이사 55,1)

그렇다. '돈 없이', '값 없이' 누리는 구원의 선물, 이것이야 말로 그리스도교 신앙의 정수라고 할 수 있다.

이 관점에서 신앙을 새롭게 조명하고 교육해야 할 필요를 느낀다. 필자의 글과 강의 속에서는 '의무'라는 단어가 거의 등장하지 않는다. 의무라는 단어를 '은총'이라는 단어로 바꾸어 놓았기 때문이다. 하지만 이것은 속임수가 아니다. 신앙생활의 맛을 좀 본 사람이라면 누구든지 의무를 뒤집으면 거기서 은총을 발견할 수 있기 때문이다.

교회가 무척 힘들다. 하지만 곳곳에서 희망을 본다. '은총'이라는 명약이 듣는다는 확신을 얻는다. 의무를 얘기하지 않아도 교무금이 늘고, 헌금이 늘고, 교회 헌신이 좋아진다. '은총'에 눈을 뜨도록 조금만 도와주면 의무를 얘기하지 않아도, 신자들이 알아서 바르게 살고, 사회에서도 당당히 빛과 소금의 역할을 할 수 있게 된다.

희망이 없는 것이 아니다. 이제껏 놓쳐 왔던 '은총'에 눈뜨는 신자가 하나둘 늘어 간다면 교회 밖의 사람들이 이를 보고 하나씩 둘씩 다시 돌아올 것을 믿어 의심치 않는다.

세월이 흐른 뒤에 이러한 일이 이루어지리라. 주님의 집이 서 있는 산은 모든 산들 위에 굳게 세워지고 언덕들보다 높이 솟아오르리라. 모든 민족들이 그리로 밀려들고 수많은 백성들이 모여 오면서 말하리라. "자, 주님의 산으로 올라가자. 야곱의 하느님 집으로! 그러면 그분께서 당신의 길을 우리에게 가르치시어 우리가 그분의 길을 걷게 되리라." 이는 시온에서 가르침이 나오고 예루살렘에서 주님의 말씀이 나오기 때문이다.(이사 2,2-3)

주석

1   차동엽, "사목신학적 관점에서 본 일과 휴식", 『가톨릭신학과사상』 56(2006/6), 69–71의 내용을 수정 보완함.

2   참조: 『교회법전』, 제150조; 제900조 1항.

3   참조: 『주교 교령』, 2항.

4   참조: 『교회 헌장』, 27항.

5   참조: 『교회법전』, 제519조; 제523조 등.

6   『주교 교령』, 35항.

7   참조: 『교회 헌장』, 10항.

8   참조: 『교회 헌장』, 30–38항; 『평신도 교령』, 1–8항.

9   그러나 세례성사를 통해 보편(일반) 사제직을 수여받은 수도자나 평신도를 '사목협조자'라 칭하고 그들이 하는 직무를 '사도직'이라 하기도 한다.

10   참조: 『선교 교령』, 15.19항; 『사제 생활 교령』, 6항.

11   한국가톨릭대사전 편찬위원회, 『한국가톨릭대사전』 6권, 한국교회사연구소 2001, 3933.

12   차동엽, 『여기에 물이 있다』, 미래사목연구소 2013, 155–160의 내용을 수정 보완함.

13   참조: 차동엽, 『가톨릭 신자는 무엇을 믿는가 1』, 에우안겔리온 2003, 357.

14   참조: 차동엽, "사목 헌장 정신에 따른 한국천주교회 새복음화 방안 모색", 『누리와 말씀』 33(2013/6), 202–204.

15   참조: 차동엽, "새 시대 사목자의 덕목", 『사목』 254(2000/3), 20–21; 차동엽, 『공동체 사목 기초: 소공동체 원리와 방법』, 가톨릭출판사 2001, 213–214; 차동엽, "미래교회 사목자의 리더십", 『누리와 말씀』 9(2001), 224–225.

16   참조: 차동엽, 『공동체사목 기초: 소공동체 원리와 방법』, 349–358; 차동엽, "사목신학적 관점에서 본 일과 휴식", 71–75; 차동엽, "공동체 토착화 논의의 종합과 전망", 『사목』 226(1997/11), 51–56.

17   P.M. Zulehner, *Pastoraltheologie: Bd. 1. Fundamentalpastoral. Kirche zwischen Auftrag und Erwartung*, Düsseldorf 1989.

18   H-G. Gadamer, *Wahrheit und Method: Grundzuge einer philosophischen Hermeneutik*, Tübingen 1960, 250–290.

19   참조: 한스 큉, 『그리스도교』, 이종한(역), 분도출판사 2002.

20   Cf. G. Strecker, "Judenchristentum", in: *TRE* 17, 1988, 323.

21   참조: Sergio P., 『사목신학』, 노영찬(역), 성바오로 1999, 28–29.

22   참조: Sergio P., 『사목신학』, 30–32.

23   참조: Sergio P., 『사목신학』, 33–34.

24   참조: Sergio P., 『사목신학』, 35–37.

25   참조: 「교회 헌장」, 15항; 「사목 헌장」, 13.39항; 「평신도 교령」, 27항; 「일치 교령」, 12항.

26   참조: 차동엽, 『공동체 사목 기초』, 256–257.

27   참조: Sergio P., 『사목신학』, 37–42.

28   참조: 한스 큉, 『그리스도교』, 971–972.

29   한스 큉, 『그리스도교』, 970–971.

30   유흥렬, 『한국천주교회사 上』, 가톨릭출판사 1981, 87.

31   참조: 이원순, 『한국교회사의 산책』, 한국교회사연구소 1988, 244.

32   참조: 이원순, 『한국교회사의 산책』, 245.

33   참조: 이원순, 『한국교회사의 산책』, 198–199.

34   참조: 이원순, 『한국교회사의 산책』, 199.

35   참조: 문규현, 『민족과 함께 쓰는 한국천주교회사 Ⅱ』, 빛두레 1994, 146.

36   이로 인해 2천여 개의 교회가 폐쇄되었고, 5만 명의 천주교 신자와 30만여 명의 개
     신교 신자들은 집회를 가질 수 없게 되었다. 참고: 김연택, 『한국종교와 교회성장』,
     대한신학대학원 출판부 1998, 158.

37   전쟁 도중에 군종신부 제도가 생겨났고, 한국 천주교회는 성직자 양성을 위하여 프
     랑스와 벨기에 등으로 유학을 보내기도 하여, 1950년 10월에서 1953년 8월까지 53
     명이 서품을 받았다. 참조: 문규현, 『민족과 함께 쓰는 한국천주교회사 Ⅱ』, 19–20.

38   참조: 신치구, "통계로 본 한국천주교회", 『한국천주교회사의 성찰』, 최석우 신부 수
     품 50주년 기념사업위원회(편), 한국교회사연구소 2000, 1010.

39   해방 공간의 남한 교회에는 큰 변화가 일어났다. 한국인 성직자들의 선교 활동이
     활기를 띠었고, 조선에서 선교하던 일부 일본인 사제들이 본국으로 돌아갔다. 대구

교구의 경우 1946년 초에 일본인 교구장이 서거하자 제4대 교구장으로 주재용 신부가 임명되었다. 그리고 추방되었던 메리놀외방전교회 선교사들도 다시 입국하여 활동하면서 해방 공간 한국 교회의 발전에 일익을 담당하였다.

〈해방 전후의 한국 천주교회 통계〉

연도	신자	본당	조선인(한국인) 신부	외국인 선교사(신부)
1930	110,728	103	65	97
1935	141,052	130	95	125
1940	177,038	177	130	168
1944	179,114	163	133	107
1949	157,668	131	146	107
1954	189,412	142	190	60
1955	215,554	152	197	61
1960	451,880	258	246	91

참조: 한국천주교중앙협의회, 『한국천주교회 총람(1995~2003년)』, 한국천주교중앙협의회 2004,

40 이 밖에도 그동안 한국 천주교회가 정부, 사회, 언론 등에 보낸 메시지를 간추려 보면, 노동 정의 실현 촉구, 유신 헌법의 조속한 개정 촉구, 언론의 사실 보도 촉구, 정치범·양심범 및 구속 학생의 석방 촉구, 철거민 생존권 보장 촉구, 공정 보도를 위한 시청료 거부 운동, 군사 통치 체제 승계 반대, 낙태죄·간통죄 폐지 반대, 인간의 존엄성 회복 촉구, 외국인 노동자 인권 보호, 시국에 대한 교회 입장 표명, 직선제 개헌 및 지자제(지방자치제도) 이행 촉구, 단식 및 기도, 내 탓이요 운동 전개, 우리 상품 쓰기 운동 전개, 낙태 방지를 위한 100만인 서명 운동, 형법 제135조(낙태 허용 범위를 정한 법) 개정 반대 등이다. 크게는 시국 문제, 작게는 개인의 인권 문제에 이르기까지 정치계, 언론계, 운동권 학생들이 지나쳐 버리거나 관심조차 두지 않는 비민주적, 비도덕적, 반사회적 문제들을 파헤쳐 고발할 뿐만 아니라 대안까지 제시해 왔다. 특히, 1979년과 1981년의 "오늘의 한국 현실과 그리스도교 교회의 입장"이라는 정의평화위원회의 백서는 그 시대의 집약적 고발이며 처방의 제시라고 할 수 있겠다. 참조: 조태로, "민주화운동과 한국교회", 『사목』 194(1995), 20.

41 참조: 신치구, "통계로 본 한국천주교회", 1012.

42 이러한 변화는 제2차 바티칸 공의회의 개최로 인하여 보다 촉진되었다. 교회의 쇄

신과 현대화를 목표로 개최된 공의회는 교회의 사회 참여는 물론, 교회와 국가 간의 관계를 분명히 제시함으로써 교회가 지향해야 할 방향을 마련하고 있었다. 사실, 제2차 바티칸 공의회는 교회의 쇄신과 일치 그리고 현대화를 위한 대지진이었다. 이 회의에서는 교회가 '인류 구원의 보편적 성사'(『선교 교령』, 1.5.15.16항 참조)임을 재확인하고, 교회의 존재 목적은 세상을 위한 것이라는 점을 재천명하였던 것이다. 특히, 이 회의에서는 "교회가 인간의 기본권과 영혼들의 구원이 요구할 때에는 정치 질서에 관한 일에 대하여도 윤리적 판단을 내리는 것은 정당하다."(『사목 헌장』, 76항)라고 선언함으로써 교회가 사회 정의에 관한 예언직을 수행할 때, 정치적 영역에까지 미칠 수 있음을 천명하였던것이다. 참조: 노길명, "민족사에 나타난 한국 가톨릭교회의 위상", 『사목』 130(1989), 39.

43 참조: 신치구, "통계로 본 한국천주교회", 1011.

44 2000-2019년 사이에 한국 천주교회 세례자 수의 변화를 통해 이러한 현상은 더욱 구체적으로 나타난다(2001-2019년 한국 천주교회 교세 통계 자료를 편집함. 〈단위: 명〉).

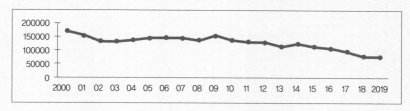

45 참조: 앨빈 토플러, 『제3의 물결』, 원창엽(역), 홍신문화사 2000; 차동엽, "21세기 종교환경과 그리스도교 신앙", 『누리와 말씀』 16(2004), 9-11; 차동엽, "사목 헌장 정신에 따른 한국천주교회 새 복음화 방안 모색", 『누리와 말씀』 33(2013), 213-214.

46 참조: 차동엽, "21세기 종교환경과 그리스도교 신앙", 11-12.

47 참조: 차동엽, "사목헌장 정신에 따른 한국천주교회 새 복음화 방안 모색", 214-216.

48 노길명, "한국인의 종교적 심성 변화와 '새 복음화'", 『사목정보』 2(2009/7), 119-120.

49 참조: 차동엽, "사목헌장 정신에 따른 한국천주교회 새 복음화 방안 모색", 217-218.

50 참조: 차동엽, "21세기 종교환경과 그리스도교 신앙", 12-13.

51 교황 바오로 6세, 권고 『현대의 복음 선교』(Evangelii Nuntiandi), 한국천주교중앙협의회 1975, 18-19항.

52   「사목 헌장」, 3항.

53   참조: 차동엽, 『이것이 가톨릭이다: 진리는 아무리 흔들어대도 진리』, 가톨릭신문사 2004, 52.

54   차동엽, 『이것이 가톨릭이다: 진리는 아무리 흔들어대도 진리』, 가톨릭신문사 2004, 73–84의 내용을 수정 보완함.

55   참조: 『현대의 복음 선교』, 24항.

56   『현대의 복음 선교』, 18항.

57   『현대의 복음 선교』, 17항.

58   참조: 차동엽, 『공동체 사목기초』, 203–253.

59   차동엽, 『이것이 가톨릭이다: 진리는 아무리 흔들어대도 진리』, 97–142의 내용을 수정 보완함.

60   차동엽, 『이것이 가톨릭이다: 진리는 아무리 흔들어대도 진리』, 143–148의 내용을 수정 보완함.

61   마승열, "김수환 추기경, '도올의 논어이야기' 출연", 『가톨릭신문』, 2001년 5월 6일.

62   배요한, "김수환 추기경과 도올의 만남을 보고", 『국민일보』, 2001년 4월 28일.

63   차동엽, "21세기 영성 ⑴ 갈피잡기, ⑵ 복음 영성, ⑶ 성체 영성, ⑷ 증거 영성, ⑸ 생태 영성, ⑹ 통전 영성", 『가톨릭신문』, 2005년 5월 15일–6월 19일에 기고된 글을 수정 보완함.

64   이와 관련하여 2015년 통계청이 발표한 '인구주택총조사'(종교 현황은 10년 단위로 조사)를 살펴보면, 전체 인구 중 가톨릭이 차지하는 구성비는 7.9%로 나타났다. 이는 2005년 10.8%보다 2.9% 하락한 수치다. 참고로, 2015년 불교는 15.5%로 2005년 22.8%보다 하락했고, 개신교는 2015년에 19.7%로 2005년 18.2%보다 소폭 상승했다. 참조: 통계청, 『2015 인구주택총조사 표본집계 결과(인구.가구.주택 기본특성항목)』, 통계청 2016, 17.

65   『가톨릭 교회 교리서』, 1397항.

66   2019년 『한국 천주교회 통계』 자료를 보게 되면, 2010년과 2019년의 연령별 신자 비율의 비교 상황을 살펴볼 수 있다. 0–4세의 신자 수 증감률은 −26.7%, 5–9세는 −10.8%, 10–14세는 −34.3%, 15–19세는 −35.4%, 20–24세는 1.6%, 25–29세는

7.6%, 30−34세는 −5.6%, 35−39세는 8%, 40−44세는 −6.8%를 기록했다. 참조: 한국천주교주교회의, 『2019 한국 천주교회 통계』, 한국천주교주교회의 2020, 4.

67   참조: 황종렬, "생태복음화 모델 연구", 『2005년 미래사목대안 학술 발표회 자료집』, 미래사목연구소 2015, 69.

68   이동훈, "가톨릭 환경 운동의 방향과 과제", 『2003년 천주교환경연대 제1차 정기총회 자료집』, 48.

69   Cf. E. Shea, "Spiritual direction and social consciousness", in: *The Way Supplement* 54, 1985, 30−42.

70   참조: 차동엽, 『본당 활성화 방안 EP−1234: 성공적인 교회들에는 비밀이 있다』, 에우안겔리온 2005, 57−152; 우광호, "EP−1234", 『가톨릭평화신문』, 2005년 8월 7일−9월 4일; 이창훈, "EP−1234", 『가톨릭평화신문』, 2006년 1월 31일−6월 23일.

71   L.J. 수에넨스, 『성령은 나의 희망』, 김마리 로사(역), 분도출판사 2001, 198.

72   참조: 스티븐 코비, 『성공하는 사람들의 7가지 습관』, 김경섭(역), 김영사 2007, 400.

73   강우일, "한국 교회의 '소공동체' 도입에 대한 성찰", 『2004년 소공동체 심포지엄 전국모임 후속 자료집』, 2004, 18.

74   참조: 「교회 헌장」, 30−38항; 「평신도 교령」, 1−8항; 「선교 교령」, 15,19항; 「사제 생활 교령」, 6항.

75   『교회법전』에는 평신도가 교구 사목평의회(제511−514조)와 교구 시노드(제460조)에 참여할 권리뿐 아니라 본당 사목협의회(제536조), 본당 평협과 재정 위원회(제537조), 교회 대표직, 교회 건축 위원회 등에 참여할 권리 등이 명시되어 있다. 또한 교회법 127조에서는 협의체적인 지도 체제 내에서의 발언권에 대한 언급도 있는데, 이는 앞으로 확대 적용이 가능하고 또 요청되기도 한다.

76   Cf. Zulehner, Paul M. "Geschwisterliche Kirche", in: *Uhren nachstellen. Das Thema 27*, hg. v. Hauser, Theresia, München 1985, 197.

77   Cf. S. Knobloch−H. Haslinger, *Mystagogische Seelsorge. Eine lebensgeschichtliche rientierte Pastoral,* M. Grünewald, Mainz 1996, 99.

78   교황 비오 11세, 회칙 『사십주년』(*Quadragesimo Anno*), 한국천주교중앙협의회 1931, 35항.

79   참조: 「사목 헌장」, 86항.

80   참조: 차동엽, 『선교훈련 시그마 코스』, 미래사목연구소 2009.

81   참조: 교황 바오로 6세, 회칙 『주님의 교회』(*Ecclesiam Suam*), 한국천주교중앙협의회 1964, 34–68항.

82   참조: 교황 요한 바오로 2세, 회칙 『사회적 관심』(*Sollicitudo rei socialis*), 한국천주교중앙협의회 1987, 42항.

83   차동엽, "'초지능 신(New Type)인류'는 아담의 후예인가?", 『사목정보』 101(2017/5), 2–3.

84   차동엽, "탐욕과 야심", 『사목정보』 102(2017/6), 2–5.

85   차동엽, "혁신 요청", 『사목정보』 103(2018/1), 2–5.

86   차동엽, "미래세대형 인간", 『사목정보』 104(2018/2), 2–5.

87   차동엽, "4차 산업혁명에 대한 교회의 대칭 및 비대칭 방안", 『사목정보』 105(2018/3), 2–5.

88   차동엽, "감사의 글을 가름하여", 『가톨릭신문』, 2005년 6월 26일.